미래안정과 행복을 위한

베이비부머세대의 취업과 창업하기

편저: 프랜차이즈 창업 연구회
법률자문: 김만길

법문북스

머 리 말

은퇴이후의 삶의 질을 결정하는 것은 금전적인 부분도 중요
하지만 계속적인 경제활동을 하고 있는지가 은퇴이후의 삶을
결정하는 중요한 요소가 되고 있다.

본 책에서는 은퇴이후에도 계속적인 경제활동을 하는데 조금
이나마 도움을 주고자 많은 참고문헌과 각종 자료를 정리하여
은퇴이후의 계속적인 경제활동의 가이드를 보여주고자 한다.

무한 경쟁시대에서는 본인의 노력만으로는 경제활동을 계속
유지하지 못할 가능성이 높다.

타의에 의한 명예퇴직, 평균수명이 80세를 넘은 요즘 50세까
지도 직장생활을 못하게 되는 경우가 많은데, 그 이후 금전적
인 부분 외에도 경제활동을 하지 못함으로 인한 급격한 노화,
무기력 등이 나타나게 된다.

부디 본도서가 은퇴를 대비하는 여러분에게 조금이나마 도움
이 되었으면 한다.

목 차

제1장 은퇴를 대비해야 하는 한국의 베이비붐 세대

1. 한국의 베이비붐 세대는?

　최근 들어 한국사회에서 베이비붐 세대(1955~1963년생)가 조망 받게 된 것은 무엇 때문인가? 단적으로 말해 이들이 전후 다산시기에 출생하여 근대화와 유신시대를 격고, 과밀경쟁의 시대를 겪은 산업화 주역임과 동시에 이제는 노동시장에서 정년시기를 앞둔 대규모 인구집단이기 때문이라는 현실적인 이유 때문이다. 다양한 사회현상의 저변에는 항상 인구문제가 자리하고 있다. 우리가 알게 모르게 지난 50여 년간 한국사회의 여러 가지 변화는 대규모 인구집단의 진입(進入)과 퇴출(退出) 시기에 발생해왔다. 특히 한국사회가 당면한 가장 큰 사회문제는 인구 고령화이다. 대부분의 선진국에서는 이미 1세기 전부터 고령인구의 비중이 빠르게 증가해왔으며, 개발도상국들도 대부분 1960년대 이후 사망률의 저하와 출생률의 감소로 인구의 급속한 고령화가 진행되어 왔다. 급속한 인구고령화가 사회문제가 되는 것은 이것이 단지 인구학적인 변화에 그치는 것이 아니라 경제와 사회 다방면에 큰 파급효과를 갖기 때문이다. 특히 인구고령화는 생산가능인구의 감소와 함께 노동력의 고령화를 가져올 것이며, 이는 다시 경제발전의 저하, 복지부담의 가중, 고령 실업률 상승 등 잇따른 부정적인 파급효과를 가져올 것으로 예상된다. 인구고령화와 저출산으로 가장 우려되는 현실적인 문제는 현재 및 향후 경제활동인구의 생산성이 급격하게 상승하지 않는 이상 연금제도에도 큰 부담을 안길 것이며, 이러한 문제는 자원분배에 관해 세대 간 갈등을 일으킬 잠재성 또한 내포한다.

지금 이 시점에서 인구문제와 고용문제가 얽혀있는 것은 한국의 베이비붐 세대가 본격적인 기업의 정년시기를 맞이하였기 때문이다. 주지하다시피 한국 고령자의 경제활동참여율은 매우 낮은 수준이며, 특히 고령남성의 경우 더욱 그러하다. 또한 OECD 국가들의 평균 은퇴연령이 1970년대 이후 지속적으로 감소하여, 공식적인 은퇴연령보다 이른 시기에 은퇴하는 경향이 발견되는데, 현재 한국 고령자들의 실질은퇴연령 또한 점차 감소하는 추세이다. 공식적인 은퇴 이후 고령자들은 어떠한 형태로든 늦은 나이까지 취업상태를 유지하고자하는데, 이러한 경향은 성별·부문별 다른 양상을 보인다. 그러나 고령자들의 직업이동 경로를 분석한 선행연구 결과들에 의하면 고령자들은 주된 일자리에서 은퇴 이후 이전 직장에 비해 임금이나 근로조건 면에서 현격한 지위의 하락을 경험하게 된다. 특히 베이비붐 세대 인구는 712만 명이며, 이 중 취업자 규모는 540여만 명으로 추산되는데(통계청「장래인구추계(2010년)」,「경제활동인구조사(2010년)」), 이들이 본격적으로 노동시장에서 은퇴하면서 숙련노동자의 부족이나 노후대책 측면에서 여러 가지 사회문제가 발생할 것으로 예상된다. 특히 베이비붐 세대의 자녀 세대는 부모세대인 베이비붐 세대와 일부 일자리 경합 내지는 보완·완충적 관계에 있을 것으로 생각된다.

한국의 베이비붐 세대는 한국전쟁 후 출생한 집단으로 학자들마다 이견이 있으나, 여기서는 1955년~1963년 출생자로 정의내리기로 한다. 베이비붐 세대는 전후 시기에 태어나 5.16 군사 쿠데타를 겪고, 경제개발계획의 근대화과정을 겪은 세대이다. 이들은 반공 이데올로기와 유신시대의 경험을 내재화했으며, 수적 다수로 입시와 취업에 있어서 과밀 경쟁을 겪어 왔고, 산업화의 주역으로 활동하다가 이제는 은퇴에 임박한 세대이다.

인구 피라미드에서 전후시기인 1950년대 중반 이후 출생아 수의 급격한 증가로 인구규모의 급격한 증가를 보이는 지점이 바로 베이비붐 세대(1955~1963년생)이다. 베이비붐 세대 이후 인구가 감소하는 지점은 베이비붐 이전 세대의 영향 때문이며, 70년대 전후의 출생아 수의 증가는 2차 베이비붐 세대를 형성하였다. 이후 베이비붐 에코세대(1979~1985년생)에 다시 한번 출생아 수가 증가하는데, 이는 베이비붐 세대의 결혼 및 출산의 영향으로 풀이된다. 앞서 언급하였듯이 '세대'란 동일한 사회역사적 경험이 담보된 개념이다. 이러한 세대개념에 부합한 세대란 '4.19세대', '386세대' 등이 될 것이다.

2. 베이비붐 세대의 취업형태

베이비붐 세대의 취업형태 및 임금수준을 논의하기 이전에 경제활동인구조사와 근로형태부가조사 자료를 통해 중·고령층의 취업형태의 추이를 먼저 짚어보고자 한다. 주지하다시피 연령이 증가할수록 임금근로자의 비중은 감소하는 반면 비임금근로자의 비중은 증가한다. 특히 우리나라의 노동시장의 특성은 소규모 영세 자영업자의 비중이 매우 높은 수준이며, 임금근로의 대안으로 이러한 취업형태를 취하는 비중이 높기 때문에 연령이 증가할수록 영세 자영업자(비임금근로자)의 비중은 매우 높아지는 반면, 고용 불안정성은 대체로 증가한다.

그렇다면 현시점에서 베이비붐 세대의 취업형태별 비중은 상용직 34.28%, 임시직 18.22%, 일용직 8.95%로 상용직의 비중은 30% 수준에 불과하다. 한편 고용주는 9.89%, 자영자는 22.23%, 무급종사자는 6.44%로 비임금이 차지하는 비중은 38.56%이다.

3. 소득 및 소비

가. 소득

베이비붐 세대의 가구소득 및 소비수준을 검토하기 이전에 「가계동향조사」에서 나타나는 연령-소득 프로파일을 간략히 검토하고자 한다. 일반적으로 총량적인 수준에서 연령-소득의 관계는 연령의 증가에 따라 소득수준 역시 증가하다가 가구주의 은퇴가 시작되는 시점에 가구소득이 감소하는 '역U자'형 패턴을 보인다. 이러한 현상은 우리나라가 아직까지 고령자를 위한 연금체계가 미비한 한편 근로소득에 대한 의존도가 높아 주된 일자리에서의 은퇴를 기점으로 한 근로소득의 감소가 전체 가구소득의 감소로 이어지기 때문이다.

나. 소비

연령이 증가함에 따라 소비수준이 증가하다가 은퇴시점을 기점으로 가구 소비는 감소한다. 소득수준은 50대 중반 이후 감소하는 반면 총소비는 40대 중반이후 급격히 감소하는 경향이 관찰된다. 베이비붐 세대의 소비항목별 구성을 살펴보면 소비지출이 차지하는 비중은 76.2%, 비소비 지출은 23.8%를 차지한다. 각 연령집단별 총지출 중 소비지출이 차지하는 비중은 가구주 연령 33세 이하 가구의 소비지출 비중이 79.6%로 가장 높고, 60세 이상 78.8%, 34~45세 77.8% 순으로 나타난다.

베이비붐 세대의 총소비를 '100'으로 봤을 때, 기타 소비지출을 제외한 항목 중 가장 비중이 높은 부문은 '교육비'로 총지출 중 11.84%를 차지한다. 다른 연령집단과 비교해보면, 가구주 연령 33세 이하 가구의 총지출 중 교육비 비중은 2.54%, 34~45세 가구는 10.76%, 55~59세는 3.23%, 60세 이상은 1.59%로 여타의 연령집단 중 교육비가 차지하는 비중이 가장 높음을 알 수 있다. 이러한 결과는 대체로 베이비붐 세대의 자녀가 고등학교 이상 재학 중으로 높은 사교육비 및 대학등록금 지출에 기인한 것으로 해석된다.

4. 노동력 구조와 세대 간 일자리 분석

가. 인구구조와 노동력 구조

첫째, 노동력 구조는 15세 이상 인구를 대상으로 하기 때문에 15세 이후 급격히 증가하여 남성의 경우 30~40대가 가장 두터운 구조를 이룬다. 반면 여성은 남성보다 이른 노동시장 진입으로 인하여 20대 중·후반까지 취업자 규모가 가파르게 증가하나, 30대에 깊은 함몰지점이 존재한다. 그러나 출산·양육 이후 30대 중·후반부터 노동시장 재진입이 이뤄져 취업자 수는 크게 증가하게 된다. 남성과 여성 모두 50세를 전후하여 취업자의 절대수가 감소하기 시작하며 노동시장에서의 퇴장이 이뤄지는데, 취업자 수 감소의 폭은 여성보다 남성이 크며, 이는 노동시장 퇴출의 규모와 속도가 여성보다 매우 급하게 진행됨을 의미한다.

둘째, 우리나라 전체 취업자의 임금 및 비임금 분포의 비중은 시기마다 차이는 있지만, 대략적으로 비임금근로자를 '1'로 보았을 때 임금근로자는 2.2~2.5명 수준이다. 연령에 따른 취업형태의 분포는 저연령대에는 임금근로자의 비중이 높으며, 고연령대로 갈수록 비임금근로자의 비중이 높아지는 구조이다. 20대 이하의 경우 취업자 중 비임금근로자의 비중은 매우 적으나, 30대 중후반 이후 비임금근로자 수는 급격히 증가하며, 50대 이상 취업자의 경우 비임금근로자가 차지하는 비중이 임금근로자를 압도한다.

셋째, 베이비붐 세대가 전체 노동력 규모에서 차지하는 비중은 약 23%에 이르며, 노동시장에서의 본격적인 퇴장이 이뤄질 것으로 전망된다.

5. 노동력 공급 전망

가. 인구고령화와 생산가능 인구 추이

UN은 인구구조에서 고령인구의 비중이 4% 미만인 경우 '유년인구국'(幼年人口國), 4%-7%인 경우 '성년인구국'(成年人口國), 7% 이상인 경우 '노년인구국'(老年人口國)으로 구분하고 있다. 노인인구는 통상적으로 65세 이상의 인구를 뜻하는데, 65세 이상 인구가 전체 인구에서 차지하는 비중이 7% 이상 14% 미만인 사회를 '고령화 사회'(Aging Society), 14% 이상 20% 미만인 사회를 '고령 사회'(Aged Society), 20% 이상인 사회를 '초고령 사회'(Super-Aged Society)로 부른다. 우리나라의 인구는 2000년에 이미 65세 이상 노인인구가 전체 인구에서 차지하는 비중이 7%를 넘어서서 고령화 사회로 진입하였다. 고령사회 인구구조의 중요한 특징은 중위연령의 상승, 생산가능인구의 감소, 노인부양비의 상승, 노령화 지수의 급증, 80세 이상 초고령 인구의 급증 등을 들 수 있다. 우리나라는 고령화 사회와 고령사회를 규정하는 65세 이상 인구비중은 1,960년 2.9%였던 것이 점차 증가하여 1,980년에는 3.8%, 1990년 5.1%였다가 2000년 7.2%로 노인인구 7% 이상의 고령화 사회로 진입하였다. 또한 앞으로의 인구전망에 따르면 2010년에는 노인인구의 비중이 11.0%, 2015년에는 12.9%를 기록할 것이며, 2018년에는 노인인구 비중이 14.3%로 14%를 넘어서서 고령사회에 진입할 것으로 예상된다. 이후 2050년까지의 전망치를 살펴보면 노인인구의 비중은 고령사회 진입 후 급속히 증가하여 2025년에는 약 20%, 2035년에는 약 30%, 2050년에는 약 40%에 이를 것으로 전망된다.

나. 노동력 추계

장래인구추계에 나타나는 바에 따르면, 우리나라 인구는 2020년 이후 감소하며, 생산가능 인구(15세 이상)는 이보다 이른 시기인 2015년부터 감소할 것으로 전망된다. 또한 인구고령화로 노동력 고령화가 초래되는데, OECD가 한국의 2000년의 경제활동참여율을 기준으로 노동력 규모를 전망한 결과, 노동력 감소 현상은 2020년 이후 본격적으로 나타날 것으로 전망하였다.

제2장 은퇴자 일자리 창출사업의 필요성

1. 필요성

국가와 사회가 적극적으로 은퇴자일자리 창출사업을 추진해야 할 필요성은 크게 경제활동 노년층 인구의 증가, 공적소득보장체계의 한계, 노년층의 사회통합 필요성의 증가로 나누어 볼 수 있다.

가. 경제활동 노년인구의 증가

사회전체의 경제활동인구에서 노년층인구가 차지하는 비율이 증가하고 실질적으로 노년층 취업자 수가 증가하고 있는 것은 고령화 사회에서는 어쩌면 당연한 사회현상일지도 모른다. 이러한 사회현상은 노년층의 사회의 관심과 욕구가 무엇인가를 보여주며, 이러한 욕구가 충족되지 못하였거나 배제된 사람들에게는 사회적인 대책이 강구되어야 함을 의미한다. 노년층 일자리 창출사업은 노년층의 고용창출을 가져올 수 있는 사회적 대책이다.

나. 공적 노년층소득보장체계의 한계

우리나라는 1999년에 국민연금제도의 적용대상을 전국민으로 확대하였다. 그러나 제도의 미성숙과 결함으로 여전히 거의 절반가량의 공적연금 사각지대를 보이고 있다. 이러한 공적연금

사각지대의 많은 부분을 차지하는 영역이 현재 연금수급세대인 60세 이상 노령계층이다. 이러한 공적 노년층소득보장체계의 미흡은 노년층에 대한 가족과 사회의 부양부담을 증가시키는 요인이다. 이에 노년층의 재취업은 이러한 사각지대에 놓여 있는 노년계층에게 정기적인 소득을 보장해 줌으로 노인의 삶의 질을 향상시켜 줄 뿐만 아니라 노년층에 대한 가족과 사회의 부양부담을 경감시킬 수 있다.

다. 노년층 재취업의 의미

노년기의 취업활동과 자원봉사활동은 지나온 인생을 보다 가치 있고 의미 있게 평가할 수 있는 계기를 만들어 줄 수 있다. 국가적 차원에서 미성숙한 공적연금제도를 보완하여 노년층의 소득을 보장해 줄 수 있을 뿐만 아니라, 생산계층으로서 노년층이 머물러 있게 할 수 있는 방안이다. 개인적인 차원에서 성공적인 노화와 노년기 삶의 질 향상의 기회를 제공해 줄 수 있는 방안이라고 할 수 있다.

2. 사회적 일자리의 유형과 창출영역

사회적 일자리는 1980년대 이후 주로 유럽에서 발전한 개념으로서 '사회적으로 유용하지만 수익성 때문에 시장에서 공급이 충분하지 못한 일자리'로 정의될 수 있다. 좀 더 구체적으로 보면, 일자리가 필요한 실직계층에게 근로기회를 제공하며 사회서비스 특히 보건복지서비스를 필요로 하는 빈곤층이나 취약계층에게는 필수재적인 사회서비스를 공급함을 의미한다. 다시 말해서, 사회적 일자리란 일자리의 창출과 운영이 이루어지는 영역과 주체가 정부의 예산지원을 통하거나 자발적 결사체, 비정부단체, 비영리단체 등 시민사회의 영역에서 창출되는 개념이다. 이러한 조건을 충족시키는 일자리는 매우 다양하기 때문에 이러한 개념정의를 통해서는 무엇이 사회적 일자리이고 무엇이 사회적 일자리가 아닌가가 명확하게 구분되기 어렵다. 따라서 다음에서는 사회적 일자리의 창출방식에 따른 유형과 창출영역을 살펴봄으로 사회적 일자리에 대한 개념을 파악해보고자 한다.

가. 사회적 일자리의 창출방식에 따른 유형분류

유럽에서 사회적 일자리에 대한 관심이 증가하게 된 배경은 소득이 증가하면서 다양한 사회적 서비스 수요는 증가한 반면 복지국가의 역할축소로 인한 사회적 서비스의 공급은 정체한 데서 비롯된다. 그러나 국가마다 사회적 일자리 창출사업은 매우 다양하며, 다음의 세 가지 측면에서 살펴볼 때 크게 두 가지 유형으로 구분된다. 첫째, 가치지향과 관련해서 지역사회 내에 사회적 연대를 목표로 하는 경우와 정부 예산절감을 목표로 사회서비스의 민영화의 논리에서 접근하는 경우로 구분된다. 둘째, 운영방식과 관련해서 국가와 시민사회단체가 협력하여 사회적 기업 방식으로 추진하는 경우와 국가가 비영리민간영역의 시장화 또는 영리화를 추진하는 경우로 구분된다. 셋째, 지원대상과 관련해서 저소득층 및 기타 소외계층(여성, 장애인, 노인, 외국인 근로자 등)을 대상으로 하는 경향과 근로능력이 있는 수급자에 국한하는 경향으로 구분된다.

나. 사회적 일자리 창출영역과 발전논리

사회적 일자리는 '사회가 필요로 하나 국가와 시장이 공급하기 곤란하거나 공급하지 않고 있는 분야'에서 창출된다. 따라서 사회적 일자리 창출영역은 국가마다 그 여건에 따라 다르다.

제3장 은퇴 후의 평생직업 선택

은퇴 후 직업을 선택하기 위하여 은퇴자자 은퇴를 준비하는 사람은 본인이 거쳐온 직업이나 적성을 고려해서 선택하는 것이 중요하다.

자신의 관심분야나 추후 경제활동에 대해 다음의 항목을 고려를 충분히 해서 결정하는 것이 좋다.

1. 경력을 활용한 직업
2. 추후 창업가능성 탐색
3. 경력과 상관없는 새로운 직업
4. 본인이 하고 싶은 분야의 직업
5. 평생직업과 징검다리 직업
6. 취미를 활용한 직업
7. 사회공헌 직업
8, 사회적 기업

- 평생직업 선택의 기준

평생직업을 선택할 때는 다음 3가지를 그 기준으로 삼아야 한다.

첫째, 행복에 기초해야 한다. 그 일을 할 때에 정말 행복한지를 고려해야 한다.

사람들은 자신이 좋아하는 일, 재미있는 일을 할 때 행복하다고 느낀다. 일을 하면서 자신의 가치를 인정받으며 누군가에게 도움이 되거나 사회적으로 가치 있는 일을 하고 있다는 생각이 들 때에는 행복감을 느낀다.

둘째, 현실적인 상황을 고려해야 한다.

셋째, 본인의 현실적인 재정상태를 고려해야 한다. 만약 본인이 한 달에 100만원의 자금이 필요한데 80만원의 보수를 받고 일을 한다면 정말로 답 없는 노년생활이 되는 것이다. 그렇다고 보수만을 고려해서는 행복한 노년취업은 힘들 것이다.

그렇다면 80만원의 보수를 받으면서도 행복할 수 있는 방법은 불필요한 지출을 줄이고 남을 의식하는 부분을 조금씩 줄이는 것이다.

한 달에 한번 차량을 운행하는데 남들 눈을 의식해서 차를 계속 유지할 필요는 없지 않은가?

자 이제 위의 3가지 요건을 고려해서 실버취업을 시작해보자

- 취업준비

은퇴시점이 다가왔다면 먼저 두 가지 방법으로 생각을 해보아야 한다.

만약 내가 지금 하고 있는 직업군의 일을 계속 하고자 한다면 경쟁력 있는 경력을 가지고 새로운 일자리를 찾아보도록 한다.

그러나 그 경력이 경쟁력이 없다면 새로운 직업을 찾아야 한다. 하지만 이런 경우에는 당장 취업하기가 어렵다는 게 문제다. 적어도 이런 경우에는 6개월에서 2년 정도는 준비해야 한다.

만약 새로운 직업을 갖는데 많은 시간이 필요하다면 징검다리 직업을 갖는 것도 좋은 방법이다.

징검다리 직업으로는 정부에서 지원하는 장년인턴제도를 활용하는 것도 좋은 방법이다. 이를 통하여 본인에게 맞는 직업을 발견할 수도 있으니 되도록 경제활동의 단절이 없이 정부지원제도를 적극적으로 활용하기를 권한다.

새로운 진로를 모색할 때에는 어떤 분야에서 경쟁력을 가지려면 그 분야에 경력이 있으면 좋다. 만약 경력이 없다면 국가자격증이나 민간 자격증이라도 있으면 유리한데, 이것이 어렵다면 그 분야에 대한 교육을 받은 수료증이라도 있으면 다른 사람보다도 우위에 있게 된다. 특히 지금까지 자신이 쌓은 경력과 무관한 다른 분야로 진입하고자 할 때에는 자격증을 취득해 놓으면 유용하게 쓰일 수 있다.

은퇴 후에는 물론 나이 때문에 취업이 쉽지만은 않다. 하지만 미리 안될 거라는 섣부른 생각은 하지 말기 바란다.

의외로 중소기업들은 조직을 제대로 이끌어 갈 수 있는 리더를 원하기 때문에 적합한 경력과 노하우를 가진 은퇴자를 원하는 경우가 많다.

퇴직 후 은퇴자들이 가장 쉽게 취업하는 방법은 자신의 경력을 활용하여 관련분야에 재취업 하는 것이다.

그러나 새로운 분야의 직업에 도전하겠다는 결심이 서면 본인이 할 수 있는 일들은 적어본다.

그중에서 본인이 할 수 있는 일들을 바탕으로 새로운 분야의 직업에 도전하는 것이 실수를 줄이는 방법 중 하나일 것이다.

제4장 재취업을 위한 이력서 및 자기소개서 작성하기

1. 이력서

재취업을 원한다면 경쟁력을 갖춘 이력서부터 만들어야 한다. 과거 양식지에 손으로 기입하고 증명사진을 붙여 제출하던 이력서가 아닌 최근 트렌드를 반영한 이력서를 작성하여야 한다.

본인이 익숙하다고 해서 과거의 이력서를 제출한다면 취업하고자 하는 회사로부터 고리타분하고 변화에 둔감한 사람이라는 인상을 줄 수 있다.

사람에게 호감을 줄 수 있는 이력서를 작성하고 싶다면 노동시장에서 자신의 가치를 객관적으로 파악하는 것이 우선이다. 그 다음에는 자신의 핵심역량이 무엇인지 정확하게 알아야 한다. 그런 뒤 자신의 능력이 충분히 표현된 이력서를 작성해야 한다.

- 이력서 작성시 주의사항

·최근 경력과 전문성을 우선적으로 기재한다.

·자신의 과거 업적에 대해 숫자로 증명한다.

·처음 보이는 부분에 한눈에 자신의 경력을 표현한다.

·내용은 간결하게 하고, 현재 시점에서 작성한다. 미리 만들어 놓은 이력서를 반복하면 즉시성이 떨어진다.

·과거 근무한 회사에 대한 정보를 기재한다.

·지원하는 분야를 고려해 전문용어의 사용은 지양하고, 고용

주가 선호하는 경력사항을 부각시켜 적는다.

· 이력서는 2페이지 정도까지가 적당하며, 너무 짧으면 성의가 없어 보이며, 너무 길면 인사담당자가 지루할 수가 있다.

· 고용주가 선호하는 경력사항을 부각시켜 기술한다.

· 전문용어는 되도록 사용하지 않아야 하지만 부득이한 경우에는 주석을 달아준다. 그러나 과도한 주석 및 전문용어는 감점요인이 될 수 있다.

· 연락처는 꼭 표시하여 준다. 이메일과 SNS등을 적어서 자신이 트렌드나 최신 기술에 뒤떨어지지 않는다는 것을 표현해 준다.

· 회사 양식이 별도로 있지 않다면 희망연봉은 표현하지 않도록 한다.

· 파일로 접수할 때에는 각각의 파일로 보내기 보다는 하나의 파일로 묶어서 보내도록 한다.

2. 자기소개서

자기소개서란 말 그대로 자신을 회사에 "나는 이런 사람입니다."라고 소개하는 것이다.

일반적인 취업의 자기소개서와는 달리 은퇴 후 재취업의 경우에는 자신이 과거에 어떠한 업무에서 어떠한 성과를 이루었는지에 대해 기술하여, 자신이 왜 지원하는 회사에 필요한 인재인지를 부각하는 것이 중요하다.

퇴직한 사유에 대해서는 가능한 짧게 적는 것이 좋으며, 자신의 단점에 대해서는 단점을 늘어놓기 보다는 자신이 그 단점을 어떻게 극복했는지를 기술하고, 자신이 과거 업무에서 어떠한 역량으로 회사에 도움이 되었는지를 기술하는 것이 좋다.

- 자기소개서 작성시 주의사항

· 업무 경력의 전문성이 드러나도록 업적 중심으로 기술한다.

· 핵심 역량을 중심으로 기술한다.

· 지원하는 회사의 업무에 본인이 적합하다고 생각하는 사유를 구체적으로 기술한다.

· 현재의 본인 상황과 지원이유에 대해서는 긍정적으로 표현한다.

제5장 구직활동 전략

경력을 활용한다고 해도 현실적으로는 나이 제한에 걸려 취업이 쉽지 않다. 그러므로 젊은층의 구직과는 다른 방법으로 하여야 하는데, 가장 좋은 방법은 인맥을 통하여 재취업을 하는 것이다.

은퇴 후의 재취업을 하는 경우에는 다른 회사에 입사하더라도 대부분 관리자급으로 취업을 하게 되는데, 기업에서는 이렇게 입사하는 사람에게는 과거의 경험과 노하우를 통해 기업발전에 도움이 되기를 바란다.

회사입장에서는 직원과의 원활한 의사소통을 통하여 기업성과를 높여주기를 바란다. 따라서 능력이 검증된 사람을 선호하게 되는데, 이때에는 인맥을 통해 능력이 검증된 사람을 회사입장에서는 선호하는 것이다. 물론 전제조건으로 본인이 지원하고자 하는 회사의 업무나 직책에 적합해야 한다는 전제조건이 있다.

본인이 경쟁력이 충분하다고 판단되면 먼저 이력서를 작성한 후 인맥을 통하여 적극적으로 구직활동에 나서는 것이 좋다. 그렇다고 인맥에만 의지하지 말고 목표로 삼은 기업에 직접 구직활동을 하는 전략도 병행되어야 한다.

중년의 구직활동은 더 많은 인내심을 요구한다. 사회 초년생들보다는 취업성공까지에 더 많은 시간이 소요되며, 때로는 나이와 경력을 떠나 자존심을 버리고 면접을 보아야 하는 경우도 있다. 물론 취업활동에 나서기 전에 본인이 마음가짐을 고쳐먹고 취업활동에 나서야 한다. 과거는 과거일 뿐 과거에 얽매여 있다면 은퇴 후 재취업에 성공하기 힘들다. 과거 본인의 위치나 직업에 대한 마음을 놓지 못한다면 설령 취업에 성공하였다 하더라도 적응하지 못할 가능성이 높다.

다른 기업으로 이직을 확정하고 퇴직한 경우가 아니라면 누구나 이런 과정을 겪을 수밖에 없다.

사람들은 일반적으로 '출신'에 대한 선입견을 가지고 있다. 즉 군출신은 일반기업에 대한 이해가 부족하고 업무 스타일도 다소 딱딱하며 독선적일 거라고 생각하기 쉽다. 뿐만 아니라 대기업 출신은 대기업 출신대로 본인이 과거에 맡은 업무에 대한 부분밖에 모르며, 공무원출신은 공무원 출신대로 복지부동적인 업무태도를 가진다는 선입견이 존재한다.

경력을 활용한 취업을 희망한다면 중소기업에서 관리자로서 자신의 능력을 발휘할 가능성이 높기 때문에 '중소기업에 대한 이해'나 '중소기업의 임원역량'에 대한 능력을 키우고 익혀 둘 필요가 있다.

컨설턴트들은 재취업을 희망하는 중·장년층에게 전반적으로 눈높이를 낮추라는 조언을 자주한다. 희망하는 분야에서 자신의 경쟁력이 높지 않을 경우엔 눈높이를 낮추어야 하겠지만 경쟁력이 높다면 구태여 눈높이를 낮출 필요는 없다.

물론 스스로 경쟁력이 낮다고 판단되면 연봉을 좀 낮춘다는 전략이 필요하다. 회사입장에서는 같은 조건이라면 연봉이 낮은 사람을 선호할 수밖에 없다.

물론 연봉을 낮춘다는 것에 대해 자존심이 상할 수도 있지만 일단 눈높이를 낮추면 좀 더 취업에 성공할 가능성이 높다.

나이가 많다고 몸을 사리고, 힘들고 어려운 일을 피하고, 장시간 집중해야 하는 일이나 실타래처럼 복잡하게 얽힌 일을 다른 사람에게 미룬다면 혹여 재취업에 성공하더라도 조만간 다시 구직활동을 해야 하는 상황에 처하게 될 것이다.

- 새로운 직업에 대한 도전

자신의 경력이 별다른 경쟁력을 갖추지 못했다면 새로운 직업을 찾아야 한다. 직장생활에 잘 적응하고 무슨 일이든 좋은 성과를 냈던 경우에도 새로운 직업에 한번 도전해 볼 것을 권한다. 나이 때문에 도전하기 힘든 분야도 있지만 찾아보면 경쟁력이 높아지는 분야도 의외로 많다.

새로운 직업을 선택할 때 최근 트렌드와 맥을 같이하는 분야를 선택한다면 좀 더 많은 기회를 얻을 수 있다.

제6장 취업성공 후 적응하기

　은퇴 후에 재취업을 하는 경우 상사의 연배가 본인보다 아래인 경우가 대부분이다. 따라서 취업에 성공하였다고 하더라도 열린 생각을 가지고 접근하는 것이 좋다.

　본인이 과거 어떠한 위치에서 근무하였든 재취업한 회사에서는 신입이나 마찬가지이다. 그러므로 의욕에 넘쳐 주변을 고려하지 않고 일을 추진하기 보다는 회사분위기를 파악하며 적응해 나가는 것이 우선이다.

　입사한 회사에 대해 섣불리 아는 척을 하지 말고 회사의 기술적인 측면과 조직관계를 익히는 것을 우선순위에 둔다.

　또한 기존에 근무하던 직원들과 많은 대화를 통해 전반적인 회사 상황 및 업무, 구성인원들의 성향 등에 대하여 많은 연구가 필요하다. 이렇게 업무에 대한 분석이 끝나면 자신의 능력을 어떻게 발휘할 것인지에 대해 연구 분석하여 추진하도록 한다. 이렇게 하다보면 큰 불화 없이 자신의 역량을 발휘하여 성과를 이루고 성공적인 재취업에 성공하게 될 것이다.

　직원들과 대화할 때는 과거에 자신의 경험담보다는 직원들이 어떤 생각을 하고 있는지, 직원들 개개인의 역량을 판단하는 것이 중요하다.

- 재취업에 따른 자기계발의 필요성

　보통 은퇴 후 재취업의 경우에는 기존의 근무회사보다는 소규모 회사에 취업하는 경우가 대부분이다.

　이렇다보니 자신이 맡아서 하던 일보다는 좀 더 많은 일을 하여야 하는데, 이때에는 기존의 직원들보다는 생산성이 떨어진다.

그렇다고 마냥 손을 놓고 누가 처리해주기를 기다릴 수는 없다. 본인이 부족한 부분에 대해서는 적극적으로 자기계발에 나서 본인의 경쟁력을 강화하여야 한다.

새로운 직업군에 도전한다면 경쟁력을 갖추기 위하여 그 분야에 경력이 있으면 좋지만 경력이 없다면 자격증이 있으면 좀 더 유리하다.

만약 자격증 취득이 어렵다면 해당 분야의 교육을 통한 수료증이라도 준비하도록 한다.

이는 자격증이나 수료증이 없는 사람보다는 경쟁우위를 점하게 된다.

대다수의 은퇴 준비자들이 퇴직 후를 대비하여 자격증 취득에 관심을 갖는데, 본격적으로 공부를 시작하기 전에 취득하려는 자격증이 어느 정도 비전이 있는지 신중하게 살펴봐야 한다. 이때에는 자신이 하고 싶은 것, 관심이 가는 분야의 자격증을 취득하는 것이 바람직하다.

꼭 관심분야가 아니더라도 사회 트렌드에 적합한 자격증을 취득하는 것도 도움이 된다. 앞으로는 고령화 시대와 관련한 자격증이 좋은 비전을 가질 것으로 예상된다. 고령화 트렌드에 맞는 자격증으로는 사회복지사, 심리상담사, 건강과 관련한 자격증 등이 있는데, 사회 트렌드에 맞춰 국가에서 대처하지 못한 분야는 민간 자격증에도 관심을 가질 필요가 있다.

특히 2014년부터는 복지예산이 크게 증가해 사회복지사를 약 1.5배 확대해 채용할 뿐 아니라 급여수준이 공무원의 95%

까지 점진적으로 인상될 예정이므로 사회복지사에 도전해보는 것도 좋겠다.

　이런 식으로 비전과 사회적인 트렌드를 고려해서 자격증을 취득한다면 좀 더 효과적인 재취업 방안이 될 것이다.

제7장 신설직업에 도전하라

기존에 없던 새로운 직업에 도전하는 것도 또한 은퇴 후 재취업의 한 방법이 된다.

시작한 사람이 없어 방향을 잡기 어려울 수 있지만 초창기에 해당 분야에 뛰어들 경우 관심과 주목을 받을 수 있다.

예를 들자면 풍수지리 해설사, 숲생태 해설사, 삼림욕 강사, 문화재 해설사, 효 대행 서비스, 남성뷰티샵, 말벗전문가, 농산물 브랜드 전문가, 의료관광 컨설턴트 등이 있을 수 있다.

이런 직업은 아직 아무도 시작하지 않았지만 곧 생겨날 직업임에 틀림없다. 이런 직업은 당연히 경쟁력이 높지 않다. 반면 비전과 전망을 스스로 만들어가야 한다는 부담이 따른다.

그럼에도 불구하고 가능성만 갖고 도전하기에는 두려움이 클 수밖에 없다. 이때에는 관련 전문가를 찾아가 도움을 요청하는 것이 좋다. 새로운 분야이므로 관련 전문가 또한 적을 것이나, 해당 분야를 알리고자 하는 의지가 있기 때문에 열정적으로 도움을 줄 것이다.

제8장 정부지원제도

1. 장년 취업인턴제

고용노동부에서는 2013년부터 51세 이상의 연령층에게 장년 취업인턴제를 실시하고 있다.

*참여자격은?

인턴참여자

신청일 현재 미취업 상태에 있는 만 50세 이상자

*인턴 실시기업

「고용보험법」상 '우선지원 대상기업'(중소기업기본법상 중소기업 포함)으로 상시근로자 5인 이상 사업장

*정부지원 내용은?

실시기업에 대해서는 인턴 1인당 약정 임금의 월 60만원 한도 인턴기간(최대 3개월)동안 지원

실시기업이 인턴생을 정규직으로 채용하는 경우 월 65만원씩 6개월 동안 지원

*몇 명까지 인턴으로 채용할 수 있나?

실시기업이 운영기관과 인턴지원협약을 체결하는 시점을 기준으로 고용보험 피보험자수 30% 이내

*이 사업은 어떻게 운영되나?

고용노동부에서 지정한 전국 71개 운영기관에서 운영한다.

*어디서 신청하나요?

고용노동부에서 지정한 전국 71개 운영기관에서 신청하면 된다.

기업과 중견 인력을 연결시킬 뿐 아니라 인건비도 지원되며, 기업에서 중견인력을 정규직으로 전환하는 경우 월65만원씩 6개월간 추가적으로 지원된다.

2. 해외파견 사업

가. 한국국제협력단의 중장기자문단과 해외봉사단

중장기자문단은 정책 자문 및 기술 전수 활동을 통해 개발도상국 경제•사회개발 및 양국 우호관계 증진을 위해 힘쓰고 있다.

중장기자문단 파견 사업은 봉사정신을 갖춘 퇴직(예정)자 등 국내 우수 퇴직인력을 적극 활용하여, 수원국의 개발능력 강화 및 제도 구축 지원을 목적으로 우리의 개발경험 및 전문지식을 전수하고자 2010년부터 시작된 사업이다.

중장기자문단은 6개월에서 1년간 개도국 정부부처 및 공공기관에 파견되어 교육, 농림수산, 보건, 공공행정, 산업에너지 등 실질적인 분야에서 정책자문 및 기술전수 역할을 수행하고 있으며, 상기 활동을 통해 개도국의 경제•사회발전과 빈곤퇴치에 기여하고, 양국 우호협력관계 강화에 기여하고 있다.

파견 국가는 무상원조 협력대상국으로 총 41국에 한해 파견하고 있다.

- 지역 국가

아시아(13국) : 네팔, 라오스, 몽골, 방글라데시, 베트남, 인도네시아, 캄보디아, 필리핀, 동티모르, 미얀마, 솔로몬군도, 스리랑카, 태국

아프리카(14국) : 르완다, 모로코, 세네갈, 에티오피아, 우간다, 카메룬, 탄자니아, 가나, 모잠비크, 이집트, 튀니지, 나이지리아, 케냐, DR콩고

중남미(10국) : 파라과이, 과테말라, 니카라과, 도미니카공화국, 볼리비아, 에콰도르, 엘살바도르, 콜롬비아, 페루, 코스타리카

중동CIS(4국) : 우즈베키스탄, 요르단, 키르기스스탄, 아제르바이잔

※ 파견 국가는 매년 사업계획 수립시 국별 안전도, 파견시 급성을 고려하여 변동될 수 있음.

파견분야는 개도국의 실질적 발전에 필요한 교육, 보건의료, 공공행정, 산업에너지, 농림수산에 중점 파견하고 있다.

분야	파견 직종
교육	교육일반, 전자교육, 직업훈련 등
보건	병원운영관리, 보건일반, 약학, 의사, 의사(산부인과), 의사(소아과), 한의사 등
공공행정	경제, 경영, 관광, 선거관리, 도시개발, 일반행정, 정보화(일반), 통계, 여성 등
산업에너지	수자원관리, 에너지, 지리정보, 항공, 과학기술, 기계, 운송, 인쇄, 토목 등
농림수산	농업(일반), 수산/어업, 임업, 작물재배(일반), 축산 등
기타	환경, 인권 등

※ 분야별 파견직종은 수원국의 수요요청 결과에 따라 조정될 수 있음.

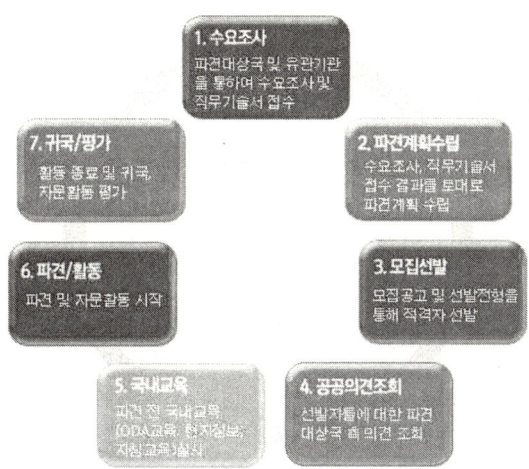

2010-2013년간, 38개국에 총 267명 중장기자문단원이 파견되었으며, 주로 아시아, 아프리카, 중남미, 동구CIS 순으로 활동하고 있다.

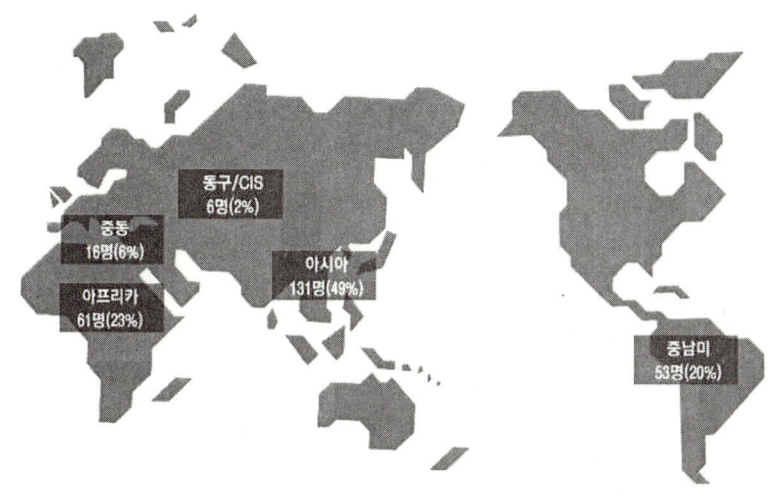

- 조건

  ·해외봉사정신을 가진 관련분야 퇴직(예정) 전문가로서 10년
   이상의 실무경력자

  ·최소 6개월 이상의 해외활동이 가능한 심신이 건강한 자

  ·영어로 강의, 자문, 보고서 작성이 가능한자

  ·기타 파견대상국에서 요구하는 자격을 갖춘 자

- 지원내용

  현지생활비 월 4,000불, 현지활동지원비 500불, 출장비(일비,
  식비, 숙박비, 교통비 등), 왕복항공료,

  기타경비(출국준비금, 보험료, SOS비용, 건강검진, 예방접종
  료, 여권 및 비자수수료 등)

- 모집/선발

  연 2회(상반기 3월, 하반기 8월)

  중장기자문단 지원서 접수(http://kov.koica.go.kr/hom/) →
  서류심사 합격자 발표 → 선발(면접, 신체검사)

  → 공관 의견조회 → 최종합격자 선정

- 해외봉사단 모집상담센터

  - 주소 : 경기도 성남시 수정구 대왕판교로 825

  - 이메일 : kov1@koica.go.kr

  - 전화 : 1588-0434 / 팩스 : 031-740-0699

- 해외봉사단

　해외봉사단은 직종별로 모집하며 해당 직종에 대해 객관적으로 입증할 수 있는 전문성(전공, 자격증, 경력, 등)을 갖추고 있어야 한다. 대부분의 직종은 전공, 자격증, 경력 세 부분 중 일부의 요건만 갖추어도 지원이 가능하다. 다만, 일부 직종(간호, 물리치료 등)에 지원하시기 위해서는 필수자격증 중 하나를 반드시 취득하여야 지원이 가능하니 이점에 유의하여야 한다.

필수 자격증 필요 직종

분야	직종	필수자격증
교육	요리(일반)	조리기능사(복어, 양식, 일식, 제과, 제빵, 중식, 한식)/조리산업기사(복어조리, 양식, 일식, 중식, 한식)/제과기능장/조리기능장
	요리(한식)	한식조리기능사/조리산업기사(한식)/조리기능장
	요리(제과제빵)	제과/제빵기능사/제과기능장/조리기능장
	미용교육	미용사(일반, 피부)/

		정교사(미용)/미용장
	유아교육	유치원정교사/보육교사
	초등교육	정교사(초등교육)
	특수교육	정교사(특수교육)
	한국어교육	정교사(국어)/한국어교원자격증/한국어교사양성과정, 한국어교원양성과정 120시간 수료
	체육교육(태권도)	태권도4단/5단/6단/7단/8단/9단/태권도사범자격증
보건	간호	간호사/전문간호사
	약학	약사
	방사선	방사선사
	치위생	치과위생사
	물리치료	물리치료사
	작업치료	작업치료사/임상심리사
	영양관리	영양사/영양교사
	임상병리	임상병리사
	치과기공	치과기공사
	의사(전과)	의사
	의사(치과)	치과의사
	의사(한의사)	한의사
공공행정	사서	준사서/사서교사/정사서
	사회복지	사회복지사

	농림수산	수의사 수의사
산업에너지	용접	용접, 제관, 특수용접, 판금, 판금제관기능사/용접, 용접산업, 제관, 제관산업, 판금, 판금산업, 판금제관, 판금제관산업기사/용접기능장/용접기술사

나. 정보통신산업진흥원의 퇴직 전문가 해외파견사업

'월드프렌즈코리아 퇴직전문가 해외파견사업(Korea Senior Experts, KSE)'은 국내 퇴직전문가가 참여하는 해외봉사 프로그램이다. 퇴직자들에게는 제2의 자아실현기회를 제공하고, 개발도상국에는 우리나라의 정보통신, 산업기술, 무역투자, 지역발전, 에너지자원 등 분야별 산업발전 개발 노하우를 전수해 개도국의 경제 발전에 기여한다는 취지다.

서류와 면접심사를 통해 선발하고, 선발된 퇴직전문가들은 베트남, 볼리비아 등 각국에 파견된다. 개도국에 파견되는 만큼 봉사정신을 갖춘 관련분야 전문가로서 해당분야 10년 이상 또는 그에 상응하는 경력을 가진 만 50세 이상의 퇴직자이거나 해외 파견일 이전 퇴직예정자라면 누구나 지원 가능하다.

파견기간은 1년이 원칙이지만 활동성과에 따라 최대 3년까지 연장할 수 있다. 파견되는 전문가들에게 별도의 임금은 지급되지 않지만 현지 생활비와 활동비, 출·귀국항공료와 상해보험료 등 안전 확보와 품위 유지가 가능한 수준의 경비가 제공된다는 것이 NIPA 측의 설명이다.

모집 국가 및 분야에 대한 자세한 내용은 홈페이지를 통해 확인할 수 있다.

한편, 퇴직전문가 해외파견 사업은 지난 2010년부터 2014년 까지 38개국에 349명의 퇴직전문가를 파견해왔다.

현지 생활비(주거비 포함)를 비롯해 활동비와 항공료, 재해보험료 등 7000~8000만원을 지원하고 있으며 근무하는 곳은 공공기관인 경우가 많다.

현지 언어 또는 현지에서 통용되는 공용어로 의사소통이 가능해야 하며, 영어로 강의하고, 자문과 보고서 작성 등이 가능한 사람을 선발하기 때문에 경쟁률이 낮다.

다. 한국연구재단의 개도국 과학기술지원단

에너지와 생물자원 등이 풍부하고 잠재적인 고급 인력 집단을 가진 개발도상국에 우리가 보유한 과학기술 분야를 진출시켜 개도국과의 전략적인 협력을 도모하는 것이 목적인 사업으로 파견국 49개국에 파견기간은 1년(1회 연장가능)이다.

현지생활비(주거비 포함)와 활동비, 항공료, 재해보험료 등

3500만 원 정도가 지급된다. 근무하는 곳은 사무실에 인터넷 등이 구비된 공기업일 가능성이 높으며, 근무 제공 시설은 현지 사정에 따라 다르다. 이공계와 과학기술 분야의 학사이상 (석, 박사 우대)으로 현지 언어 또는 현지에서 통용되는 공용어로 의사소통이 가능하며, 영어로 강의할 수 있고, 자문과 보고서 작성 등이 가능한 사람으로 지원자격을 한정하고 있다.

라. 교육관련 정부지원제도

A. 중장년 아카데미 - 산업인력공단 홈페이지의 공지사항을 통해 여러 과정과, 위탁전문업체, 연락처 등을 확인하여 접수할 수 있다.

B. 지역별 여성능력센터 - 여성능력개발센터이지만 남성도 20%안에서 참여가 가능하다. 건간, 상담, 교육, 식음료, 컴퓨터 등 섬세한 교육과정이 많다./(약간의 실비 부담)

C. 지역맞춤형 일자리 창출지원사업 교육 - 고용노동부에서 지원하며, 지역고용네트워크사업으로 전국에서 700여개 교육이 이뤄지고 있다. 과정들을 살펴보면 본인이 흥미를 가질만한 분야의 교육을 찾을 수 있다.

D. 기술원교육과정 - 기숙사비와 교육비 무료이며, 서울의 경우에는 중부기술원, 동부기술원, 남부기술원, 북부기술원이 있으며, 1년에 상반기와 하반기 2번 모집한다.

3. 국공립 교육기관에서의 고령자 프로그램 제공

우리나라의 고령자 취업알선기관으로는 노인취업알선센터(보건복지부 관할), 고령자취업알선센터(서울시 관할), 고령자인재은행(노동부 관할)이 운영되고 있지만, 실질적으로는 고령자의 특성이나 직무능력을 반영하지 못하고 있다. 보건복지부 관할의 노인취업알선센터는 1981년 3월 노인능력은행으로 시작하여 1997년 1월 노인취업알선센터로 확대 개편되었다. 65세 이상노인을 주된 대상으로 하며 현재 전국적으로 70개소가 운영되고 있다.

그에 비해 서울시 관할 고령자취업알선센터는 고령자고용촉진법에 근거하여 1992년 7월부터 서울시에 고령자취업알선센터 12개소를 설치하였으며 2003년 현재 확대되어 14개소가 운영 중에 있다. 이는 고령자고용촉진법상의 고령자인 55세 이상이 주된 대상자들이다. 노동부 관할의 고령자인재은행 역시 고령자고용촉진법에 근거하여 1993년 7월부터 설치하였으며, 현재 전국에 43개소가 있다. 이용대상은 50~60세까지이며, 준·고령자 및 초기고령자만을 대상으로 하고 있다.

그밖에도 노인만을 대상으로 하는 것은 아니지만 현재 교육수준이 낮은 노인들이 다수라는 점을 감안하여 교육이 실시되는 곳도 있다. 한국산업인력공단이 단기적응훈련실시기관으로 지정되어 여러 가지 교육이 실시되고 있다. 이처럼 노인교육기관으로 대표적인 기관은 한국산업인력공단 주관으로 한국노인복지회 등 113개 기관에서 단기적응훈련실시기관이 지정되어 운영하는 것이다.

이러한 기관들 중 대상연령의 측면에서 살펴보면 65세 이상을 대상으로 하는 것은 노인취업알선센터 뿐이고 나머지 기관이나 센터들은 주로 50대에서 60대 초반이 주 대상임을 알 수 있다.

〈표〉 고령자 우선고용직종

유형	직 업 명
공공 부문 (70직종)	공학기술자문가, 전기시설관리원, 냉장기 수리조작원, 운전원, 보일러조작원, 건물보수원, 인사노무관리자, 경영컨설턴트, 법률 및 세무회계 관련 자문가, 채권추심원, 사무보조원, 컴퓨터자료입력원, 우편물접수원, 설문조사원, 교통량조사원, 지가조사원, 사회교육강사, 기숙사사감, 도서정리원, 문화재보존원, 사회복지보조요원, 상담사, 시설보육사, 데스크안내원, 시설 및 견학안내원, 화랑 및 박물관안내원, 관광안내원, 주차안내원, 접수예약사무원, 민원상담원, 매표·검표원, 주차요금정산원, 통행료정산원, 주방보조원, 조리사, 구내매점원, 농림어업관련 자문가, 조경관리원, 식물재배원, 경비원, 공원관리인, 주차장관리인, 건물관리인, 운동장관리인, 묘지관리인, 식물원, 관리인, 쓰레기매립장관리인, 문화재관리인, 배수지관리인, 건널목관리인, 환경미화원, 노견정리원, 재활

	용품 분류원, 소독·방역원, 계기검침원, 안전점검원, 수금원, 화물접수원, 물품보관 및 정리원, 교통정리원, 주정차위반단속원, 버스전용차단속원, 포장원, 상표부착원, 제품단순검사원, 산림보호원, 수렵감시원, 조류보호구역감시원, 하천감시원, 안전순찰감시원
민간 부문 (90직 종)	공학기술자문가, 가전제품수리원, 전기시설관리원, 재단사, 재봉사, 의복 및 관련제품 수선원, 운전원, 전통건물건축원, 도배원, 배관공, 미장공, 생산관리기술자, 품질관리기술자, 주택관리사, 기계시설 및 설비관리원, 보일러조작원, 건물보수원, 냉장기수리조작원, 리프트조작원, 인사노무관리나, 경영컨설턴트, 창업지원컨설턴트, 법률 및 세무회계 관련 자문가, ISO인증심사원, 채권추심원, 해외영업원, 무역사무원, 부동산대리인, 분양 및 임대사무원, 배차사무원, 사무보조원, 설문조사원, 영업관리사무원, 기술영업원, 일반영업원, 사회교육강사, 기숙사사감, 도서정리원, 기록관리사, 문화재보존원, 번역가, 간병인, 산후조리종사원, 사회복지보조요원, 상담사, 시설보육사, 데스크안내원, 시설 및 견학안내원, 화랑 및 박물관 안내원, 관광안내원, 주차안내원, 질서유지원, 계산대수납원, 접수예약사무원, 매표·검표원, 주차요금정산원, 통행료정산원, 장례지도사, 결혼상담원, 주방보조원, 홀써빙원, 조리사, 텔레마케터, 구내매점

원, 매장감시원, 농림어업관련자문가, 조경관리원, 식물재배원, 음식료품가공원, 창고관리인, 검수원, 경비원, 교구관리인, 공원관리인, 주차장 관리인, 건물관리인, 가정도우미, 세차원, 환경미화원, 배달원, 계기검침원, 안전점검원, 수금원, 화물접수원, 물품보관 및 정리원, 전단지 배포 및 벽보원, 주유원 및 가스충전원, 포장원, 상표부착원, 제품단순조립원

자료출처 : www.mohw.go.kr

- 노년층의 취업교육을 위한 보조금 지급 및 세제 혜택

   정부에서는 고용보험법 제 18조 및 동법 시행령 제 22조에 근거하여 1996년부터 여러 가지 장려금을 지원하고 있다. 그 종류로는 고령자 고용률 6% 이상인 사업주에게 지급하는 고령자 다수 고용장려금, 고령자를 신규 고용하는 사업주에게 고령자 신규 고용장려금, 당해 사업장에서 퇴직한 고령자(45~60세)를 퇴직 후 3개월 이후 2년 이내에 재고용하는 사업주에게 고령자 재고용 장려금을 지급하는 제도를 도입하고 있다. 현재 준·고령자 대상의 직업훈련 실시 시관 중 재정지원을 받는 곧은 산업인력공단을 통해 지원 받는 140여개 기관과 보건복지부를 통해 지원 받는 20여개의 한국 지역사회시니어클럽(Community Senior Club) 협회 등이 있다. 또한 고령자 수강장려금 제도도 규정되어 있어 50세 이상인 근로자로서 자비로 직업훈련기관, 교육훈련기관, 또는 고용촉진훈련학원에서 실시하는 훈련을 수강한 근로자에게 수강비용 전액을 1인당 100만원 한도 내에서 지원하게 되어 있다. 그러나 이는 50세 이상 되어서도 직장에 남아있는 근로자를 대상으로 할 뿐만 아니라, 이러한 조항에 따라 고령자 직업훈련을 실시하도록 하는 조치가 취해진 바가 전무할 실정에 신청건수도 매우 빈약한 것이 현실이었다.

그러나 2004년에는 고령자 일자리 창출 및 교육훈련 활성화를 위해 재정지원 규모가 2003년에 비해 대폭 증가할 것으로 전망되고 있다. 또한 보건복지부도 2003년 10월 노인 일자리를 늘리기 위한 예산을 6배 가까이 늘린 것으로 발표하였다. 2004년 보건복지부 노인 일자리마련 경로연금, 노인복지시설 보강, 노인의료 향상, 경로당 운영 등 고령화 대책을 위해 예산에 책정된 금액이 모두 5220억 원으로 2003년의 4441억에 비해 17% 증가한 액수라 한다.

1) 고령자취업알선센터(북부고령자취업알선센터)

고령자취업알선센터에서는 고령자취업알선을 위하여 취업 예상 인력들을 대상으로 취업 적응교육을 실시하고 있다. 교육기간은 1일에서 5일까지로, 이들이 맡고 있는 업무가 주로 단순 노무직이기 때문에 소양교육 위주로 진행되고 있다. 그러나 일부 센터, 대표적으로는 북부고령자 취업알선센터에서 자체적으로 고학력 노인을 대상으로 적합 직종을 개발하기도 하였다. 그에 대한 대표적인 것은 예절지도사, 전통문화이야기, 할아버지 할머니 동화 구연 등의 특별 프로그램 들이 있다. 하지만 대부분의 센터에서는 취업적응교육이 고령자 취업알선센터에서 제공하는 교육의 전부인 실정이다.

1996년부터 5년간 북부노인종합복지관 산하 취업알선센터에서는 총 392회의 취업에 관련된 교육을 실시하였는데 연평균, 78.4회씩, 한 센터에서 약 연 6회의 교육을 실시하였다. 교육인원은 5년간 총인원 7,742명으로 연평균 1,546명의 구직자가 교육을 받았다. 특히 1998년부터는 각 센터별로 이루어지던 교육을 전담센터를 두어 직종별 교육을 실시하였다. 연 4회를 기준으로 매회 100명씩, 3일 20시간 교육을 실시하였다. 주요 교과목으로는 인간관계훈련, 노인의 건강관리, 취업성공사례, 취업의 실제, 실직에 따른 심리문제, 탈출 고실업시대, 노인복지정책, 레크리에이션이 있다. 그리고 각 직종별 업무와 사례 발표 또한 현장학습으로 이루어져 있다.

〈표 4-1〉 취업교육현황

연도 (센터 수)	1996년 (8)	1997년 (9)	1998년 (11)	1999년 (13)	2000년 (13)	2001년 (13)	2002년 (13)	합계
실시회 수	63	65	120	74	70	49	49	490
수료인 원	1,581	1,951	1,643	1,345	1,222	1,350	1,380	7,742

자료: 북부노인종합복지관 내부자료

〈표 4-2〉 북부노인종합복지관 취업적응교육 실시현황

구분	1996년	1997년	1998년	1999년	2000년	2001년	2002년	2003년
적 응	6회	6회	6회	4회	6회	6회	5	6
교 육	225명	200명	512명	305명	396명	338명	150	170

자료: 북부노인종합복지관 사업평가보고서

〈표 4-3〉 북부고령자취업알선센터의 고령자 취업적응교육

교 육 명	고령자 취업적응 교육
목 적	정년퇴직 후 재취업을 희망하는 55세 이상 고령자들에게 재취업 시 요구되는 취업 자세와 사회인식의 소양교육 및 인성교육을 통해 재취업에 필요한 능력을 개발·함양시켜 고령자의 취업기회를 확대하고 유휴노동력의 활용을 도모하여 노인들의 직업안정 및 소득 창출, 사회적, 경제적 지위를 향상으로 노인복지발전에 기여한다.
추진방침	·서울시 산하 은천·북부 고령자취업알선센터에 등록한 취업희망자 중 교육을 희망하는 고령자를 대상으로 교육을 실시한다.

·경제적 위기로 인한 가중된 취업난으로 고령자들의 취업이 어려워진 현실 속에서 재취업을 희망하는 고령자들에게 시대적 흐름과 현실에 적응할 수 있도록 올바른 취업 자세에 대한 소양교육 및 인성교육 중심으로 교육을 실시한다.

·전문강사의 강의를 통해 이론을 바탕으로 실생활에 적용하는 기회를 제공하고 대인관계의 원만한 융화를 위해 인간관계훈련, 친절교육 등을 실시한다.

·교육생들에게 교육 이수와 동시에 구인처를 공개하여 구직자가 원하는 구인·구직의 장을 마련하여 교육생들의 취업교육에 적극적인 참여를 유도한다.

·구인-구직의 장을 통해 지원한 구직자들을 구인담당자가 교육장에서의 공개면접을 통해 채용하므로 교육생들에 대한 차별화 된 서비스를 제공한다.

·효율적이고 원활한 교육 프로그램운영을 위하여 무료 자원봉사자를 활용한다.

교육내용	·친절서비스(예절)이란 　　　·인간관계훈련 ·직종별 업무 소개 　　　·재취업에 임하는 자세 및 재취업 성공사례
교육인원	· 1회 35명 (연 3회 교육 105명) 고령자취업적응교육은 지금까지 13개 센터의 구직등록자 중에서 교육생을 선별하여 교육을 실시하였으나 취업교육자의 근접성을 높이고자 2002년부터 서울을 4개 지역으로 구분하여 교육을 실시하게 되었고 교육대상인원을 100명에서 35명으로 하향 조정하여 교육의 내실을 기했다.
평　가	·4개 구인처 구인 담당자가 교육장에 내방하여 구인업체 설명 및 공개 면접을 실시하므로 구직자들에게 업체에 대한 신뢰성을 줄 수 있었다. ·소규모의 인원이 교육을 받으므로 교육자와 피교육자사이에 긴밀한 관계형성을 통해 보다 인간적인 교육이 이

	루어질 수 있었다.
	·구인·구직의 장에 구인의뢰는 40여 곳에 이르렀으나 구직자들의 고연령과 취업의지가 약하여 교육을 통한 취업률이 매우 낮았다.
제 안	·구인·구직의 장이 효과적으로 이루어지기 위해서 구직자들의 근로의욕 및 동기가 구체적으로 파악이 되어야 하며, 구인조건이 시대에 맞게 조절할 필요성 있다.

　북부노인종합복지관의 경우 노인들을 위한 취업교육에 대해 가장 사업운영을 잘 하고 있는 것으로 알려져 있는데, 취업교육은 취업적응교육과 적합 직종 개발로 나누어서 진행하고 있다. 노인 적합 직종 개발의 경우 고학력 고령자들이 취업할 수 있는 분야를 개발하여 교육함으로써 일자리 영역을 확대하려는 노력을 하고 있다.

〈표 4-4〉 고령자 적합직종의 개발1 - 예절지도사

교 육 명	1) 예절지도사교육
목 적	IMF이후 고령자들의 취업의 문이 좁으며 고학력 고령자들의 적성을 고려하여 재취업할 수 있는 직종이 거의 전무한 현 상황 속에서 55세 이상 고학력 고령자들에게 예절지도사 교육을 이수하게 함으로서 고령자에게 적합한 직종개발 및 고령자의 취업기회를 확대하고 유휴노동력의 적절한 활용을 도모하여 노인들의 직업안정 및 소득을 창출하고 아울러 세대 간의 통합을 도모하고자 한다.
추진방침	·서울시 산하 노인복지관에 예절지도사 홍보공문을 발송하여 교육을 희망하는 고령자를 대상으로 교육생을 추천받고 대중매체 및 각 지역정보지에 홍보하여 교육생을

모집한다.

·교육대상자 선정은 55세 이상 전직 교사 출신 또는 고위층 공무원 출신을 위주로 선정한다.

·교육일정은 3일 21시간 전문강사의 강의를 통해 이론 및 실기교육을 병행하여 생활예절에 대해 충분히 익힐 수 있도록 한다.

·교육과정은 전반적인 생활예절과 아울러 아동에 대한 이해 및 교안 작성법 등의 과정으로 구성하여 교육 이수 후 아동 예절지도사로 활동할 수 있도록 한다.

·교육 후 교육내용에 대한 설문지 조사를 실시하여 차기 적응교육 계획에 반영함으로써 교육의 질적 향상을 도모한다.

·교육 이수 후 수료증 발급을 통해 교육에 대한 성취감과 취업의식을 고취시킴과 아울러 구인처에는 공적인 인증서의 역할을 부여한다.

·교육 이수자 중 소정의 인원을 선발하여 노원구 내 어린이 예절지도사 강사로 파견한다.

·교육장은 전면에 거울이 설치된 한국성서대학교 영유아보육실습실로 정하여 실습위주의 교육이 효과적으로 진행되도록 한다.

교육내용	·예절이란 ·한복 바르게 입기 ·바르게 서기, 걷기, 앉기 ·설에 대한 예절 ·생활예절 ·아동에 대한 이해 및 교안작성법
교육인원	·년 1회 30명
평 가	·교육생들을 고학력자 중심으로 학력 차가 적음으로 인

하여 타교육에 비하여 교육생들 간의 의사소통이 잘 이루어졌으며, 교육진행에 있어서 순조롭게 이루어 질 수 있었다.

·이론과 실기를 병행하여 강의함으로써 교육생들이 쉽게 이해하고 생활화 할 수 있는 강의가 되었다.

·교육장소가 마룻바닥과 전면거울이 부착되어있어서 예절교육 실습에 용이하였다.

·교육생들이 한복을 입고 교육의 모든 과정에 임하므로 한복의 생활화에 기여하였다.

·교육과정이 예절 부분과 아동에 대한 이해 및 교안작성법 등으로 이루어져 교육 이수 후 강사로 활동할 때뿐 아니라, 가정생활 속에서도 적용할 수 있도록 하였다.

·교육에 대한 만족도가 매우 높아 교육생 전원이 수료하였다.

·교육과정이 이론과 실습이 동시에 이루어지게 되어 있어서, 입식생활에 익숙한 교육생들이 1일 7시간씩 바닥에 앉아 교육을 받는 것에 다소 무리가 있었다.

| 제 안 | ·3일 20여 시간의 강의를 통해 예절지도사로 활동하기에는 무리가 있으므로 강사파견 시 계속된 보수교육이 필요하다. |

　　이러한 목적의 일환으로 이들을 위해 어떤 프로그램을 실시하는 것이 좋을 것인가에 대해 1-3세대 통합프로그램을 실시하기 위한 수요조사의 일환으로 취업교육에 대한 요구도를 조사한바 있다. 그 결과 예절지도사, 전통놀이지도사, 동화구연지도사, 맷돌체조지도사 그리고 경비교육을 개발하여 실시하고 있다. 그 가운데 예절지도사에 대한 부분자료를 구체적으로 살

펴보면 다음과 같다.

　예절지도사교육은 2001년 12월에 처음으로 실시하였으며 2002년도 제2차 예절지도사교육이 실시되었다. 2001년 1차 교육을 통해 30명의 수료생을 배출하였고, 수료생 중 4명이 공동모금회 지원사업 〈1·3세대 한세대 만들기〉 프로그램을 통해 어린이집, 방과후 공부방, 유치원 등의 어린이 교육관련 기관에서 예절지도사 강사로 활동하고 있다. 이러한 결과 할머니 할아버지 예절선생님에 대한 아이들이나 교육기관장의 긍정적인 평가가 나타나고 있다.

2) 한국산업인력공단의 단기적응교육훈련

한국산업인력공단에서는 준·고령자 고용촉진을 위한 단기적응 훈련과정을 실시하고 있다. 노인 중 취업을 희망하는 사람에게 1개월 이내의 단기간 직장 적응훈련을 실시하여 고용촉진을 도모하고, 이와 아울러 직업 안정 및 노후 가계안정에 기여를 목적으로 하고 있다. 따라서 고령자 고용촉진 단기 적응훈련과정은 주차관리원, 경비 등 고령자 적합 직종과 취업용이 직종을 중심으로 1주에서 2주간의 과정을 개설하여 직업생활과 안전관리 및 직종별 기본교육을 실시하고 있다(이병준 1999). 이와 관련된 직업훈련은 환자 돌보는 이, 아이돌보는 이, 산모 돌보는 이, 건물관리원, 미용보조원, 발관리보조원 등 단기간에 습득될 수 있는 직종을 중심으로 운영되고 있다. 교육기관은 한국노인복지회, 복지회관 등 지역주민과 밀접한 생활권을 형성하고 있는 비영리 단체, 협회 등 전국 69개 훈련시설에 위탁하여 실시하고 있으며, 수료와 동시에 취업을 알선하고 있다. 수료한 노인들을 중심으로 높은 취업률을 보이고 있지만, 재취업에 대한 노인들의 직업의식 부족과 직종의 부족으로 재취업이 현실적으로 쉽지 않다는 점들을 호소하는 경우가 많다.

한편 훈련직종은 건물관리원, 주차관리인 등 고령자 적합직종 중 수요가 많고 지역적 특성을 고려하여 결정하게 된다(장지연, 2000). 각 직종별로 작업수해능력훈련을 실시하고 직업관 등 직업생활의 기본소양교육과 작업장 안전수칙 등 산재예방 및 안전관리요령도 훈련한다.

3) 행정자치부의 퇴직예정공무원 취업관련교육

행정자치부에서는 2000년 대통령 업무보고를 통해 2001년부터 퇴직예정공무원을 대상으로 취업관련 교육을 실시하여 2003년 현재 약 3,000여명이 교육에 참여하고 있다. 교육대상은 퇴직을 1년 내지 1년 6개월 정도 남겨 둔 공무원이며, 교육내용은 사회적응교육(4박5일), 취업관련교육(5박6일), 자원봉사 등이며 자세한 내용은 〈표 4-5〉에 나와 있다.

· 교육대상 : 2003. 6월까지의 정년·명예·조기퇴직예정공무원
· 교육기간 및 장소 : 5박6일 합숙(수안보상록호텔)
· 교육경비 : 290,000원(숙박비 및 식비 포함, 기관부담)

〈표 4-5〉 퇴직예정공무원 취업관련교육 교과목 및 내용

분 야	교 과 목	교 과 내 용
공 통		•공무원연금제도, 퇴직 후 사회활동, 건강관리, 단학 　퇴직자의 경험담, 레크리에이션
창 업	소자본창업반	•창업가 정신, 상권분석 및 입지선정, 소점품 마케팅 전략, 산업 　타당성 분석 및 사업계획, 정밀사업 적성검사등 12과목, 현장실습
영 농	과수재배반	•농지관련 법규, 농업경영컨설팅, 경험담 　사과,배,복숭아 재배등 8과목, 현장실습
영 농	밭작물재배반	•농지관련 법규, 농업경영컨설팅, 경험담 　토마토,오이,고추,마늘,딸기등　10과목, 현장실습
영 농	특용작물재배반	•농지관련 법규, 농업경영컨설팅, 경험담 　느타리버섯,표고버섯,상황버섯, 약용작물경영 　오미자, 사삼, 당귀, 청궁등 11과목 , 현장실습
취미부엽	화훼가꾸기반	•분화재배, 분재, 야생화등 4과목, 현장실습
자격증 안 내	공인중개사	•민법 및 민사특별법, 부동산 공법, 중개업법령 및 실무,부동산 세법부동산학 개론, 개업요령 및 성공사례 등

자료: http://www.mw.go.kr

4) 기업의 outplacement 프로그램 (기업내 퇴직자 준비 교육 과정)

  중장년층의 취업교육은 노년기가 되었을 때 취업 할 수 있는 준비라는 점을 고려하여 기업의 outplacement 프로그램을 언급하고자 한다. 중·고령자가 기업에서 계속 일할 수 있도록 하기 위해서 다음과 같은 몇 가지 교육 방법이 있다. 즉 ① 해당 기업에서 계속 고용할 수 있도록 교육하거나 ② 정년퇴직이 가까워질 때 이들이 유사직종의 타 회사에 근무할 수 있도록 교육하거나 ③ 전혀 다른 직종의 회사에 재취업할 수 있도록 교육하는 방법 등이 그것이다. 교육방법론으로는 자체에서 교육하거나 혹은 외부전문기관에 위탁하여 실시될 수 있을 것이다.

  우리나라의 기업체에서 진행되고 있는 은퇴준비 프로그램은 구조조정이나 정년에 의한 퇴직자를 대상으로 은퇴를 준비할 수 있도록 전직지원서비스(outplace-ment)를 제공하는 것이라고 본다면 이는 ②나 ③에 초점을 맞춘 것이다. 각 기업체에서 퇴직자에게 프로그램을 제공하는 방법으로 자체 프로그램을 제공하는 방법과 외부기관과의 일부 연계 혹은 위탁을 통해 제공하는 방법이 있다.

  자체적으로 운영되는 곳은 정부기관인 중앙공무원 교육원이며, 여기에서는 정년퇴직 예정인 5급 이상 국가공무원 및 그 배우자를 대상으로 "공로연수과정"을 실시하고 있다. 교육운영은 연간 2회(회당 60명), 3박4일간 이루어지며, 퇴직 후 건강관리와 재택관리, 역사 및 문화탐방 견학 등의 내용으로 진행되고 있다. 그러나 이러한 교육일정과 내용은 전직지원서비스보다는 퇴직공무원간의 친목도모의 성격이 강하다고 할 수 있다.

한편 외부전문기관과의 연계 혹은 위탁을 통해 시행되고 있는 기업으로는 포스코, 한국전력, 한국P&G, 두산중공업, 한국HP, 국민은행, 기업은행, 브릿지증권 등이 있으며, 대표적인 전문기관으로는 DBM 코리아, 아데코 코리아, CBS 컨설팅 등이 있다. 이중 가장 큰 업체인 DBM 코리아에서 진행한 교육과정과 위탁기업 일부를 살펴보면 다음과 같다.

(1) 포스코

2001년부터 정년퇴직을 1년 앞 둔 퇴직예정자들을 대상으로 실시중인 포스코의 "그린 라이프 디자인(Green Life Design)"은 포항과 광양제철소에 CTC(Career Transition Center)를 개설하여 퇴직 예정자가 1년간 특별휴직을 하면서 컨설팅을 받는 프로그램이다. 2003년 9월까지 128명이 프로그램을 이미 마쳤으며, 현재 120명이 프로그램에 참여 중이다. 프로그램 내용을 보면, 1단계 '프리 라이프 디자인 세미나'에선 퇴직 후 소득의 급격한 감소와 퇴직자 개인을 둘러싼 환경변화에 대해 교육하며, 2단계 '파워 스타트 워크샵'에서는 개인별 가치관, 성격과 행동양식, 역량을 진단한 뒤 자신을 인식하고 앞으로의 진로를 설정할 수 있도록 카운슬링 한다. 교육 5개월째에는 '부부동반 활동'을 통해 삶의 우선순위 찾기 등 퇴직 이후의 삶을 부부가 설계하도록 하며, 창업 지망생을 위해서는 창업현장 체험 위주의 '창업전략 수립'등을 4~5개월간 실시하고 있다. 포스코의 전직지원프로그램의 특징은 정년퇴임자를 대상으로 재취업이나 창업 능력향상에 중점을 두기보다는 퇴직 후 제2의 인생설계라는 관점에서 접근하는 '은퇴설계프로그램'이라는 점이다.

(2) 한국전력

KEPCO Power Life Design은 정년퇴직자의 성공적인 은퇴생활을 지원하기 위해 마련되었으며, 2002년, 2003년 각각 6개월간 서울, 부산, 대전, 대구, 광주 등 총 5개의 Career Transition Center에서 진행하였다. 2003년 9월까지 총 126명이 참가하였으며, 퇴직자 요구에 맞춘 은퇴설계 프로그램, 경력전환 프로그램, 카운슬링 등 컨설팅 서비스와 함께 재테크, 건강강좌, 레저활동, 체험학습 등 주제별 전문강좌가 동시에 진행되었다. 한국전력도 포스코와 마찬가지로 전인교육적 프로그램이 제공되는 것을 볼 때에 정년직원에 대한 복리후생 차원의 지원으로 보여 진다.

(3) 국민은행(KB)

국민, 주택은행 합병 후 구조조정에 따라 희망퇴직 직원들을 대상으로 2003년 1월부터 3개월간 서울, 대전, 대구, 부산 등 총 4개의 Career Transition Center에서 전직지원 프로그램을 실시하였다. 총 126명이 참가하였으며, 직업변화관리와 재정관리 등 교양강좌와 관심분야별 전문 강좌를 개설하고, 직업 카운슬링을 통해 재취업과 창업을 지원하였다. 프로그램 실시 후 실질 창업 및 취업률이 51%에 달했는데, 이는 정년퇴직자가 아닌 희망퇴직자들의 특성으로 인해 나온 결과라 여겨진다.

〈표 4-6〉은 퇴직자준비과정의 구체적인 프로그램에 대한 내용이다(기업에서 프로그램 실시에 대한 구체적 내용을 공개하기 원하지 않으므로 이 보고서에는 업체 이름을 공개하지 않는다). 이 기업은 퇴직교육을 6개월간, 총 24주 동안 실시하고 있으며 경력전환 프로그램과 특별 프로그램, 상담프로그램 등이 함께 진행되고 있다.

〈표 4-6〉 ○○ 기업 OUTPLACEMENT 일정표

월	주	경력]전환 프로그램	특별 프로그램	상담 프로그램
	1	합동워크샵		
	2	- ××온라인 시스템 - 창업이해 및 실전연습 안내		상담1. 고객이해 및 진단 결과보고
4	3	- 고령자의 취업현황과 유망 자격증 - 창업 트렌드 및 유망 아이템소개	- 금융자산 재테크	상담1. 고객이해 및 진단 결과보고
	4	- 50대에 다시쓰는 이력서 1 - 창업지원기관 및 자금 지원 안내	- 도예공방 (부부)	상담2. 경력목표 탐색
5	5	- 재취업 사례	- 부동산 재테크	상담2. 경력목표 탐색

		- 창업사례 / 성공창업점 포탐방		
	6	- 50대에 다시쓰는 이력서 2 - 창업 및 프랜차이즈 박람회 참관	- 스트레스 관리 전략	상담3. 경력목표 설정
	7	- 구직전략의 다양성 - 시장분석 및 상권조사 요령	- 명상과 기수련	상담3. 경력목표 설정
	8	- 전략적 네트워킹 - 상권조사 실습	- 등산(부부)	상담3. 경력목표 설정
6	9	- 재취업 사례 - 창업사례 / 성공창업점 포탐방	- 60대가 알아야 할 세금과 법률 - 홈페이지 만들기1	상담4. 경력목표 실행
	10	- 면접 및 협상전략 - 인테리어 공사	- 홈페이지 만들기2	상담4. 경력목표 실행
	11	- 사회활동 사례 / 사회활동 기관탐방 - 점포오픈과 마케팅	- 부부동반 DISC(부부) - 홈페이지 만들기3	상담4. 경력목표 실행
	12	- 사업계획서 작성법 1	- 홈페이지 만들기4	상담5. 경력목표 재점검
	13	- 사업계획서 작성법 2	- 펜션투어 (부부)	프로그램 중간만족도 조사
7	14	- 창업 실전연습결과 발	- 홈페이지	상담5. 경력목표

	표	만들기5	재점검
15	- 사회활동 사례 / 사회활동 기관탐방	- 홈페이지 만들기6	상담6. 경력목표 설정
16		- 스트레칭과 마사지를 통한 체력관리 - 홈페이지 만들기7	상담6. 경력목표 설정
17		- 4대보험 배우기 - 홈페이지 만들기8	상담6. 경력목표 설정
8	18	- "제2의 인생을 위한 나의 계획"발표	- 홈페이지 만들기9	상담6. 경력목표 설정
	19		- 홈페이지 만들기10	상담7. 은퇴계획서 재점검
	20		- 등산(부부)	상담7. 은퇴계획서 재점검
	21			상담7. 은퇴계획서 재점검
9	22			프로그램 최종만족도 조사
	23	성공적인 은퇴를 위한 첫걸음 프로그램 종결식		
	24	-	-	-
	25	-	-	-

〈표 4-7〉 ○○ OUTPLACEMENT 강좌내용 중 일부

프로그램		
강좌내용	시간	담당
경력전환 프로그램	59	
재취업	13	
재취업1. ××의 온라인 시스템	2	컨설턴트
- ××홈페이지, 구직정보 등 고객용 온라인시스템의 사용방법 설명		
- 구체적인 사용방법을 안내함		
재취업2. 고령자의 취업현황과 유망 자격증	2	컨설턴트
- 최근 우리사회의 중,고령자 취업현황을 다각도로 분석해 설명함		
- 고령자에게 적합한 취업분야와 유망 자격증을 안내함		
- ××의 경험과 사례도 함께 설명함		
재취업3. 50대에 다시쓰는 이력서	3	컨설턴트
- 수십년 만에 새로 써보는 이력서, 그 이력서의 필요성과 작성방법을 설명		
- 전략적인 이력서 작성방법을 이해하고 직접 작성해봄		
- 샘플이력서를 통해 이력서 작성의 가이드를 제시함		
재취업4. 구직전략의 다양성	2	컨설턴트
- 구직전략의 다양한 종류를 설명함		
- 각 전략의 특징과 자신에게 적합한 구직전략을 찾고 활용방법을 제시함		
재취업5. 전략적 네트워킹	2	컨설턴트
- 구직전략으로 가장 광범위하게 활용되는 네		

트워킹의 의미와 중요성 이해		
- 전략적 네트워킹의 단계적 방법곤과 활용사례		
재취업6. 면접 및 협상전략	2	컨설턴트
- 면접에서 성공하기 위한 이미지 메이킹, 의사소통기술, 협상전략 설명		
- 다양한 면접사례를 이해하고 자신만의 면접전략을 수립함		
- 실제 면접에 앞서 면접연습을 해봄으로써 자신의 단점을 보완할 기회를 가짐		
창업	28	
창업1. 창업의 이해 및 실전연습 안내	2	컨설턴트
- 창업환경에 대한 이해 및 창업목표 설정에 주의사항		
- ××창업과정 안내 및 실천		
창업2. 창업트렌드 및 유망아이템	2	컨설턴트
- 유망아이템과 유행아이템의 구별, 창업의 3요소별 접근 방법		
- 해외유망아이템 소개 및 적용		
창업3. 창업지원기관 및 자금지원 안내	2	컨설턴트
- 창업관련 자금 이용방법, 자금 지원안내		
- 소상공인 지원센터 및 유관 창업관련협회 이용안내		
창업4. 창업 및 프랜차이즈 박람회 참관	2	컨설턴트
- 창업박람회 참관 및 트랜드 파악		
- 아이템별 접근방법 및 상담스킬 습득		
창업5. 시장분석 및 상권조사요령	2	컨설턴트
- 외부환경, 내부환경분석, 상권과 아이템의		

상관관계, 아이템 전개전략		
- 권리금 산정요령 및 효과적인 부동산 중개업소 이용안내		
창업6. 상권조사 실습	5	컨설턴트
- 관심 상권별 조사, 상권조사 및 평가		
- 상가별 권리금 조사 및 부동산 중개업소 이용안내		
창업7. 점포의 임대 및 계약	2	컨설턴트
- 점포임대차보호법, 임대시 계약사항점검		
- 점포구입방법론, 계약서 작성요령지도		
창업8. 성공창업점포탐방	2	컨설턴트
- 기창업자 점포 방문 및 창업노하우 습득		
- 벤치마킹요령 및 마케팅기법		
창업9. 인테리어 공사	2	컨설턴트
- 인테리어 점검 및 공사 전후 준비사항		
- 점내 동선 계획 및 마케팅방법론		
창업10. 점포오픈과 마케팅	2	컨설턴트
- 상권분석 및 점포오픈마케팅, 운영관리		
- 운영계획서 작성 및 계수관리		
창업11. 사업계획서 작성법	2	컨설턴트
- 사업타당성 분석 및 사업계획서 작성, 손익분기 및 예상매출추정방법		
- swot 분석 및 시장조사 방법론		
창업12. 창업 실전연습(시뮬레이션) 발표	3	컨설턴트
- 아이템별 창업시뮬레이션 실시(점포형, 회사형, 부동산 등)		
- 고객별 참여유도 및 평가		
사례와 교류	18	
재취업 사례1	3	컨설턴트
- 정년퇴직 후 재취업 중인 선배사원 또는 모범사례를 초대하여 강좌청취		
- 직장 선배사원 또는 과거 ××고객을 섭외		

재취업 사례2	3	컨설턴트
- 재취업 사례1과 동일		
창업 사례1	3	컨설턴트
- 창업 성공사례나 실패담에 관해 경험담을 듣는 기회 - 직장 선배사원 또는 과거 ××고객을 섭외		
창업 사례2	3	컨설턴트
- 창업사례1과 동일		
사회활동1	3	컨설턴트
- 사회활동 또는 봉사활동을 하는 기관을 탐방하거나, 인물을 초빙해 강좌청취 - 각 지역 시니어클럽, 한국 은퇴자 협회, 직장 선배사업 등 섭외		
사회활동2	3	컨설턴트
- 사회활동1과 동일		

5) 한국경영자총협회의 고령자 고급인력정보센터

한국 경총에서는 퇴직자 및 퇴직대상자를 대상으로 '고급인력정보센터'와 '산업기술인력 아웃플레이스먼트센터'를 운영하고 있다.

'고급인력정보센터'는 고급 및 중견경력 인력을 재취업 알선창구로서 1996년 개설되었다. 이곳은 「벤처기업 전문경영인풀」과 「사외이사 풀」 등을 구축하여 운영하고 있으며, 구인·구직알선과 구직자 대상 프로그램(단발성)을 진행하고 있다. 2003년 현재 약 1,200명이 정보센터에 등록되어 있으며 취업률은 9~10% 수준이다.

<표 4-8> 한국 아웃플레이스먼트의 워크샵

시간	주 제	내 용
오전	오리엔테이션	·아웃플레이스먼트란 ·경총 산업기술인력 아웃플레이스먼트 서비스 소개 ·한국 아웃플레이스먼트 소개
오전	자기 탐구	·바른 경력목표설정을 위한 자신에 대한 이해. ·MBTI 성격 유형검사 및 Work Value 진단을 통한 자신에 대한 이해
오후	Power 이력서	·이력서의 중요성 ·자신의 역량을 효율적으로 나타내는 이력서 작성법

성공 면접 전략	·면접의 중요성
	·성공적인 면접 전략 수립
	·효과적인 연봉 협상법 소개
경력관리의 플러스 알파	·경력관리에서의 이미지메이킹의 중요성
	·이미지 진단을 통한 나의 이미지 알기
	·호감가는 이미지 연출법을 통한 면접 이미지메이킹 전략 수립
Networking & Job development Skill	·구직활동에서의 네트워킹 방법 및 중요성
	·Job Information 습득 노하우
	·On-line지원 방법 및 전략
워크샵 진행 이후 컨설턴트를 통한 개별적인 상담	

'산업기술인력 아웃플레이스먼트센터'도 연구관리, 품질관리 등을 담당하는 산업기술인력의 전직을 지원하기 위해 설치되었으며, 산업자원부의 지원으로 한국경총에서 운영하고 있다. 이는 2002년 10월에 설치되었는데, 퇴직기술 기능인력의 재취업 및 창업관련 서비스 제공은 물론 개별컨설팅을 통한 종합지원 체제를 갖추고 있다. 이를 위해 외부전문기관인 '한국 아웃플레이스먼트'와 '(재)경기 테크노파크'에서 워크샵과 창업훈련을 진행하고 있다. 한국 아웃플레이스먼트의 워크샵 내용을 살펴보면 〈표 4-8〉과 같다.

4. 사회공헌 일자리

사회공헌 일자리는 만 50세 이상의 퇴직 인력이 사회적 기업이나 비영리단체 등에서 자신의 재능을 기부하도록 지원하는 사업이다.

인사·노무, IT정보화, 교육·연구, 경영·전략, 마케팅·홍보, 법률·법무, 문화·예술, 행정지원, 재무·회계·금융, 외국어, 상담·멘토링, 사회서비스, 기타 등 13개 분야로 자원봉사와 일반적인 직업의 중간 단계로 하루 24,000원 가량의 정부지원금을 받는다.

매년 초에 이 사업을 실행할 위탁기관을 선정하므로 2~3월은 되어야 신청이 가능하며, 10월경에는 사업이 마무리된다.

고용노동부에서는 전문 경력 퇴직자를 적극적으로 활용하기 위하여 사회공헌 일자리 창출에 적극적으로 나서고 있다.

사회공헌 일자리는 적은 금전보상에도 불구하고 자기만족도와 봉사활동으로 인한 성취감을 이루고자 하는 퇴직인력 등이 참여한다.

정부와 기업에서는 사회공헌 일자리를 정식직업의 개념으로 하여 구체적인 방향을 제시하고 있다.

자원봉사는 교육, 복지, 환경 등 필요한 사회 서비스를 제공하지만 보수가 거의 없고 자발적이다. 그러나 사회공헌 일자리는 탄력적 참여시간, 활동비 지원 등을 통해 유휴 노동력의 노동시장 참여를 유도하고 지속적으로 활동(취업, 자원봉사)하도록 지원하는 사업이다.

은퇴하면 생계를 위한 취업과 존재가치와 소속감을 위한 취업이 필요한 경우로 나뉘는데, 사회적 일자리의 경우 존재가치와 소속감을 위한 취업이라 할 수 있다.

비록 적은 금액을 지원받지만 소속감이나 재능기부차원에서 보면 금액보다는 많은 성취감을 얻을 수 있는 취업이라 할 것이다.

5. 비영리 조직

영리를 목적으로 하지 않고 사회 각 분야에서 활동하는 시민단체 활동을 하는 방법이 있다.

비영리 단체를 만드는 데에는 특별한 제약이 없기 때문에 원하는 대로 만들면 된다. 허가, 신고 등을 할 필요가 없으며, 목적과 목표만 있다면 누구나 설립할 수 있다.

최근에는 정부 프로젝트들도 베이비부머를 대상으로 복지부나 고용노동부 등에서 발주하고 있으며, 주로 비영리 단체를 통해 실행에 옮기고자 한다.

관련 단체로는 녹색연합, 한국 월드비젼, YMCA, YWCA, 경제정의실천 시민연합, 민주언론운동 시민연합, 아름다운 세상 만들기, 탈북난민보호운동본주, 납북자가족협의회, 생명나눔운동본두, 아름다운재단 등이 있다.

제9장 유망한 새로운 직업

본장에서는 2014년 고용노동부가 발표한 유망 직업에 대하여 간략하나마 40개를 선정하여 설명하여 은퇴자 및 은퇴예정자들에게 추후 직업선택에 있어서 조금이나마 도움을 주고자 설명하고자 한다.

1. 민간조사원

민간조사원은 정확하게 말하자면 의뢰자의 수임을 받아서 사실확인을 하고 증거수집을 하여 정확한 사실관계를 파악하는 업무를 하는 사람을 말한다.

법률이 허용하는 범위 안에서 모든 것을 하고 있기 때문에 불법적으로 이뤄지는 것은 하지 않는다. 체계적으로 이론을 배우고 실무를 전문적으로 배운 사람에 한한다.

각종 사건사고가 많고 도감청, 기업조사, 실종아동 등 많은 일들이 이뤄지고 있기 때문에 그만큼 수요가 많이 일어나고 불법적으로 흥신소나 심부름센터등을 관리감독하고 전문가들이 정확하게 증거수집과 사실확인을 하기 위해서 PIA민간조사(탐정)의 교육이 필요한 상황에서 일반과정과 최고위과정으로 수업이 있다.

일반과정은 교재를 구입하여 열심히 공부하고 1차시험과 2차시험을 보는 과정이며, 최고위과정은 동국대학교, 동의대학교, 대구수성대학교의 평생교육원에서 100시간의 교육을 받으면 1차 면제, 2차시험만 치루는 수업을 말한다.

민간조사원의 일반과정과 최고위과정은 대한민간조사협회와 한국특수직능교육재단이 주관 및 시행을 하고 있는데 줄여서 PIA협회라고 부른다. www.kspia.kr로 들어가면 다양한 자료들과 어떤 분야에서 어떤 수업을 받는지 알아볼 수가 있다.

2. 연구장비운영전문가

연구장비운영전문가는 과학기술연구개발에 사용되는 전문장비에 대한 지식·기술을 갖추고 장비운용을 통해 데이터 산출·해석 및 연구개발 활동을 지원하는 전문가를 말한다.

기술인지원센터 공고를 통하여 교육을 받을 수 있으며, 교육을 수료한 인원에 대해 해당 분야에 취업을 알선하고 있다.

3. 전직지원전문가

전직지원전문가는 퇴직(예정)자에게 경력·적성에 맞는 일자리 또는 제2의 직업을 추천·알선하고 그에 맞는 교육훈련프로그램 및 컨설팅을 제공하는 일을 한다.

'전직지원전문가'(상담사)는 베이비부머들을 위한 유용한 전문직이라는 점에 전문가들의 의견이 일치하고 있다.

'전직지원전문가'에 대한 관심은 비단 국내만이 아니라 구미 선진국에서도 높은 관심을 보이고 있다. 100세 수명의 시대에 무전으로 살아 갈수는 없는 노릇일 것이다. 때문에 비록 나이는 들었지만 일을 하면서 건강도 챙길 수 있고 괜찮은 수입까지 기대해 볼 수 있는 '전직지원전문가'들이 각광 받고 있다.

국내에서 NCS 기반으로 진행하는‘전직지원전문가’ 양성과정이 정부지원으로 올해부터 진행되고 있다. 문제는 아직 극 초기단계여서 이 분야에 특별한 강좌도 없었고 필요한 교재가 출재된 사례도 없어 정부에서 준비한 내용을 토대로 강의를 진행할 수밖에 없다는 점이다. 이 때문에 주로 이론 중심의 강의가 많다는 지적이 나오기도 한다.

‘전직지원전문가’로 활동하기 위해서는 무엇보다 어느 한쪽에 치우치지 않고 내담자의 직업역량을 파악하여 그에 적합한 대안을 제시할 수 있어야 한다. 이런 능력은 폭 넓은 사회적 경험을 바탕으로 이론을 접목하여 응용할 때 더 큰 공감을 얻어낼 수 있다. 이런 관계로 ‘전직지원전문가’를 베이비부머들의 천직이라고 말하는 전문가들도 있다.

‘전직지원전문가’양성과정의 활성화를 통해 배출된 전문가들이 예고되고 있는 중장년층 실업대란의 해법이 될 수 있기를 기대해보는 이유다.

4. 산림치유지도사

산림치유지도사는 치유의 숲, 자연휴양림 등 산림을 활용한 대상별 맞춤형 산림치유 프로그램을 기획 · 개발하여 산림치유 활동을 효율적으로 할 수 있도록 지도하는 업무를 담당하게 된다.

현재 치유의 숲은 5개소가 운영 중에 있으며, 31개소가 조성 중에 있다. 또한 자연휴양림 162개소가 조성, 운영 중에 있고 삼림욕장은 178개소 운영 중에 있다(출처-산림청).

아울러 경북 영주,예천 지역에 국립백두대간산림치유단지 조성사업을 진행하고 있으며, 산림치유 공간을 지속적으로 확대할 계획이다.

산림치유지도사 교육은 산림청장이 지정한 산림치유지도사 양성기관에서 교육을 받아야 한다.

- 가톨릭대학교 평생교육원(1급, 2급) : 02-2164-6586(경기 부천)
- 한림성심대학교 평생교육원(2급) : 033-240-9490(강원 춘천)
- 순천대학교 평생교육원(2급) : 061-750-5076(전남 순천)
- 광주보건대학교 평생교육원(2급) : 062-958-7572(광주광역시)
- 전남대학교 평생교육원(1급) : 062-530-3873(광주광역시)
- 충북대학교 평생교육원(2급) : 043-261-2076(충북 청주)
- 동양대학교 평생교육원(2급) : 054-630-1036(경북 영주)
- 대구한의대학교 평생교육원(1급, 2급) : 053-819-1234(경북 경산)
- 전북대학교 산학협력단(1급, 2급) : 063-270-3911(전북 전주)
* 2014년 5월 기준 산림치유지도사 양성기관은 9개 기관입니다.

5. 연구실 안전 전문가

새로운 발견을 위한 연구는 우리들의 문화와 생활을 발전시키지만 연구과정에서 위험한 사건이 발생하기도 한다.

그 사고는 경제적 손실뿐만 아니라 연구자들의 생명에 위협을 준다. 유독가스 누출, 폭발, 화재 등 사건이 생겨나는데 이러한 사건은 미흡한 안전관리 능력 때문에 생겨나는 경우가 많다.

이 문제를 해결하기 위해서 안전 문제를 전문적으로 관리해주는 인력이 필요하다. 그런데 국내에 안전진단을 받아야할 연구실은 약 5000여개 정도가 되나 이 일을 할 수 있는 기관은 12개에 불과하다. 그래서 연구실 안전전문가가 공인이 된다면 필요로 하는 곳이 많을 것으로 예측된다.

연구실 안전전문가는 연구실 특성에 맞는 안전점검 및 정밀 안전진단을 수행하거나 연구실 안전에 관한 기술적인 사항을 지도 및 조언하는 역할을 한다.

연구실 안전전문가는 연구기관이나 안전진단 대행업체에 들어가서 일을 하게 된다. 꼼꼼하고 체계적인 관리능력이 있어야 하며, 이공계의 전문지식을 갖추어야 할 것이다. 연간 120명 정도의 인력수요가 생길 것으로 정부는 예측하고 있다.

6. 온실가스관리 컨설턴트

1992년 기후변화 협약에 따라 1997년 교토의정서가 채택된 이후 전 지구적으로 온실가스 배출에 대한 관심을 갖게 됐다. 유럽을 중심으로 온실가스 감축의무 국가들은 발전회사를 비롯한 에너지다소비 설비 및 온실가스배출 설비를 보유하고 있는 기업에 각각 할당량을 부여해 규제를 실시하고 있다. 미국을 중심으로 기후변화협약에 가입하지 않은 국가도 자발적으로 온실가스 감축에 노력을 기울이고 있다.

온실가스 배출자는 에너지 절약 및 효율화, 공정 최적화 및 개선에 대한 계획을 수립해야 하며 이 때 전문가의 도움을 필요로 하게 된다. 온실가스 관리는 비용 절감뿐만 아니라 규제 대응 및 부가적 수익 창출의 측면에서도 중요하다. 이에 따라 온실가스관리 컨설턴트는 에너지 효율향상 및 공정개선 등의 기술적 요소와 설비 투자 계획 및 배출권거래 등의 경제적 요소를 포함한 매우 광범위한 업무를 수행한다.

온실가스 감축이라는 정부 및 상위기관의 규제에 대응하는 체계를 구축하고 구체적인 대응 방안을 수립해 조직의 이해관계자를 대상으로 컨설팅 업무를 수행한다.

· 온실가스 관리의 필요성, 선제적 대응의 중요성에 대해 의사결정권자들에게 교육을 실시한다.

· 배출량 산정이 가능하도록 배출 활동에 대한 데이터 수집, 배분 및 산정 등에 관한 방법을 조언한다.

– 외국에서는 환경·정책·공학을 전공하고 학부이상의 교육 수준을 가진 인력이 온실가스관리 컨설턴트로 종사하고 있으며 주로 민간업체나 정부에 소속돼 활동하고 있다. 관련 교육 및 훈련은 사설 연구기관이나 온실가스 규제 및 표준의 인증 및 검증기관에서 이뤄지고 있다. 국제적 인증기구인 DNV, SGS, BSI 등은 온실가스 관리와 관련된 내부심사원 양성 및 온실가스 관리의 전반적 활동에 대한 자체 프로그램을 개발해 유료로 교육을 진행하고 있다. 대학의 경우 지속가능 및 기후변화라는 키워드를 기반으로 석사과정 및 박사과정 커리큘럼을 운영하는 대학이 영국을 중심으로 다수 존재한다. 미국의 경우 온실가스관리 컨설턴트는 약 10만 9,000달러 수준의 연봉을 받는 것으로 나타났다.

- 우리나라에서 온실가스관리 컨설턴트는 국내 최초의
  CDM(청정개발체제) 사업이 등록된 2005년을 기점으로
  등장하기 시작했다. 온실가스 감축프로젝트를 발굴하는 분
  야부터 감축량을 검증하는 분야까지 점차 온실가스관리
  컨설턴트에 대한 수요가 증가하고 있다. 교육과정으로는
  글로벌 인증기관에서 운영하는 자체 교육과 환경부 및 산
  업통상자원부에서 지정한 10개의 기후변화 특성화대학원
  에서 실시되는 프로그램 등이 있다.

7. 화학물질 안전관리사

  화학물질 안전관리사는 화학물질 등록 및 위해성평가 대행,
유독물 취급시설의 관리계획서 작성 및 관리, 화학사고 예방
및 대응에 대한 업무를 담당한다.

  화학물질 등록, 평가, 관리 관련 새로운 제도 도입에 따라 이
를 전문적으로 담당할 국가기술 자격으로 신설(2015)되며, 중
장기적으로는 화학물질관리법령 개정을 통해 유독물 취급사업
장의 화학물질안전관리기사 고용의무화(2016년 추진)로 고용이
확대될 것으로 예견된다.

8. 협동조합 코디네이터

  협동조합코디네이터란 협동조합의 창업을 돕고, 협동조합의
경영을 지원하며, 일반인 및 협동조합 임직원을 대상으로 한
협동조합에 대한 교육을 담당한다.

1급과 2급 협동조합 코디네이터가 있으며, 1급은 협동조합의 전문가로서 협동조합의 경영지원과 컨설팅을 수행하고, 각 기관에서 이루어지는 협동조합의 교육을 담당한다.

2급은 협동조합의 창업을 돕고, 협동조합의 경영을 지원하며, 일반인 및 협동조합 임직원을 대상으로 한 협동조합에 대한 교육을 담당한다.

9. 소셜미디어전문가

기업의 SNS 계정을 개설·관리하여 기업의 마케팅 또는 고객관리를 실행하거나 고객의 의견수렴·분석을 통해 기업의 의사결정 및 전략설정을 지원하는 전문가를 말한다.

10. 지속가능경영 전문가

지속가능경영 전문가는 경영에 영향을 미치는 환경문제, 사회문제, 기업 윤리 등을 종합적으로 고려하여 기업의 지속가능성을 추진하기 위한 사업을 기획·개발·운영하는 업무를 담당한다.

CSR이란 Corporate Social Responsibility의 약자로 기업 활동에 영향을 받거나 영향을 주는 직간접적 이해 관계자에 대해 법적, 경제적, 윤리적 책임을 감당하는 경영 기법을 말한다.

"CSR전문가 = 착한 기업을 만드는 조력자"로써 현재 국제적으로 가장 유망한 미래 직업으로 손꼽히고 있으며 기업 내부는 물론이고 컨설턴트와 연구원과 같이 기업 외부 전문가에 대한 수요 또한 지속적으로 늘어나고 있는 추세이다.

11. 녹색건축전문가

녹지 등 생태공간조성·에너지효율·친환경자재 사용 등 녹색건축인증기준에 적합한 건축물 설계·시공을 담당하는 설계자 또는 엔지니어를 말한다.

녹색건축 전문가가 태양광 패널이나 친환경 자재를 개발하는 건 아니다. 대신 어느 제품이 비용 대비 가장 효율이 높은지 개발자보다 더 잘 알아야 한다. 태양광 패널을 빛이 잘 들어오지 않는 곳에 설치하거나, 유지비가 비싼 걸 사용한다면 효과가 없기 때문이다.

녹색건축 전문가는 도시공학이나 건축전공을 하고, 환경과 에너지도 잘 알아야 한다. 국내에는 이 분야에 대한 개념이 잘 잡혀있지 않아서 아직 전문적으로 배울 수 있는 곳은 없으며, 개별적인 노력이 필요한 부분이다.

12. 주거복지사

주거환경에서 발생할 수 있는 제반 문제를 복지적 차원에서 해결할 수 있도록 지역의 주거환경과 주생활에 대한 실태를 조사, 진단, 평가하고 주거복지관련 정보를 수집하고 지원책을 제시하며 취약계층의 주거안정 방안을 모색하는 역할을 수행한다.

◉ 주거복지사 진출 분야
- 공공 및 민간 주거복지 지원센터
- 사회공헌 활동을 하는 공공 및 민간기업

- 공공임대 관리기관
- 민간 임대 관리회사
- 국가 및 지방자치 단체
- 지역의 주거복지 관련기관
- LH, SH 도시공사 취업
- 건물 위탁관리 회사

◉ 주거복지사 직무
- 지역의 주거복지 실태조사 및 분석
- 주택개조 지원서비스 제공
- 주택상태 점검
- 주택생활 상담 및 거주 고충 상담
- 주거복지관련 상담, 정보제공 및 사례관리
- 공공임대주택간 주거이동 지원
- 지불가능한 임대주택 및 자기주택 탐색지원
- 취약계층의 주거생활 및 요양보호 지원
- 민/관/공과의 주거복지 네트워크 구축
- 주거복지서비스 지원을 위한 외부자원 발굴 및 연계
- 공동 활성화 프로그램 기획 및 관리
- 주거복지관련 주민 교육 및 홍보
- 공공 및 민간 입대관리
- 주거복지사업 제안 및 정책수립
- 공공 및 민간기업의 사회공헌활동 기획 및 관리

13. 문화여가사

문화여가사의 담당업무는 ①문화이용권 등 문화복지사업 정보 제공 및 홍보, ②문화복지 대상자 요구 파악 및 관련기관 네트워킹, ③지자체, 시민, 예술가, 문화시설 간 문화정책 매개 및 지역 내 문화자원 조사 ④지역별 맞춤형 문화복지 프로그램 계발 및 운영이다.

또 실제로 문화복지 전문인력 채용과정에서도 이러한 업무를 담당할 만한 인재들을 문화복지 전문인력으로 채용했다. 그런데 각 지자체에 배치된 문화복지 전문인력의 고유 업무가 지정되지 않아 이들이 할 수 있는 일은 아주 제한적이다. 문화 복지를 위해서 일하고자 하는 의욕과 열정은 끓어 넘치는데 정작 업무 권한이 없다는 것이다.

문화기본법 제 10조에 의거해서 '문화여가사'자격 제도가 도입될 것인가에 대한 추후 상황을 지켜볼 일이다.

14. 인공지능전문가

인공지능전문가(Artificial Intelligence Expert)는 과학 및 정보기술의 발달로 여러 분야에서 인공지능적 요소를 도입해 그 분야의 문제를 해결하려는 시도가 활발하다. 인공지능(AI)은 인간의 지능으로 가능한 사고, 학습, 자기계발 등을 컴퓨터로 실현하는 방법을 연구하는 컴퓨터 공학 및 정보기술의 한 분야이다. 1940년대부터 시작된 인공지능 연구는 1980년대 전문가시스템이 개발되면서 산업화의 길을 걷기 시작했다. 최근 빅데이터가 등장하고 인지 뇌공학의 중요성이 강조되고 있어 인공지능전문가의 역할은 앞으로 더욱 중요해질 전망이다.

인간의 뇌구조에 대한 지식을 바탕으로 컴퓨터나 로봇 등이 인간과 같이 사고하고 의사 결정을 내릴 수 있도록 인공지능알고리즘과 인공지능을 프로그램으로 구현하는 기술을 개발한다.

· 프로그래밍 언어에 관한 전문기술을 결합시키고 신경망, 전문가 시스템, 지식베이스시스템, 퍼지이론 등에 관한 연구를 수행한다.

· 자연어처리, 패턴인식 등과 같은 시각정보처리, 음성정보처리 관련 소프트웨어를 연구한다.

· C, C++, 자바, 델파이, 파워빌더 등을 사용해 시스템을 개발하고 테스트를 통해 오류가 발견되면 수정작업과 보완작업을 실시한다.

인공지능은 로봇, 영상 및 음성인식, 게임, 빅데이터 등의 핵심기술로 미국, 영국 등 선진국의 경우 대부분 관련 전문가가 존재한다. 인공지능전문가의 일자리는 소프트웨어 개발, 시스템 설계 및 프로그램(응용프로그램 개발자, 소프트웨어 엔지니어, 시스템 개발자, 웹디자이너, 컴퓨터 게임 디자이너 등)과 같은 IT분야에서 주로 발생하고 있다. 영국의 경우 인공지능전문가의 평균 임금은 2010년 말 현재 4만2,500파운드로 나타났다.

미국 MIT의 CASIL에서는 인공지능의 중요성을 고려해 별도의 센터를 두고 전문 연구를 수행 중이다.

인공지능 기술은 다양한 직업에 접목돼 활용되고 있음에도 인공지능전문가에 대한 공식적인 통계 자료가 없다. 인공지능이 주로 로봇, 게임, 물체인식, 전문가시스템 등의 세부 기술로 활용되고 있기 때문이다. 예컨대 시뮬레이션게임 AI 개발 채용

공고를 보면 '인공지능 관련 전공자 우대'라고 명시하고 있으나 이들을 직업으로 연계하면 컴퓨터게임개발자가 되며 인공지능 전문가는 이들 직업의 세부직업 정도에 그친다. 우리나라 인공지능 인력은 통계적인 수치는 없지만 상당수 존재할 것으로 추정되며 이 분야 전문가가 되려면 대학원 수준에서 신경망, 퍼지, 패턴인식, 전문가시스템, 자연어인식, 이미지 처리 컴퓨터시각, 로봇공학 등을 전공할 필요가 있다.

15. 감성인식기술 전문가

감성인식기술전문가(Emotional Recognition Technologist)는 감성적 제품이 소비를 자극하는 시대가 도래하면서 가격 및 성능 위주의 시장전략에서 소비자 감성 맞춤형 전략으로 산업계의 생태계가 변화하고 있다. 단순한 감성적 자극에서 점점 고도화된 감성인지 기술 및 감성적 처리, 그리고 교감까지 가능한 기술로 저변이 확대되고 있다.

감성인식기술은 인간의 감성을 자동인지하고 사용자의 감성과 상황에 맞게 감성정보가 처리돼 공감을 통해 기술적 한계를 돌파하는 혁신기술로 감성ICT기술로도 불린다. 대시보드에 카메라를 장착해 사람의 위아래 눈꺼풀을 지속적으로 모니터링하는 사고예방시스템이 감성인식기술이 적용된 사례이다. 이러한 추세에 따라 감성ICT 분야와 관련된 직업에 대한 수요가 증가할 것으로 보인다. 감성인식기술 전문가는 감성ICT기술을 연구, 개발, 응용하는 업무를 수행한다.

· 인간의 여러 감성들을 컴퓨터가 인지할 수 있는 유무선 센서기술을 개발한다.

· 가성 신호의 피드백에 따라 각각의 상황에 맞는 적절한 처
리 능력을 부여하는 기술을 개발한다.

◉ 해외 교육/훈련/자격 및 종사현황

감성ICT 산업의 세계시장 규모는 2011년 1,486억 달러 수준
에서 2015년 1조270억 달러 수준으로 연평균 성장률 118.2%
성장할 것으로 전망되고 있다. 이러한 감성ICT 기술의 중요성
을 인식하고 세계 각 국과 각 기업에서는 다양한 연구 과제를
수행하고 있다. MIT, MS, NIT Docomo, 어펙티브미디어사 등
글로벌 연구기관에서는 감성융합기술을 차세대 프로젝트로 선
정해 기술개발을 적극 추진 중이다. 그리고 미국, 일본, EU 등
은 감성ICT 기술을 차세대 융합기술로 간주하고 기술개발 및
정부지원을 병행하고 있다.

정부에서는 감성기술을 다양한 비즈니스 창출이 가능하고 산
업 간 파급효과가 큰 기술로 간주하고 육성에 나서고 있다. 감
성인식기술이 국가가 주도해야할 미래 6대 기술 중 하나로 국
가차원의 지원과 육성이 필요한 분야라는 제언에 따른 조치였
다. 국내 감성ICT기술은 아직 초기단계로 선진국과의 격차가 심
하며 감성센서 등 기반기술 및 원천기술의 확보가 시급한 상황이
다. 감성ICT산업협회는 감성 ICT산업에서 2011 ~ 2015년 사이
에 104만 1,914명의 고용창출이 가능할 것으로 전망하고 있다.

16. 정밀농업기술자

정밀농업기술자는 지리정보체계(GIS), 인공위성 자동위치 시스

템(GPS) 등 지구과학 기술을 이용한 수치화된 정확한 정보를 바탕으로 농산물의 생산에 영향을 주는 토양, 생육, 기후 정보 등을 탐색하는 정밀농업을 연구한다. 실험을 통해 관련 기술을 개발해 농사 현장에 도입하는 일을 한다.

정밀농업은 농경지와 작물 정보 등을 수집하는 센서를 사용해 농경지의 토양, 작물, 수확량 상태를 관찰하고 조사해 기초 정보를 만드는 것부터 시작한다. 이렇게 얻은 정보를 분석해 필요한 비료의 양 등을 결정하고, 농자재에 비료 등을 적재적소에 투입하는 작업을 하게 된다.

이를 통해 나온 정보와 추가 수집한 정보 등을 근거로 농지를 어떻게 관리하고 작물 등을 얼마나 투입해야 하는지 등 결과를 내놓고 이를 농사에 보급할 수 있도록 한다. 정밀농업을 바탕으로 농업을 하면 불필요한 농자재 투입을 최소화하고, 환경을 보호할 수 있다는 장점이 있다.

정밀농업기술자가 되기 위해서는 전문대학이나 대학교에서 농업 관련 학과를 전공하는 것이 좋다. 정밀농업은 센서개발, IT기술과 연결되어 농학과, 농업기계공학과(바이오시스템공학과) 외에도 기계공학과, 전기전자공학과 등을 전공하면 업무를 하는데 유리하다.

일반 농업 분야 전문가도 이 분야로 진출이 가능하다. 하지만 단순히 토양 분야를 연구했다는 경력으로 진출하면 기술적인 부분에 대한 이해가 부족할 수 있다. 기계 분야의 공학적 지식이 없으면 적응이 어렵기 때문에 일반 농업 분야에 대한 지식과 함께 기계 분야를 연구했던 경험이 있으면 좋다.

과학, 기술, 컴퓨터와 전자공학, 수학(STEN: Science, Technology, Engineering, Math), 생물, 지리, 공학 분야에 대한 지식도 필요하다.

정밀농업기술자는 농촌진흥청, 시·도 농업기술센터, 농업기계 업체 등에서 기술직이나 연구직으로 진출할 수 있다. 연구원일 경우, 연구실이나 실험실에서 정밀농업 관련 연구개발을 위해 실험을 하거나 농민(소비자)의 반응을 살피기 위해 농업현장으로 조사를 나가기도 한다.

정밀농업은 환경보전과 생산성의 양립이 중요한 시대에 두 마리 토끼를 모두 잡게 해주는 농법으로 주목을 받고 있다. 또 정밀농업에서 파생된 기술들은 가전, 전자, 기계 등 관련 산업에 경쟁력을 더해줄 것으로 보여 이 분야 연구 및 기술개발 등을 담당하는 인력의 역할은 더욱 중요해질 것이다.

정부가 법·제도적 차원에서 정밀농업 활성화 계획을 내비치고 있기 때문에 이 분야 인력 수요도 점차 늘어날 것으로 보인다. 또 민간업체 등의 정밀농업 사업도 활발해질 가능성이 커서 민간업체에서 일하는 이 분야 인력도 늘어날 것으로 보인다.

17. 도시재생전문가

도시재생전문가는 도시나 마을의 정체성을 보존하면서 주민들의 거주환경과 공동체로서의 삶의 질을 높일 수 있는 공간을 창조하고 기획하는 일을 한다.

재생 사업을 추진할 지역을 탐방해 역사적, 문화적 특색, 기능적인 측면 등을 조사하며, 지역주민들의 의견을 반영해 도시재생 전략을 수립하는 일을 담당한다.

또한 재생사업 추진과정에서 발생할 수 있는 주민과 건설사업자간, 주민과 지자체간 또는 주민간의 갈등을 조정한다.

우리나라에서는 도시재생이 재개발, 재건축 등 철거형 사업 위주로 진행이 되어 왔다. 그러나 도시의 정체성을 무시하는 방식에 대한 비판이 일면서 1980년대 이후 도시재생의 방향성에 대한 진지한 논의가 이루어지고 있다.

각 지자체들은 주민참여형 도시재생 사업을 앞 다투어 추진 중에 있다. 이에 따라 국토교통부는 주민참여형 도시재생 사업을 본격적으로 추진하기 위해 2013년 6월 도시재생 활성화 및 지원에 관한 특별법을 제정하였다.

이러한 상황에 맞춰 앞으로는 도시재생전문가에 대한 수요가 커질 전망이다.

18. 빅데이터 전문가

빅데이터전문가는 대용량의 정보를 관리 및 분석하여 그 결과를 바탕으로 또 다른 새로운 가치를 만들어 내는 일을 한다.

빅데이터를 잘만 활용하면 많은 이익을 창출할 수 있기 때문이다. 빅데이터전문가는 기본적으로 통계학에 대한 지식과 비즈니스 컨설팅에 대한 이해, 데이터 분석을 위한 설계기법 활용 등에 관한 전문적인 역량이 필요하다.

빅데이터전문가는 데이터를 수집하고 결과를 분석, 변환하는 직업이다.

소셜 미디어의 등장으로 데이터의 양이 급증하면서 데이터를 어떻게 활용할 것인가에 대한 관심도 높아지고 있으며, 데이터를 활용하는 빅데이터 기술 시장은 2012년 47억 달러에서 올해 169억 달러로 성장할 것으로 전망 되고 있다.

이처럼 기업과 국가에서 빅데이터 시장에 대한 투자가 계속해서 늘어나고 있다.

기본적으로 빅데이터전문가 취업을 하기 위해서는 통계학에 대한 지식, 비즈니스 컨설팅에 대한 이해, 데이터 분석을 위한 설계기법 및 활용에 대한 전문적인 역량과 더불어 더불어서 소프트웨어분야에서는 JAVA, 네트워크, 운영체제, 하둡, R프로그래밍에 대한 전반적인 이해 및 기술력이 필요하다.

현재 빅데이터전문가의 초봉은 연 3000만 원 정도이나 그 금액은 점차 커질 것으로 추산된다. 또한 인력이 부족한 상황이라 취업에 대한 걱정은 없을 것이며, 앞으로 상승세가 계속 이어질 것으로 본다.

19. 홀로그램 전문가(Hologram Specialists)

앞으로는 3D를 넘어 홀로그램이 차세대 산업의 중요 키워드가 될 전망이다. 홀로그램이란 빛의 간섭성을 이용해 입체 정보를 기록·재생하는 기술로 어떠한 각도에서든 완전한 3D 영상을 감상할 수 있는 것이 특징이다. 예술·공연업계는 이미 홀로그램 기술을 적극 활용하고 있다. 국내 굴지의 연예기획사인 SM엔터테인먼트는 2013년 1월 홀로그램 기반의 '소녀시대 V 콘서트'를 개최해 호응을 얻었다. 예술, 공연 분야에 이어 전시, 교육, 의료 분야 등으로 홀로그램 사용이 확대될 것으로 보여 다양한 직업이 생성될 것으로 기대된다.

홀로그래피의 연구 및 개발을 수행하는 연구원 및 엔지니어를 비롯해 홀로그래피 기술을 활용해 공연, 전시 등을 기획·운영하는 인력도 포괄한다.

· 기술개발 연구원 및 엔지니어를 포함하는 3D홀로그램기술 전문가는 디지털 홀로그래피 생성 및 처리에 관한 연구를 진행한다.

· 홀로그램서비스전문가는 홀로그래피를 공연, 엔터테인먼트 등의 산업에 적용할 때 홀로그램을 실현하는 서비스를 제공하고 지원한다.

홀로그램 기술 개발은 미국, 일본 등을 중심으로 활발히 이뤄지고 있다. 미국(MIT 미디어 랩 등), 일본(게이오대학 등), EU(영국 Quienti, 독일 Seereal사 등) 등의 기업체 및 대학연구소 등에서 디지털 홀로그램 관련 기술개발이 진행되고 있다. 홀로그램 영상 기술은 미국과 영국에서 가장 발전해 있다. 영국과 미국에서 홀로그램 기술을 적용한 콘서트가 연달아 개최돼 화제를 모으고 있지만 아직 전 세계적으로 홀로그램 시장은 태동 단계에 있다.

국내 각 대학교에 홀로그램 기술을 개발하는 연구자들이 활동하고 있다. 서울대, ETRI, KAIST, 세종대, 충북대 등에서는 디지털 홀로그램 기술을 개발하고 있다. 3D 홀로그램 영상을 제작하는 업체는 3~4개 정도로 대부분 공연이나 엔터테인먼트, 전시기획 등의 분야에서 활동 중이다. 3D 홀로그래픽 세계시장은 2015년 9억 달러에서 2020년 155억 달러로 성장할 것으로 예측되고 있어 관련 분야의 인력 양성을 위한 프로그램을 개발하고 관련 학과 신설 등을 검토할 필요가 있다는 목소리가 나오고 있다.

20. BIM 디자이너

BIM이란 Building Information Modeling Designer의 줄임말로 건축물의 설계·시공·유지관리 단계에서 컴퓨터를 통해 시설물의 모든 정보를 3차원으로 구현하는 것을 말한다. 최근 동대문디자인플라자(DDP)는 국내 공공청사에선 처음으로 설계 단계서부터 이런 기법이 도입돼 건설됐다. 이 기법의 특징은 무엇보다 안전하고 친환경적이며 효율적인 시설물을 구현이 가능하단 점이다.

현재 BIM은 국내뿐만 아니라 선진국에서 적극 도입하고 있어 관련 전문가를 적극 육성해 미래 설계 및 건설시장 수요에 대응할 필요가 있다. 이미 지난해부터 500억원이상 건축공사의 설계공모시 BIM 설계를 의무화하고 2016년부터는 모든 건축공사에 적용될 예정이다.

21. 임신출산육아전문가

주로 취약계층을 대상으로 임신·출산한 여성을 대상으로 임신·출산에 관한 상담·교육, 육아용품 및 관련서비스 등에 대한 정보를 제공하는 전문가를 말한다.

22. 정신건강 상담전문가

정신질환을 치료하기 위한 전문화된 훈련과 기술을 지닌 사람을 말한다. 이들은 전문화된 기술을 사용하여 정신적인 어려움을 겪고 있거나 겪기 쉬운 사람들에게 임상적이고 예방적이며 사회적인 서비스를 제공하는 사람들이다. 정신건강 전문가들에는 정신병 의사, 심리학자, 정신과 간호사, 사회사업가 그리고 정서적으로 어려움을 가진 사람들을 전문화된 숙련기술로서 도와주는 다른 분야의 전문가들이 포함된다.

- 자살예발전문요원 : 지역사회 자살예방 상담서비스 및 단기개입서비스 제공
- 약물·행위중독예방전문요원 : 약물·행위 중독의 단기 치료·개입 및 상담서비스 제공

23. 과학 커뮤니케이터

과학 커뮤니케이터는 과학기술을 대중에게 쉽게 전달하는 '과학문화의 대중화' 전문가로 과학큐레이터, 과학콘텐츠개발자, 과학해설사, 생활과학교실 강사, 방과 후 과학탐구 강사, 과학저술가, 과학연극인 등이 과학커뮤니케이터에 포함된다.

- 유머, 스토리텔링, 은유 등을 사용해 비전문가에게 과학에 대해 알기 쉽게 설명한다.
- 과학콘텐츠를 기획·전시·개발한다.

미국, 일본, 독일 등 큰 규모의 과학관이 많은 선진국에서는 과학커뮤니케이터가 활발히 활동하고 있다. 미국국립항공우주박물관에는 820명, 일본미래과학관에는 400명, 독일도이체스박물관에는 380명이 과학전문 인력으로 근무 중이다.

선진국의 주요 과학관은 전시면적 100평당 평균 직원 수가 8.43명이다. 외국 과학관의 경우 전시물과 학교교육 과정이 연

계된 학생용, 교사용 프로그램이 존재한다.

우리나라에서도 여성과학기술인지원센터, 과학커뮤니케이터협회, 한국과학관협회 등을 통해 생활과학강사, 과학해설사, 과학전문인력 등이 양성되고 있다.

2009년부터 시행되고 있는 과학전문인력양성사업은 과학문화시설 확충에 대비하고 전시기획-설계, 전시품 교육 능력 등을 겸비한 전문 인력을 양성하기 위한 사업으로 서울과학기술대학교에 석박사과정이 개설돼 있다. 그러나 과학관의 일자리 부족으로 전문인력의 활동 기회가 많지 않다. 전문 과학해설 인력은 임금이 비교적 낮아 이직이 빈번한 편이며 봉사활동 인력은 전문성 결여 등으로 품질 높은 서비스 제공이 여의치 않은 상황이다.

24. 동물간호사

동물병원에서 수의사의 감독하에 소변검사 피검사 등 테스트를 진행하거나 수술할 때 보조를 하거나 기구의 관리, 간단한 처치와 동물을 보조하고 입원 동물들을 돌보는 동물병원 간호사이다.

25. 분쟁조정사

우리나라의 경우 사회갈등으로 인한 경제적 손실은 연간 82조원에서 246조원에 달하는 상황이다. 사회갈등 수준은 OECD 27개국 중 2번째로 심각하다. 2010년 한국갈등해결센터가 한국인의 갈등의식을 조사한 결과에 따르면 갈등 해결방식이 '힘의 논리로 처리된다.'는 인식이 61.7%로 가장 많았다. '갈등의 원인을 찾아 근본적으로 해결한다.'와 '양보나 타협으로 해결한다.'는 각각 18.5%, 15.8%로 상대적으로 낮았다.

법정 소송이 아니라 당사자 간의 합의나 전문가 등 제3자를 통해 조정과 화해를 시도해 갈등을 해결하는 것은 사회적 비용을 줄일 수 있으며 성숙한 사회를 실현하는 방법이다. 그러나 아직 분쟁조정의 제도적 역량이나 문화적 규범이 부족한 현실이다. 이러한 배경에서 분쟁조정사의 역할과 직업적 가치가 주목을 받고 있다.

중립적인 제 3자의 입장에서 분쟁 혹은 갈등상태에 있는 양측의 당사자들이 모두 수용할 수 있는 해결책을 찾을 수 있도록 지원한다. 이 때 특정 조정안을 제시하는 것이 아니라 대화를 통해 당사자 스스로가 문제해결 방법을 도출하도록 안내하는 역할을 담당한다.

· 분쟁의 양측 당사자들로부터 조정에 대한 동의를 구한다.

· 조정날짜를 조율하는 등 사전준비를 진행한다.

· 조정에서는 당사자들이 원활한 대화를 통해 협상할 수 있도록 유도한다.

· 조정 결과에 따라 당사자들이 조정합의서에 서명하도록 한다.

우리나라의 법원 내에서 의료, 소비자보호, 상사분쟁, 노사분쟁, 금융분쟁, 건설분쟁, 가사분쟁 등과 관련된 민사조정 제도가 도입된 것은 오래전의 일이다. 그러나 여전히 분쟁조정에 대한 일반인의 인식은 낮은 수준에 머물러있다. 그러나 갈등해결이나 조정에 대한 수요는 높은 상황으로 일부 민간기관에서 해외국가의 조정사 자격인증제도를 도입해 훈련프로그램을 진행하고 있다.

26. 디지털 장의사

세상을 떠난 사람들이 생전에 인터넷에 남긴 흔적인 '디지털 유산'을 청소해주는 온라인 상조회사다. 온라인 인생을 지워주기 때문에 디지털 장의사라 불린다. 대표적인 온라인 상조회사인 미국의 라이프인슈어드닷컴(lifeensured.com)은 300달러(약 34만 원)를 내고 가입한 회원이 죽으면 인터넷 정보를 어떻게 처리할지에 대해 적은 유언을 확인한 후 고인의 '흔적 지우기'에 들어간다. 페이스북 등에 올려둔 사진을 삭제하는 것은 물론 회원이 다른 사람 페이지에 남긴 댓글까지도 일일이 찾아 지워준다.

라이프인슈어드닷컴은 오프라인 상조회사와 연계해 회원을 늘리는 방안까지 검토하고 있다고 말했다. 디지털 장의사는 세계적인 현상이다. 계정 삭제 사이트인 웹2.0 자살 기계(suicidemachine.org), 일본어로 '할복'이라는 뜻으로 페이스북이나 트위터 메시지를 삭제해주는 세푸쿠(seppukoo.com), 인터넷 개인정보를 유족에게 전달해주는 레가시 로커(legacylocker.com) 등이 그런 회사다.

세계적으로 디지털 장의사는 속속 등장하고 있지만 2013년 2월 현재 한국은 디지털 장의사의 사각지대다. 온라인에서 잊힐 권리를 비즈니스화하는 데는 복잡한 법적·윤리적 쟁점들이 뒤따르기 때문이다. 정보통신망법이나 개인정보보호법은 개인이 온라인상의 자기 정보를 통제하고 삭제할 수 있는 모든 권한을 인정하고 있지만 당사자가 죽으면 누구도 권리를 행사할 수 없도록 하고 있다. 당사자가 사망한 후 디지털 유산을 처리하는 문제에 대해서는 아직 제대로 된 논의조차 이루어지지 않고 있다.

방송통신위원회 관계자는 2012년 5월 '디지털 장의사'라는 제도는 엄청나게 많은 이슈가 얽힌 거대한 문제라 "따져봐야 할 게 많은, 아직 조심스러운 영역"이라고 말했다. 국내법상 영리를 목적으로 개인정보를 수집하고 동의하는 건 가능하지만, 개인정보보호법상 제3자에게 아이디와 비밀번호를 알려주는 건 불법이라 디지털 장의사 제도를 도입하기엔 한계가 있다는 말이다.

하지만 세계적으로 잊힐 권리에 대한 관심이 급증하면서 한국에서도 2013년경부터 디지털 장의사가 생겨나기 시작했다.

27. 노년플래너

노년플래너는 죽음을 의연하게 맞이할 수 있도록 지원하는 업무를 수행하는 것(호스피스)과 노후를 행복하게 보낼 수 있도록 조언하는 일(노후설계가, 연금설계가, 건강강사 등)을 한다.

죽음에 대해서 계획하고 관리할 수 있도록 지원하며 노년을 보내는 동안 재테크 하는 법, 건강하게 사는 법, 건강한 인간관계 유지법 등에 조언을 하는 역할을 한다.

호스피스협회와 호스피스 서비스를 제공하는 기관이 존재하지만 이곳에서 종사하는 인력은 대부분 자원봉사 형태이기 때문에 직업인으로 간주하기 어렵다. 의료기관의 간호사가 임종을 맞이하는 사람을 돌보기는 하지만 전문적인 호스피스 교육을 받은 경우가 많지 않다.

현재 '노후설계지원에 관한 법률'이 국회에 계류 중이며 보건복지부는 동법 제정 이후 현재 유사 업무를 수행하고 있는 인력을 활용해 전 국민을 대상으로 서비스를 확대할 예정이다. 유사한 업무를 수행하는 인력으로는 국민연금공단의 노후설계상담사(CSA상담사), 지역사회복지관의 사회복지사 등이 있다.

28. 병원아동생활전문가

병원에 가서 진료나 치료를 받을 때의 긴장감이나 두려움은 누구나 경험을 해보았을 것이다. 진료나 치료를 받아야 하는 대상이 아동일 경우 그 두려움과 긴장감은 더욱 커지게 된다. 이에 아동들이 병원에서 경험할 수 있는 고통이나 불안, 공포에 잘 대처할 수 있도록 도와주는 전문가가 등장하게 됐다. 미국이나 영국 등 선진국에서는 아동에 대한 발달 지식과 의료 지식을 갖고 아동 환자의 병원 생활을 도와주는 전문가가 활동하고 있다. 영국에서는 병원놀이전문가 혹은 병원아동생활전문가라고 하고 미국에서는 이러한 역할을 하는 사람을 아동생활전문가라고 한다. 미국에서 아동생활전문가는 아동 환자 15명당 1명이 배치될 정도로 대중적인 직업이다.

아동 환자와 그 가족이 병원생활, 질병, 장애에 대처할 수 있도록 지원하는 보건전문가로 병원에서 활동한다. 근무시간의 약 30%는 놀이방에서, 약 70%는 병상이나 수술실에서 종사한다.

· 검사, 수술, 기타 진료에 대해 마음의 준비를 할 수 있도록 지원한다.

· 진료과정 동안 심리적, 정서적 지원을 해준다.

- 병원에 입원할 때 아동들을 환영해주고 적응하도록 돕는다.
- 병원에 머무는 동안 아동의 취미와 흥미에 따라 활동할 수 있도록 격려해준다.
- 질병 때문에 아동이 상실한 기술을 다시 습득하거나 새로운 기술을 배울 수 있도록 돕는다.
- 아동 환자가 수술을 받거나 치료받는 병에 대해 각종 자료나 도구들을 활용해 설명해준다.

국내에는 병원아동생활전문가가 존재하지 않는다. 아동전문병원이 운영되고 있지만 내원하는 아동 환자가 진료나 치료 시 거부감을 덜 느끼게 하도록 실내 인테리어를 아동 친화적으로 꾸며놓는 수준이다. 병동 놀이방에서 장기 입원 아동 환자의 숙제를 돕거나 같이 놀아주는 인력이 있으나 병원 소속의 직업인이 아닌 자원봉사자에 의존하고 있는 상황이다.

29. 영유아 안전장치설치원

생활공간 주변을 둘러보면 영유아들에게는 위험한 요소들이 즐비하다. 가정 내 영유아 사고는 매년 증가하고 있으며 그 양태도 다양하게 나타나고 있다. 이에 따라 위험요인을 사전에 제거해 안전을 도모할 수 있는 직업에 대한 수요가 높아지고 있다. 이러한 배경아래 미국에서 탄생한 직업이 영유아안전장치설치원이다.

이 직업은 영유아가 집안에서 다치지 않도록 여러 물리적 환경을 지적해주고 필요한 물품을 설치해 주는 역할을 수행한다.

가정을 방문하여 집 안팎의 위험요소를 찾아내 컨설팅해주고

집의 가구나 구조를 훼손시키지 않는 범위 내에서 필요한 물품과 안전장치를 설치해 준다.

- · 생후 6개월에서 2세까지의 영유아가 있는 가정을 방문해 의뢰인과 함께 안전조사를 실시해 잠재적인 위험요소를 파악한다.
- · 안전하게 아이들을 보호할 방법을 제시한다.
- · 안전장치설치를 포함한 견적을 제시하고 집의 가구나 구조를 고려해 필요한 물품과 안전장치를 설치해준다.

우리나라에는 아기안전띠, 보호망토, 안전시트 등을 판매하는 업체가 있으나 주로 판매점이나 인터넷쇼핑몰을 통해 구입하는 형태일 뿐 가정을 방문한 맞춤 서비스가 활성화되어 있지 않다. 간혹 영유아안전장치나 관련 용품 판매업체에 소속된 인력이 제품설치를 위해 가정이나 유치원, 어린이집을 방문해 조언하는 경우도 하지만 이는 부가서비스에 지나지 않는다. 최근 일부 NGO단체에서 부모들을 대상으로 안전교육을 실시하고 있지만 이 또한 안전에 대한 인식제고 차원에서 이뤄지고 있을 뿐이다.

30. 매매주택연출가

홈스테이징(Home Staging)은 주택 판매 희망자의 집을 세부 장식하고 객관화해 잠재적 구매자들에게 해당 집에 산다는 상상이 가능하도록 '모델 홈'을 제공하는 것을 말한다. 1970년대 미국의 한 실내장식가가 부동산중개인으로 전직하면서 집주인들의 주택 매매가 용이해지도록 홈스테이징, 즉 주택연출이라는 아이디어를 떠올렸다. 이후 주택연출의 효과가 입증되면서 홈스테이징은 부동산 분야에서 가장 빠르게 성장하는 비즈니스로 부상했다. 이러한 배경에서 매매주택연출가의 직업적 가치도 주목을 받고 있다.

원활한 주택 매매가 이뤄질 수 있도록 인테리어와 익스테리어 측면에서 주택에 대해 컨설팅하고 관련 연출 작업을 진행한다.

· 주택 판매 희망자의 집을 방문해 기존 주택연출 포트폴리오를 보여주며 연출 전과 후의 차이점을 설명한다.

· 주택을 관찰·평가해 주택연출의 일정과 연출비용 등을 결정한다.

· 주택의 긍정적인 기능과 부정적인 기능을 분석해 주택연출의 구체적인 계획을 수립한다.

· 필요에 따라 주택연출에 필요한 물품을 구입한다.

인테리어 산업은 활성화돼 있지만 홈스테이징(Home Staging) 분야는 걸음마 단계다. 현재 홈인테리어 및 홈 데커레이션 사업을 진행하는 업체 한 곳이 홈스테이징으로 비즈니스 확장을 시도하며 몇몇 고객으로부터 의뢰를 받아 업무를 수행한 사례가 있는 정도이다. 이 업체에서는 최근 자신의 집을 손수 장식하거나 창업을 꿈꾸는 30~40대 여성들을 대상으로 교육과정(5일 과정)을 개설했다.

31. 이혼상담사

이혼상담사는 법원에 이혼소송을 하기 전, 혹은 도중에라도 이혼에 대한 지혜로운 판단을 할 수 있도록 이혼 및 가족갈등, 대화 기술 등에 대한 종합적인 진단 및 상담, 법무지원 등을 지원하고 유관 절차를 진행할 수 있도록 상담, 안내하는 직업이다.

32. 주변환경정리전문가

정리정돈부터 가구배치·활용, 공간 활용 등을 통해 능률적으로 일할 수 있는 작업환경을 조성하는 전문가로 기업 및 작업장에 효과적인 작업환경을 조성하는 업무를 담당한다.

33. 애완동물행동상담원

반려동물과 사는 사람에게 동물을 어떻게 다뤄야 하는지 알려주고, 다양한 문제 행동에 대한 교정·조언을 해준다. 주로 개와 고양이를 다루며 과도한 짖음, 공격적·파괴적 반응, 배변 문제, 비합리적 두려움 등과 같은 문제 행동을 분석하고, 교정 방법을 연구한다. 수의사가 동물을 치료하는 과정에서 행동교정을 의뢰하는 경우가 많고 개인의 의뢰로 집을 방문하거나 자신의 사무실에서 상담하기도 한다.

주인과의 대화, 동물의 행동 관찰 등을 통해 문제의 원인을 파악하면 일차적으로 행동교정 프로그램을 설계해주고, 진전이 있는지 살펴본 후 필요한 경우 일부 과정을 수정한다. 습관적 행동을 고친다는 것은 사람이나 동물이나 쉽지 않다. 특히 동물은 행동이 고착돼 있거나 의학적 원인으로 인해 교정에 어려움을 겪을 수 있다. 이에 따른 스트레스나 충돌을 줄여주는 것도 애완동물행동상담원의 일이다.

국내에는 동물의 문제 행동에 대한 교정 및 상담을 위한 공식 자격증이 없다. 다만 유관한 것으로는 사단법인 한국애견연맹·한국애견협회 등의 민간단체에서 발급하는 애견훈련사 자격증이 있다. 반려동물을 기르는 인구가 점점 많아지면서 문제행동을 교정하려는 수요는 늘고 있지만, 선진국 수준의 훈련 프로그램이나 교육과정이 없어 이를 충족하지 못하고 있다. 앞으로 고령화, 핵가족의 심화 등으로 독신가정이 증가하면 반려동물에 대한 수요도 더욱 늘 것이다. 따라서 애완동물행동상담원의 공인 양성과정 설립과 활동을 보다 활성화할 필요가 있다.

34. 그린장례지도사

그린 장례의 개념은 친환경 의식의 고조에 따라 2~30년 전 영국에서 처음 싹텄다. 영국에는 200개 이상의 녹색 묘지공원이 조성돼 있다. 그린장례지도사는 영국 등지에서 활발히 활동하고 있으며 그린장례지도사협회(AGFD)도 결성돼 있다. 그린 장례는 기존 장례보다 비용이 저렴하다. 방부처리를 할 필요가 없고 석관이나 묘비를 사용하지 않기 때문이다.

우리나라도 전국 묘지 면적의 증가와 방치된 묘지에 대한 문제가 제기되고 있어 그린 장례에 대한 인식의 확산이 필요하다는 지적이 일고 있다.

유족들에게 친환경 장례에 대해 설명하고 장례식과 매장을 친환경적으로 진행한다. 친환경적인 장례물품을 사용하는 것도 직무에 포함된다.

· 자연장 등 친환경적 장례와 매장에 대해 컨설팅한다.

· 친환경 장례에 대한 홍보와 교육활동을 전개한다.

한국보건사회연구원의 '우리나라 장사문화 현황'에 따르면 자연장 실시율이 2011년 5%에서 2012년 14%로 증가한 것으로 나타났다. 수목장, 잔디장과 같은 새로운 장례문화가 주목을 받으면서 각 지역에 친환경 묘지가 조성돼 있는 상황이다.

현재 국내에는 그린장례지도사라는 특화된 직업은 존재하지 않으나 장례지도사가 국가전문자격으로 지정돼 있다. 장례지도사가 되려면 관련 교육기관에서 교육과정을 마쳐야 하며 자격증은 시·도지사가 발급한다. 장례지도사 자격증은 무시험으로 취득할 수 있으며 장례지도사에 대한 의무고용 규정은 없다. 그러나 상조회사가 활성화되면서 장례지도사 자격증 소지자가 취업에서 우대를 받고 있다.

35. 생활코치

생활코치는 라이프코치라는 명칭으로 통용되고 있는데 말 그대로 고객이 자신의 꿈과 목표를 인식하고 자신의 재능과 열정을 사용해 행복한 삶을 살 수 있도록 코칭해주는 일을 한다.

대인관계·경력·건강·일과 삶의 균형·자신감 등의 분야에서 자신의 상황을 스스로 제어할 수 있도록 지원하는 일을 한다.

36. 정신대화사

핵가족화로 인한 이웃과의 단절, 급속한 사회변화, 학력지상주의, 청년실업, 내성적인 성격 등 여러 요인으로 고독한 사람들이 늘고 있다. 정신대화사는 사회 및 가족관계의 변화에 따라 인간관계가 소원해지고 있는 현상에 주목해 등장한 직업으로 물질적인 풍요로움만으로는 채울 수 없는 인간의 고독을 전문적인 지식과 기능, 그리고 진심에 입각한 따뜻한 대화로 덜어주는 역할을 담당한다.

정신적 방문 케어 전문가다. 따뜻한 마음과 전문지식을 바탕으로 대화를 통해 고독감과 정신적 고통을 맛보고 있는 사람들이 삶의 보람을 느끼며 보다 나은 생활을 누릴 수 있도록 지원한다.

· 정신적 보살핌이 필요한 사람들을 대상으로 약 처방이나 정신요법과 같은 의료행위를 실시하는 것이 아니라 따뜻한 대화를 통해 삶의 무게를 덜어주고 삶에 대한 희망을 부여한다.

· 대상은 고령자, 은둔형 외톨이, 대인관계를 힘들어하는 사람, 간병에 지친 사람, 사고나 재해 피해자 등 '누구나'이다.

우리나라에는 현재 노인들을 위해 말벗도우미로 활동하는 자원봉사자가 있다. 사회공헌사업의 일환으로 기업에서 말벗서비스를 제공하는 경우도 있다.

정부차원에서 독거노인의 생활을 관리하고 고독사를 막기 위해 콜센터 상담원이 주 2~3 차례 전화로 안부를 확인하고 자원봉사자들이 직접 노인을 방문해 돌봐주는 서비스를 실시한 바 있다. 경남 창녕소방서에서는 홀로 사는 노인의 주거안전을 위한 안전지킴이 및 말벗도우미 서비스를 운영 중이다.

이 외에도 장애인이나 새터민을 대상으로 한 말벗도우미, 투병 중인 환자들을 위한 말벗도우미 등이 있지만 대부분 자원봉사 활동으로 사회공헌의 성격을 띠고 있다.

37. 3D 프린터 엔지니어

3D 프린터 자격증은 3D프린터운용기술자격이나 3차원형상설계사 자격증, 3D 프린터 강사자격증 등 여러 가지가 있으나

국가공인으로 직접 발급되는 국가자격증은 아직까진 없다. 대부분이 협회나 기관 등에서 주는 민간자격증의 개념이다.

3D프린터는 3차원으로 특정 물건을 찍어내는 프린터로, 입체적으로 만들어진 설계도만 있으면 종이에 인쇄하듯 3차원 공간 안에 실제 사물을 만들어 낼 수 있는 기기다. 3D 기술을 활용하면 비용 효율성을 높일 수 있기 때문에 변화가 빠른 제조업 분야에 활용도가 매우 높다. 일본, 미국 등에서는 3D 프린팅 기술을 본격 상용화하고 있다.

38. SNS 광고 전문가

소셜미디어에 접근하는 광고시장을 전문적으로 탐색하여 기획하고 실행하는 전문가로 급변하는 온라인 시장에서 소비자를 매혹시키는 광고를 기획하고 만드는 온라인광고 전문가다.

39. 최적화 전문가

더 나은 결과를 얻을 때까지 변수를 조정할 수 있는 기술과 지속성을 도출해내는 전문가

40. 치유 말벗 전문가

배우자나 연인을 잃은 분들에게 위로와 안정감을 주는 벗이 되고, 소속된 공동체로부터 고립되어 극단적인 생각을 하는 사람에게 예방주사 역할을 하고, 자살 유혹에 시달리는 어르신들

을 돕는 등 말벗전문가는 고통스럽고 아픈 마음 또는 시시콜콜
한 이야기를 들어주고 함께 슬퍼하고 아파하며 때때로 희망적
인 어드바이스를 하기도 한다.

제10장 미리 준비하는 은퇴 후 30년

　은퇴 시기가 빨라지고 은퇴 후의 삶이 길어짐에 따라 노후대비가 절실해지고 있다. 본격적으로 노테크에 대해 알아보기에 앞서 은퇴 후의 행복한 삶과는 전혀 거리가 먼 노후설계에 대한 잘못된 생각부터 바로잡아 보자. 노후준비에 대해 다음과 같은 생각을 갖고 있는 사람은 당장 올바른 방향으로 재조정하기 바란다.

물 흐르는 대로 사는 거지, 계획은 무슨

　"당신은 은퇴 후를 위해 어떤 계획을 세우고 있는가?"라는 질문에 "무계획이 계획"이라고 답하는 사람들이 있다. 마땅히 계획할 것이 없거나 무엇을 어떻게 계획해야 할지 몰라서 이렇게 대답했다면 이제부터라도 계획을 세워야 한다. 무계획으로는 절대로 은퇴 후의 삶이 보장되지 않는다. 지금 상황에서 적당히 저축하다 보면 노후를 보낼 자금이 마련될 거라는 막연한 생각 역시 자신의 삶을 너무 무책임하게 방치하는 행위일 뿐이다. 그런 마음가짐으로 행복한 노후를 맞이할 수 없다.

　돈이 없어 노테크를 못한다는 사람들은 여유자금이 생기면 노테크를 하리라고 장담한다. 그러나 일반인들에게 여유자금이 생기는 것이 어디 흔한 일인가? 행복한 노후를 보내고 싶다면, 여유자금으로 노테크를 하겠다는 생각을 버려라. 노테크는 여유가 있을 때 하는 것이 아니라 지금 당장 해야 하는 것이다. 당신은 월급 중 몇 퍼센트라도 노후자금 마련을 위해 투자하고 있는가? 그렇다면 당신은 열심히 일한 후 찾아오는 인생 2막,

은퇴 후를 여유롭게 보내게 될 것이다. 아니라면 처음부터 다시 계획을 세워라.

퇴직연금이든 국민연금이든 한 치 앞도 모르는 수십 년 뒤의 일을 어떻게 장담할 수 있겠는가? 당국에서는 서서히 연금지급 연령을 늦추거나 지급액을 줄여 나갈 것이 분명하다. 또한 과거와 달라진 경제환경으로 인해 30년 뒤의 퇴직연금에 대해서도 확실하게 단정할 수 없게 되었다. 즉, 우리는 언제 회사가 문을 닫을지, 언제 명예 퇴직당할지 모르는 근로 조건의 변화에 주목해야 한다. 따라서 퇴직연금과 국민연금만 믿고 노후준비를 게을리 해서는 안 된다. 그것은 알 수 없는 미래의 확률에 자신의 인생을 맡기는 꼴이다.

우리가 모아야 할 노후자금은 적은 돈이 아니다. 그만큼 모으기가 쉽지 않다. 따라서 적은 돈이더라도 체계적인 방법을 통해 최대한의 이익을 낼 수 있도록 투자를 해야 한다. 막연하게 저축만 한다고 해서 노후자금 마련에 성공할 수 있는 것이 아니다. 그러나 전문가가 아닌 일반인들이 체계적으로 투자를 해서 고수익을 올리기에는 여러 가지 어려움이 있다. 이런 어려움을 덜어 주고 투자의 방향을 잡도록 도와주는 것이 바로 금융기관의 전문가가 맡은 역할이다. 그들에게서 투자 정보를 얼마나 잘 얻어 내느냐에 따라 결과적으로 손에 들어오는 노후자금이 달라진다.

생각해 보자. 은퇴 후에 계속될 30년의 삶을 아무런 준비 없이 맞이하게 된다면, 경제적 여유가 없으므로 병에 걸려도 병원에 갈 수가 없다. 일에서 손을 놓아 시간이 많아지더라도 돈이 없으면 취미생활도 할 수 없고, 친구들도 만나기 힘들다.

심할 경우 늙은 몸을 이끌고 생계유지를 위해 일해야 할 수도 있다. 이런 경우에도 과연 생명연장이 희소식일까? 이처럼 생명연장은 길어진 은퇴 후의 삶을 즐길 수 있는 경제적 여력이 있을 때만 진정한 의미를 갖는다. 아무런 대책 없이 오래 살기만 하면 오히려 고통스러울 뿐이다. 이것이 바로 현대인들에게 노후설계가 더욱 중요한 이유다. 은퇴 후에 오래 살아서 더 행복해지려면 미리 계획을 세우고 실천해야 한다. 정기적인 수입이 끊기게 될 때에 대비해서 경제활동이 가능한 시기에 노후자금을 최대한 마련하고 미래를 어떻게 살아갈 것인지에 대해 설계하고 실천하는 것이 바로 노테크다. 생명연장의 시대, 준비한 자만이 행복할 수 있다.

고령화가 큰 문제로 부각되는 이유는 고령화가 진행될수록 국가 경쟁력은 하락하고, 경제활동이 가능한 사람들이 줄어들며 이들이 분담해야 할 노인 부양금이 늘어나기 때문이다. 세금의 압박에서 벗어나기가 힘든 우리의 자녀들은 원하든 원치 않던 우리의 노후까지 책임지기가 부담스러울 것이 분명하다. 그렇다면 방법은 하나다. 스스로 노후를 계획하고 책임져야 한다. '자식을 키워 줬으니 내가 늙으면 자식들이 나를 돌봐 주겠지.'라는 안이한 생각으로 노후를 맞이했다가는 불행한 노후를 보낼지도 모른다. 누구의 눈치도 보지 말고 당당하게 노후를 맞이하자. 누구에게도 부담을 주지 말자. 부모의 노후를 책임져야 한다는 부담감에서 자녀들을 해방시키고 자신의 인생은 자신이 책임져야 한다. 이것이야말로 자신을 위하고 자녀를 위하는 길이다.

우리의 은퇴 후 생활까지 국가가 책임져 줄 수 있을 정도로 우리나라의 복지정책이 발전했을까? 그렇다면 천만다행이지만 현실은 그렇지 못하다. 국가의 대표적인 복지정책이라 할 수 있는 국민연금의 재정이 고령 인구의 증가로 인해 서서히 줄어들고 있기 때문이다. 물론 정부에서는 국민연금의 수급권을 제한하고 수급 연령을 높이며 납입금을 늘리는 등의 대책을 강구할 것이다. 하지만 이런 조치들이 시행된다 해도 결과적으로 우리가 노후에 국민연금으로 받을 수 있는 돈은 생각보다 많지 않다. 더 정확히 말하면 최저생활비 정도다. 국민연금과 마찬가지로 우리나라의 건강보험 재정 역시 생각처럼 탄탄하지 않다. 실제로 건강보험 재정은 2005년을 기준으로 2조 원 이상의 운용상 적자를 기록했다. 앞으로는 적자가 더 심해질 것이라는 전망이 나오고 있다. 보험료를 낼 능력이 있는 사람들보다 경제 전선에서 물러나서 건강보험의 수요자 입장이 된 고령 인구가 더 많이 증가하고 있기 때문이다. 따라서 국가에서 노후의 건강을 전부 책임져 줄 수는 없다는 사실을 인정해야 한다.

노후설계에도 순서가 있다. 다음과 같은 단계에 따라 노후자금을 마련할 수 있도록 계획을 세워 보자.

첫째, 자신이 추구하는 삶의 가치나 목표를 명확하게 규정해야 한다. 인생 전반을 통틀어서 최고라고 여기는 가치가 무엇인지, 인생의 목표를 어디에 두고 있는지, 어떤 인생을 살고 어떤 꿈을 이루기를 원하는지 등에 대해 생각해 보라.

둘째, 자신이 원하는 노후의 모습을 그렸다면 거기에 필요한 노후자금의 규모를 뽑아야 한다. 즉, 나이를 먹더라도 건강한 심신으로 안정적으로 노후를 맞이하려면 단계적으로 얼마의 돈이 필요할지를 예상해 보라. 그 다음에는 전체 노후자금의 규모를 뽑으면 된다.

셋째, 위에서 산출한 목표금액을 모으기 위한 구체적인 전략을 수립해야 한다. 예를 들면 60세에 은퇴를 한다고 가정하면 구체적으로 어떤 단계와 방법에 따라서 돈을 모으고 불려 나갈 것인지에 대한 계획이 필요하다.

　마지막으로 꾸준한 실천이 요구된다. 실천 없는 계획은 허황된 꿈으로 끝날 뿐이다. 그런 꿈은 누구나 꿀 수 있다. 계획이 실천으로 이어지는 과정에서 끊임없이 계획의 실행 유무와 실행 결과에 대해 평가를 해나가야 한다. 그 평가를 이후의 투자 계획에 반영하며 잘못된 계획을 수정 및 보완해 나갈 때 화려한 노후를 보내기 위한 토대가 완성될 것이다.

제11장 귀농, 귀촌

은퇴자들 가운데 제2의 직업을 찾거나 창업 아이템을 알아보거나 봉사활동에 관심을 가진 사람들도 많지만 전원생활을 꿈꾸는 사람들도 많다.

아무런 준비 없이 전원생활을 시작한다면 자신이 원하는 삶이 아닐 수도 있고, 원주민들과의 마찰로 적응하기가 어려울 수도 있다. 귀농은 전원생활과는 달리 농사를 통하여 직접적인 수익을 얻고 생활을 꾸려가야 하는 것이기 때문에 직업적인 의미로 다가서야 한다. 귀농을 하고자 한다면 좀 더 적극적으로 교육을 받고 정착하여야 한다. 귀농을 하고자 하는 시점보다 1년 정도 이른 시점에 귀농 지역에 거주지를 정하고, 주말마다 귀농지역에 내려가 원주민들과 친분을 쌓으며 그 지역에 적응하고자 하는 노력이 필요하다.

귀농·귀촌을 위한 정부지원제도에는 다음과 같은 것이 있다.

1. 귀농자가 3주(또는 100시간) 이상의 귀농 교육을 이수하는 경우 농업창업자금, 주택자금 등을 신청할 자격이 부여된다.

2. 농촌진흥청의 귀농 프로젝트는 직장의 조기은퇴 예정자를 대상으로 귀농 준비를 돕는 프로그램으로 품목별 기술, 경영, 창업 컨설팅, 현장 기술, 사후 관리를 지원한다.

3. 농림수산식품부, 농촌진흥청, 지자체 주관 인정 교육은 '귀농·귀촌종합센터' 홈페이지를 참조한다.

4. 선도실습농장은 참가자와 멘토에게 월80만원씩 6개월간 지급한다.

제12장 창업

은퇴 후 재취업이 어려울 경우 많은 이들이 고민하는 것이 창업을 고려한다.

취업에 성공하기 어렵다고 여겨지거나 본인이 하고 싶은 일을 직접 창업하는 것이다.

창업에는 1인 창업, 사회적 기업창업, 협동조합창업, 마을기업 창업, 프랜차이즈 창업 등이 있다.

은퇴자는 본인에게 맞는 것과 실패 가능성이 낮은 창업을 선택하면 된다. 창업을 하기로 마음먹었다면 도움을 받을 수 있는 정부지원제도를 이용한다.

정책자금을 받으려면 먼저 자신이 생각한 업종과 아이템에 맞는 교육과정을 선택하여 수강하면 된다. 시니어들이 관심을 가질만한 것은 소상공인시장진흥공단(http://www.semas.or.kr)으로, 소상공인을 위한 지원포털사이트로 교육에서부터 컨설팅까지 지원하며 예비창업자들에게 다양한 지원을 한다.

1. 1인창업

1인창업은 1인 창조기업으로 지식서비스업, 제조업 등에서 창의성과 전문성을 갖춘 1인이 상시 근로자 없이 사업을 영위하는 기업을 말한다.

1인 창업에 따른 법의 보호를 받기 위해서는 1인 창업으로 인정되는 업종인지 확인해야 한다.

대분류로는 제조업, 출판 영상 방송통신 및 정보 서비스업,

전문 과학 및 기술 서비스업, 사업 시설관리 및 사업 지원 서비스업, 예술 스포츠 여가 관련 서비스업 등이 해당된다.

또한 창업을 시작하기 전에 외부 전문가를 통해 창업 아이템에 대한 추진 방향, 시장상황, 사업화 계획에 대한 컨설팅을 받는 등 철저한 사전 준비 과정을 거친 후 창업하는 것이 좋다.

한편 1인 창업이라고 해서 사업자 내는 과정이 일반 사업자와 다르지는 않다.

2. 사회적 기업 창업

사회적 기업은 비영리 조직과 영리 기업의 중간 형태로 사회적 목적을 추구하면서 영업활동을 하는 기업이다. 즉 취약계층에게 사회서비스나 일자리를 제공하여 지역 주민의 삶의 질을 높이는 사회적 목적을 추구하면서 생산·판매 등 영업활동을 벌이는 기업을 말한다.

사회적 기업의 주요 특징으로는 취약계층에 일자리와 사회서비스 제공, 사회적 목적 추구, 영업활동 수행, 수익의 사회적 목적 재투자, 민주적인 의사결정 구조 등을 들 수 있다.

사회적 기업이 되려면 조직의 형태와 목적, 의사결정 구조 등이 사회적 기업 육성법이 정한 인증요건에 부합해야 하며, 사회적 기업 육성 위원회의 심의를 거쳐야 한다. 인증된 사회적 기업에 대해서는 인건비와 사업주 부담인 4대 보험료 지원, 법인세와 소득세 50% 감면 등 세제지원, 전문 컨설팅 기관을 통한 경영·세무·노무 등 경영 지원의 혜택 및 인건비 일부가 지원된다.

고용노동부는 예비 사회적 기업의 전문 인력(3년이상 종사한 기획·영업·마케팅·법무·회계 등 분야 종사자, 2년이상 종사한 문화·디자인·무역·컴퓨터 등 분야 종사가) 1명당 인건비 월 200만 원을 최대 2년간 지원한다.

전문 인력이 아닌 근로자에게는 신규 근로자를 고용할 때 최저 임금 수준의 인건비를 지원하고 있다.

3. 협동조합 창업

협동조합은 조합원이 출자한 돈으로 사업을 하는 법인의 한 형태이다.

2012년 협동조합기본법이 시행되면서 모든 분야에서 협동조합을 만들 수 있다. 협동조합은 1.영리를 추구하는 협동조합, 2.소비자가 설립하는 협동조합, 3.사회적 협동조합이 있다.

사회적 협동조합은 사회적 기업인 아름다운 가게처럼 공공사업만을 하는 것으로 이는 정부지원금으로 운영된다. 협동조합의 장점은 손쉽게 사업체를 설립할 수 있다는 것이다.

4. 마을기업 창업

마을기업은 지역공동체에 산재해 있는 각종 향토, 문화, 자연자원 같은 특화자원을 이용하여 안정적인 소득과 일자리를 창출하는 마을단위 기업을 말한다.

마을기업은 1. 지역관광, 농촌체험을 등을 운영하는 지역자원 활용형, 2. 음식쓰레기 재활용등 친환경 녹색사업을 하는 친환

경 에너지형, 3. 기초수급자, 독거노인 등 저소득 취약계층을
지원하는 생활지원복지형이 있다.

5. 프랜차이즈 창업

프랜차이즈 창업은 중·장년층의 퇴직자뿐만 아니라 다양한
연령대 사람들이 도전하는 분야이다.

대부분의 은퇴자는 아이디어를 통한 창업보다는 생계형 프랜
차이즈 창업에 나서고 있다.

프랜차이즈 창업을 하고자 하는 은퇴자는

1) 본사의 신뢰도, 자금력의 정도는 어느 정도인지 사전에
   알아본다.
2) 경영자를 비롯한 경영진과 간부진의 경력 및 경영수준이
   어느 정도인지 알아본다.
3) 브랜드에 대한 이미지와 소비자 인지도는 어느 정도인지
   알아본다.
4) 경영 실적은 어느 정도이며, 양호한 편인지 확인한다.
5) 본사가 업무상 민·형사상의 소송에 관련되어 있지는 않은
   지 확인한다.
6) 본사의 장·단기 사업전략과 비전이 명확하게 설정되어 있
   는지 확인한다.
7) 분야별 전문기술 보유 여부와 전문가를 확보하고 있는지
   확인한다.
8) 상품공급체계와 물류시스템은 갖추고 있는지 확인한다.
9) 정보시스템 구축이 어느 정도 수준인지 확인한다.
10) 가맹점포수와 업계에서의 시장 점유율을 확인한다.
11) 점포당 평균 매출액과 수익은 얼마정도 되는지 확인한다.
12) 상품과 기술에 대한 연구개발에 지속적 투자가 이루어지

는지 확인한다.

13) 가맹점의 폐점 비율은 어느 정도인지 확인한다.

14) 법인사업자인지 개인사업자인지 확인한다.

15) 가맹점 확장 전략을 검토하여 확인한다.

[프랜차이즈 가맹점 창업 성공전략 포인트]

▷창업에 대한 마인드와 기업가 정신으로 무장되어 있어야 한다.

▷의사결정과 위기관리 능력을 갖추고 있어야 한다.

▷사업이 정착될 때까지 역경과 고통을 이겨낼 각오가 되어 있어
야 한다.

▷본인의 경험과 관리능력 수준을 파악할 필요가 있다.

▷본사와의 원만한 유대관계를 지속적으로 유지할 수 있는 섭외
력을 갖추고 있어야 한다.

▷창업한 사업을 통해 꿈을 이룰 수 있다는 확신을 가지고 있어
야 한다.

▷창업 준비자금과 운영자금을 충분히 확보하고 있어야 한다.

▷본인의 사회적 건전성과 도덕성이 확보되어 있는지 확인해보아
야 한다.

▷정신과 육체가 모두 건강한지 판단해 볼 필요가 있다.

▷경영책임자로서 통찰력과 리더십을 갖추고 있는지 반문해 보아
야 한다.

▷법률적 지식에 대한 이해는 어느 정도인지 알아볼 필요가 있다.

▷판단과 생각에 있어 일관성을 유지하여 흔들림 없는 성격인지
반문해 보아야 한다.

▷종업원을 가족처럼 진정으로 사랑할 자세를 갖추고 있어야 한다.

▷서비스 정신으로 새롭게 태어날 각오가 되어있어야 한다.

▷눈앞의 이익보다 장기비전에 비중을 두고 사업의 메커니즘을 이해할 수 있어야 한다.

▷돈과 양심 중 어느 쪽을 택할 것인가의 기로에서 기꺼이 양심을 택해야 한다.

제13장 성공적인 프랜차이즈 사례

업체명 가나다순 정렬(산업자원부, 한국프랜차이즈협회 공동발간한 "프랜차이즈 성공사례연구" 발췌자료)

1. 굿데이 플라워

■ 사업의 시작 및 성장

(주)굿데이굿플라워는 97년 5월에 설립되어 전국으로 이어진 가맹점망을 통해 동일한 가격과 전문 FLORIST의 디자인에 의한 상품을 고객이 원하는 시간과 장소에 정확하게 배송하고 있다. 고품격 꽃배달 서비스업체인 굿데이굿플라워는 최진섭 대표가 창업했다.

그는 대기업 유통회사 출신답게 그간의 노하우를 살려 프랜차이즈사업 형태의 아이템을 찾고 있던 중이었다.

그는 직장생활 중 일본 도쿄에서 열린 산업전시회를 관람할 기회가 있었는데 여기서 지금의 사업 아이템을 찾게 되었다.

꽃배달로 프랜차이즈 형식의 가맹점 사업을 도입한 것은 굿데이굿플라워가 처음이며, 현재 전국으로 이어지는 방대한 네트워크를 갖고 있다.

굿데이굿플라워는 자영 점포와는 달리 본사에서 생화와 부자재를 공급해주기 때문에 가맹점 운영에 대한 점주의 영업 노하우 등의 부담이 적은 편이다.

그리고 처음 꽃을 접하는 예비창업자를 위한 꽃꽂이 아카데미를 운영하고 있으며 매출 제고를 위한 신상품 개발에 적극적이다. 이것은 가맹점 영업에 직접 도움을 주기위한 것이며 여러 상품군 개발을 바탕으로 LG카드, 국민카드, 외환카드 등 주요 카드사와 CJ몰, 한솔CSN 등 대형 홈쇼핑사와 통신판매계약을 체결해 전국 꽃배달 서비스를 대행하고 있다.

최 대표는 "꽃배달 사업은 단순히 꽃을 판다기보다 아름다움과 사랑을 판매하는 사업"이라며 "꽃을 사랑하는 마음이 있으면 누구나 어렵지 않게 가맹점을 운영할 수 있다"고 설명한다.

현재는 인터넷 사업을 통한 전자상거래가 활성화되어 있어 GIFT문화를 이끌어가는 선두역할을 담당하고 있다.

또한, 국내 최대 사이버 쇼핑몰인 한솔CSN과 전략적 독점 제휴를 통해 꽃배달서비스 시장의 새로운 유통혁신을 꾀하고 있으며 더불어 프랜차이즈 체인사업을 재구축하여 네트워크를 통한 매출신장에 기여하고 있다.

굿데이굿플라워는 가맹점 이익을 최우선으로 생각하는 기업정신과 업계발전에 기여한 공로를 인정받아 매일경제신문사·동아일보 주최 '1998 한국프랜차이즈 꽃배달 서비스부문 대상', 매일경제신문사상공회의소·한국프랜차이즈협회 주최 '2000 한국 프랜차이즈 꽃배달서비스 우수브랜드 대상'을 수상하기도 했다.

■ 성공요인분석

첫째, 창업의 초보자도 가능

창업을 준비하고 있는 초보자라도 창업 전 본사에서 지원하는 교육을 통해 얼마든지 사업을 해나갈 수 있다. 특히 자영점포와는 차별화 된 지원시스템이 확고하기 때문에 가맹점 운영에 대한 부담이 적은 것이 특징이다. 예를 들면, 생화와 부자재를 본사가 농장 직거래를 통해 대량구매하여 가맹점에 주3회 공급해 주기 때문에 가격은 물론 직접 조달시 발생하는 시간과 노동의 문제를 말끔히 해결해 주고 있다.

둘째, 매출증대를 위한 신상품 개발

굿데이굿플라워는 가맹점 운영에 필요한 무료 꽃꽂이 교육을 물론이며 가맹점의 매출 증대를 위한 신상품 및 디자인 개발에 노력을 기울이고 있다. 이로 인해 안정된 사업영위가 가능한 것이 특징이다. 또한 매출형태가 현금판매(소매)와 통신판매(일반주문 및 백화점, 카드사), 그리고 기업체 영업(은행, 관공서, 단체주문)등 다양화되어 있어 노력여하에 따라 고수익을 기대할 수도 있다.

셋째, 인터넷을 통한 사업의 다양화

이제 선물은 대부분 온라인을 통해 주문을 한다. 이런 네트워크 시대에 맞춰 온라인 쇼핑몰을 강화한 굿데이플라워는 소비자가 직접 매장으로 나오지 않아도 자신의 집에서, 사무실에서 주문을 할 수 있어 손쉽게 이용할 수 있다.

그로 인한 매출의 증대가 이루어지며 결재방식의 다양화도 이런 이용률을 높이고 있다.

■ 업체정보

·업   종 : 서비스업/ 배달
·설립시기 : 1997. 5. 1 (주)굿데이굿플라워 법인 설립
·가맹시기 : 1997년
·가맹점수 : 160여개 (2015년 현재)

·홈페이지 : www.365goodday.com

·연 락 처 : Tel 02)567-8038, FAX 02)418-4153

2. 나이스가이

■ 사업의 시작 및 성장

정우인터내셔날(대표 박영길)이 지난 2001년 1월 시작한 '나이스가이'는 남성미용 전문 프랜차이즈 브랜드다. 나이스가이는 틈새시장 공략에 성공한 대표적인 마케팅 사례로 꼽힌다. 아직까지 금남의 지역으로 여겨지는 미용실과 유행에 뒤진 느낌의 이발소 사이에서 고민하는 남성들의 마음을 사로잡은 것이다.

고객의 주머니 사정을 고려한 합리적인 가격도 매력이다. 커트는 6,000원, 염색은 1만 5,000원으로 일반 미용실의 절반 가격이다. 연령 및 얼굴형 별로 10여 가지 스타일을 규격화해 가격의 거품을 뺐기 때문이다.

여성 못지않게 외모에 관심이 많은 남성들을 위해 가맹점마다 최첨단 모발 진단기로 두피 및 모발관리도 해준다. 서비스가 마음에 들지 않을 경우 나중에 무료 서비스를 해주는 헤어 리콜제, 담당 헤어디자이너가 상담을 해주는 헤어 닥터제, 포인트가 쌓이면 무료 서비스를 받을 수 있는 마일리지제 등을 도입, 남성 미용업계의 판도를 바꾸어 놓았다.

창업자를 위한 배려도 상당하다. 미용 경험이 없는 가맹점주를 위해 본사가 미용사와 각종 기기는 물론 경영 기획과 이벤트 전략을 제공한다. 영업 부진 등 비상시에는 특별 감독관을 가맹점에 투입한다.

나이스가이는 이·미용실의 틈새시장을 진입하는 과정에서 남성고객만 특화시킨 아이템으로 고객고정화 비율을 높였으며 론칭 2년 만에 100호점을 돌파하였고 향후 5년간 지속적인 성장으로 가맹지점 수 1,000개를 달성을 목표로 하고 있다.

나이스가이가 창업 2년 만에 100호점을 돌파할 수 있었던 것은 창업한 가맹점의 적극적인 도움이 큰 힘이 되었다. 창업 후 일정기간 가맹본부의 영업지원(경영컨설팅)에 힘입어 단골고객확보 요령, 직원관리 요령 등 쉽지 않은 일들을 가맹본부의 담당자들과 협력하여 매출이 늘어나고 손익분기점을 넘어서기 시작하자 가맹점장들의 적극적인 소개가 이루어지기 시작하였다.

여기에는 무경험자 및 기술보유와 관계없이 가맹본부의 지원시스템에 힘입은 지점장들의 적극적인 권유가 일반인도 할 수 있다는 확신으로 나타난 것이다.

나이스가이는 21세기 가치혁신기업으로 투명경영, 정도경영을 전개하여 기업을 공개하고 투자효율을 극대화하고 전 업계에서 가장 인지도 있는 브랜드로 만들기 위하여 변혁을 거듭하고 있다. 이를 위해 인재 육성을 위한 기술교육원을 설립을 계획하고 있으며 산학협동을 모색하고 있다.

남성커트전문점 나이스가이의 사업성은 이미 확인되고 있다. 본격적인 사세확장을 위하여 1등 나이스가이를 만들고 해외진출의 토양을 마련하고 전체 지점을 네트워크화하여 미용서비스의 정점인 고급여성브랜드를 론칭할 계획이다.

아울러 오프·온라인상에서 동시에 이루어질 수 있는 미용포럼 사이트를 구축하고 유통인프라를 구축하여 자체물류를 해결하고 있다. 또한 미용산업을 수직계열화하여 글로벌 수준의 경쟁력을 확보한 후 명실공히 진정한 글로벌 기업으로의 진출을 꾀하고 있다.

나이스가이는 2002년 히트예감상품 선정(경향신문), 2001년 빅브랜드 선정(유통부문-굿데이), 2001년 일간스포츠 빅히트상품 선정, 2003년 한국프랜차이즈 대상 수상, 유망브랜드상, 중소기업청상 등을 수상했다.

■ 성공요인 분석

첫째, 미용경험이 없는 사람도 창업이 가능

나이스가이의 장점은 미용경험이 없는 사람들도 창업할 수 있는 미용 운영 매뉴얼을 마련한 점을 꼽을 수 있다. 각종 기기는 물론 미용사까지 공급해 준다.

프랜차이즈 본사인 정우인터내셔날은 창업자를 대상으로 90일간 경영기획을 비롯해 미용교육, 인테리어, 이벤트, 영업활성화 전략 등 점포운영 전반에 대한 경험과 노하우를 제공한다.

또 비상시 대기인력방안인 슈퍼바이저 등을 지원해 가맹점 운영 효율을 극대화하는데 주안점을 두고 있다.

둘째, 구성원들에게 가장 일하기 좋은 직장

일반 기업체 수준에는 떨어지지만 각종 보험제도도 나이스가이의 장점이다. 나이스가이는 그 동안 홀대받았던 헤어디자이너에게 3개월, 6개월, 1년 단위의 포상제도와 퇴직금 제도를 마련하고 있다. 또 건강진단 보조금 및 창업자금도 지원하고 있다.

■ 업체정보

·업 　종 : 서비스업 / 미용
·설립시기 : 2001년 1월
·가맹시기 : 2001년
·가맹점수 : 80개 (2015년 2월 현재)
·홈페이지 : www.iniceguy.com
·연 락 처 : Tel 02)409-4600

3. 바늘이야기

■ 사업의 시작 및 성장

송영예 사장이 뜨개질에 관심을 두기 시작한 것은 1992년부터다. 결혼 후 임신을 하면서부터 손을 움직이면 태교에 좋다는 말에 뜨개질을 시작하게 되었다. 이렇게 시작한 뜨개질 솜씨로 동호회 활동을 시작하게 되었고 아는 사람의 소개로 잡지에 뜨개질에 관한 연재도 시작하게 되었다. 연재를 하게 되면서 외국 서적과 잡지를 탐독하고 손뜨개 방식이나 소재 등에 대해 연구를 하게 됐다.

또한 1999년에는 '송영예의 너무 쉽고 예쁜 손뜨개'라는 책이 발행되면서 사람들에게 알려지기 시작했다.

1997년에는 PC통신 붐이 불면서 온라인을 통한 정보제공(IP)에 본격 나서게 됐다. PC통신에서 제공하던 정보는 예상

밖으로 큰 인기를 끌게 되면서 본격적인 인터넷 전자상거래 업무를 개시하게 되었다. 이런 업무와 함께 콘텐츠 제공업과 손뜨개 강좌도 열었고 이렇게 입 소문이 퍼지면서 프랜차이즈에 대한 문의가 이어져 '송영예의 바늘이야기'라는 프랜차이즈 사업으로 이어지게 된 것이다.

또한 가맹점에 강의 코너를 마련해 손뜨개 마니아를 늘려나 갔다. 현재는 국내 몇몇 대형 백화점에도 OEM(주문자 상표부착)방식으로 손뜨개 의류 액세서리 등을 납품하고 있다.

바늘이야기는 차별화된 제품개발을 위해 유럽 등지에서 벤치마킹을 했다. 이미 이탈리아 등지에서 핸드 메이드(수제품) 의류가 고부가가치 제품으로 인정받고 있다는 것에 가능성이 있다고 여긴 송 사장은 바늘이야기는 기업화를 통한 차별화를 시도했다.

송영예의 바늘이야기가 이렇게 성장한 배경에는 송 사장의 뛰어난 뜨개질 솜씨와 체계적인 교육 프로그램, 가맹점 사업자와의 신뢰를 지켜온 경영철학이 더해진 결과다.

바늘이야기는 손뜨개 창업반과 기계편물과정 교육을 통해 가맹점 사업자를 양성하는 것이 특징이다. 기계편물은 손뜨개는 아니지만 가맹점의 매출향상을 위해 도입한 것이다. 사용이 편리하게 제작된 편물기는 가맹점 사업자들에게만 독점 공급하고 있다.

현재 바늘이야기는 중국 진출을 모색하고 있다. 이미 중국 베이징과 상하이에서 프랜차이즈 사업을 펼치기 위해 직원을 파견, 시장 정보를 수집하고 있다. 신규 사업에 투자를 원하는 사람이 많아 이미 펀딩 약속을 받아 놓은 상태다. 한편 '송영예의 바늘이야기' 얘기가 담긴 책도 해마다 발행, 중국 출판사로 수출해 교육생을 확보할 계획이다. 바늘이야기는 2002년 중소기업청의 우수 브랜드에 선정되기도 했다.

■ 성공요인 분석

첫째, 다양한 아이템과 교육 프로그램

바늘이야기는 손으로 짜는 편물기 도입으로 핸드메이드 작품을 선보여 여름시장의 비수기나 경기불황 등을 극복하고 있다.

또한 기계편물반 졸업생 500여 명을 배출, 가맹점은 물론 전국의 손뜨개 숍을 운영하는 사업주들에게도 새로운 시장개척 아이템을 제공하고 있다. 똑같은 패턴의 디자인과 일원화된 교육은 전국 네트워크를 형성, 손뜨개를 배우려는 수강생들에게는 교육과 문화를, 독특한 맞춤옷과 창의적인 작품을 원하는 소비자에게는 맞춤형 니트를 제공하고 있다.

둘째, 가맹점과의 커뮤니케이션

바늘이야기는 슈퍼바이저가 없다. 단지 물류담당 직원만이 있을 뿐이다. 그렇지만 슈퍼바이저가 많은 프랜차이즈 기업보다도 가맹점 사업자들과의 커뮤니케이션이 원활하다. 인터넷을 통해 가맹점들끼리 정보를 공유하고 본사에 실을 주문한다. 본사에서는 주문량에 맞춰 택배로 실과 부자재를 공급한다. 가맹점들이 가까운 시장에서 실을 구입할 수도 있지만 그런 경우는 극히 드물다. 바늘이야기는 최고 품질의 실과 재료만을 구비하여 가맹점 사업자에게 공급한다.

■ 업체정보

·업　　종 : 유통업
·설립시기 : 1998년

·가맹시기 : 2001년

·가맹점수 : 43개 (2015년 2월 현재)

·홈페이지 : www.banul.co.kr

·연 락 처 : Tel 02)771-9771, Fax 02)775-9772

4. 박승철헤어스튜디오

■ 사업의 시작 및 성장

박승철헤어스튜디오는 1983년 명동점을 오픈한 이후 현재에 이르기까지 110여 개의 매장을 운영하고 있는 국내 최고의 프랜차이즈다.

또한 고객만족을 고객감동이라는 경영이념 아래 헤어, 메이크업, 스킨케어, 네일에 이르기까지 토털 뷰티숍으로 헤어패션 전반에서 고객과 함께 하며 꾸준히 성장하고 있다.

1981년 1호점인 명동점을 첫 시작으로 1997년에는 미용업계 최초이자 유일하게 TV CF 방영을 시작하면서 이미 단순한 미용실의 개념이 아니라 차별화된 마케팅 전략을 구사하고 있다.

또한, ㈜TiTi(Tital Image Training Institute)로 법인명을 전환하여 인재양성의 효과적인 관리와 교육을 통해 박승철헤어스튜디오의 가치를 높이기 위해 개인발전과 비전을 만들어 나아갈 수 있도록 박승철뷰티아카데미를 선보여 박승철헤어스튜디오 직원에 한하여 전문교육을 받을 수 있는 기회를 제공하고 있다. 특히, 이런 최첨단 시스템을 통한 TiTi의 교육은 개인 눈높이를 맞추어 교육과 테스트, 카운셀링이 하나의 시스템으로 이뤄져 보다 향상된 전문인력을 창출하는데 목적을 두고 있다.

한편, 유수 기업과의 지속적인 마케팅 차별화 전략으로 매출 향상과 브랜드 이미지 제고에 노력하고 있다. 박승철헤어스튜디오는 업계 최초로 CRM(고객관계관리)솔루션을 개발하여 고객관리프로그램이 운영되고 있으며 뉴 멤버쉽프로그램 TT정책으로 전국 매장에서 체계적으로 운영·관리되어 타 브랜드와의 차별화를 꾀하고 있다.

아울러 국내 미용업체 중 가장 건실한 운영체계를 갖춘 것으로 평가받고 있으며 재투자 원칙의 실천 즉, 체계적인 교육시스템 및 직원복지 제도, 100호점 오픈, 두 번째 브랜드로 정점에 올라 있다. 이것은 남이 쉽게 할 수 없는 일을 해낸다는 것, 투철한 사명감과 의지가 있었기 때문에 가능한 일이었다.

박승철헤어스튜디오는 까다로운 가맹점 관리, 교육관리 등 조직적인 관리 시스템을 구성하기 위한 기획과 교육 부분에 대한 투자를 아끼지 않고 있다. 이런 투자는 수적인 의미에 앞서 브랜드 가치로 평가할 때 1천 원 이상의 무형의 가치를 갖는 것으로 평가되고 있다. 무엇보다 지난 20년 간 미용계에 몸담고 있으면서 이익을 미용에 재투자한 것이 현재의 성과로 드러나고 있다는 것이 업계의 평가다.

1997년 법인 전환 후, 지난해 본사를 압구정동으로 이전하면서 박승철헤어스튜디오는 보다 확실한 입지를 다지며 우수한 직원이 곧 기업의 경쟁력이자 자산이라는 경영이념을 가지고 있다. 이를 위해 별도의 교육실과 연수원 운영, 정기적 세미나, 워크숍 등을 통해 전직원의 의무화 교육과 해외연수, 선진 복지제도 등으로 앞서가고 있다. 뿐만 아니라, 자체 아카데미를 설립하여 개인의 수준에 맞는 체계적인 교육으로 전문적인 인재를 양성, 관리해 오고 있다.

특히 자신의 능력에 맞는 체계적인 교육시스템을 만들기 위해 오랫동안 고민해 교육과정을 각자의 실력에 맞게 세분화시켰다. 예를 들면 보조는 보조대로 5등급으로 나눠 1년차 교육, 2년차 교육 등으로 나눠서 세분화시키는 한편 기술 교육뿐만 아니라 서비스나 관리, 인성교육 등 기술 외적인 부분을 가미시켜서 체계적인 교육시스템으로 만든 것이 티티시스템이고 이 시스템에 의한 교육을 받고 나면, 누구든지 수준 이상의 실력을 갖추게 된다. 체계적이고 지속적인 티티시스템 교육을 통해 실력 있는 미용인을 양성하는 것이 교육의 목적이다.

박승철헤어스튜디오는 지난 3년 간 50개 매장을 오픈 하면서 괄목할 만한 성장을 보여 왔다. 이러한 결과는 숫자적인 증가뿐만 아니라 매장 규모와 시스템이 커지고 있어 최신 마케팅 기법과 앞선 경영의 모델이 되고 있다는 점에서 더욱 의미가 크다.

이러한 남다른 실천의 결과로 최근에는 박승철헤어스튜디오에서 근무하던 직원이 점주로 참여하는 예가 급증하고 있다.

그 동안 박승철헤어스튜디오의 노력을 가늠할 수 있는 대목이다.

이처럼 박승철헤어스튜디오가 업계의 주목을 받으며 급성장하고 미용인들과 일반인이 선호하는 브랜드로 자리매김한 데는 박승철 원장의 '수익은 곧 투자'라는 방침의 결과다.

끊임없는 재투자로 시대의 변화에 맞도록 변신을 추구하는 원칙은 불황을 모르는 철옹성 같은 체계를 만들어냈다. 기술과정에서부터 서비스인성교육 등에 이르기까지 본사 교육부 강사들만 10여 명에 이르러 미용업계에서는 상상을 초월하는 교육수준이다.

■ 성공요인 분석

첫째, 철저한 매장관리

매장에 근무하는 직원을 한가족으로 T.T.F(TiTi Family)을 정하여 서로의 파트너에게 도움을 주도록 경력별로 7단계로 나누어 각각의 대모 또는 대부를 설정하여 관리하여 시스템으로서 직원간의 화합을 통하여 원활한 매장관리가 이루어지고 있다.

또한 매달 오픈교육을 제외한 20여 개의 본사 교육 일정은 단계별(Basic, Middle, Higher, Design)로 나누어 현장 내 연습을 통한 기술향상으로 교육이수 30일 이후 다시 본사에서 테스트를 통해 다음 단계의 교육을 받을 수 있는 TiTi 테스트 시스템을 도입하여 정착시켰다.

박승철헤어스튜디오의 NEW 살롱에는 TiTi 본사에서 파견한 근무자가 일주일 동안 매장관리와 리셉션 업무를 대행하여 동일한 양질의 서비스와 매장의 활성화를 도모하고 있다. 특히 박승철헤어스튜디오에 입사한 모든 근무자는 TiTi만의 특별한 노하우와 빠른 업무 파악을 위하여 교육이 이루어지며 또한 각 경력별 테스트를 통하여 눈높이 교육을 실행하고 있다.

둘째, 직원들의 철저한 교육과 혜택

3T(TiTi Trophy)는 매장별 디자이너와 스텝 모두 각자의 작품을 제출하여 3차에 걸친 테스트를 거친 후 연말 전국매장 박승철헤어스튜디오 직원들이 모여 화합을 도모하는 행사. 바로 대상자에게는 해외연수와 본사 교육의 다양한 혜택이 부여되는 박승철헤어스튜디오 TiTi의 미용대회이다. 이것은 3T제도를 통하여 미용인의 긍지와 박승철헤어스튜디오의 직원으로서

자부심과 창작성, 예술성을 개발하는 정책이다.

또한 모든 TiTi 어시스트를 6단계로 분류하여 경력별, 단계별 교육을 진행한다. 한 과목 이수 후 다음 과목으로 진도가 이어지며, 각 어시스턴트의 승급시 반드시 시험을 통하여 객관적인 평가가 이루어지며, 과목 이수 후 테스트에 합격하지 못하면 다음 단계로 넘어가지 못한다. 이렇게 매니저와 점장 및 지사장, 재료담당 등 각 분야별로 세분화되어 매장관리의 효율적인 방안을 제시할 수 있는 관리자 교육이 체계화되어 있다.

셋째, 체계적인 교육시스템

박승철헤어스튜디오는 정기적인 교육과 프로그램의 다양화, 전문화, 차별화를 시도하고 있다.

고객에 대한 서비스 향상과 직원 상호간의 커뮤니케이션을 위해 강사가 본사에 상주하며 매달 한번 매장을 방문하여 교육을 실시한다.

교육내용은 사회구조와 특정 조직에서의 감동, 구성간의 화목증진, 시간적·심리적·금전적·육체적·기술적 불만 등 5가지의 고객 불만 해소를 위한 노력 등 개개인의 발전에 맞춰진 교육이 이뤄지며 휴면고객의 재내점화와 방문 사이클의 단축화, 연관 상품을 비롯한 1:1 원스톱 서비스 교육 등으로 스탭진을 훈련시킨다.

또한 박승철과 가맹본부의 교육팀, 그리고 각 매장의 톱 디자이너들로 구성된 T.A.G 그룹 수시로 발표되는 뉴모드와 세부적 기술의 개방과 교육, 현지 주재원과 해외 유명 제휴 디자이너를 비롯해 늘 열려있는 독자적인 패션정보 채널로부터 곧바로 수용되는 최첨단 미용정보의 체계적인 교육이 이루어진다.

■ 업체정보

·업   종 : 서비스업 / 미용
·설립시기 : 1983년
·가맹시기 : 1994년
·가맹점수 : 박승철헤어스튜디오 247개 매장운영(2015년 2월 현재)
·홈페이지 : www.pschair.co.kr
·연 락 처 : Tel 02)543-9700, Fax 02)543-9701

5. 박준뷰티랩

■ 사업의 시작 및 성장

박준뷰티랩은 1989년 서울 청담동에 1호점을 개설한 이후 전국과 해외에 걸쳐 프랜차이즈를 보유하고 있다. 박준미장에서 박준뷰티랩(ParkJun's BeautyLab)으로 브랜드 이름을 바꾸고 본점(서울 청담동)을 리모델링하면서 청담동의 새로운 시대를 만들어 가고 있다. 본점은 1층 안내 데스크·미니 카페, 2층 헤어전용 뷰티숍, 3층 VIP룸·헤어클리닉룸·네일아트·패티큐어룸, 4층 사무실·휴게실, B1 교육센터 등 층별 테마 살롱으로 꾸며졌다.

이미 세계최대 미용실 프랜차이즈로 기네스북 기록에도 등재된 박준뷰티랩은 국내를 비롯하여 뉴욕, 런던, 시카고, 밴쿠버, LA, 프랑크푸르트, 파리, 상해까지 가맹점을 보유하고 있다.

이렇게 박준뷰티랩이 국내 최대 미용 프랜차이즈 브랜드로 자리매김한 데는 우선 박준 원장 개인의 높은 인지도에 힘입은 바 크다. 박원장은 매스컴을 적절히 활용해서 브랜드파워를 키웠으며 활발한 매스컴 활동을 통해 카리스마적 장인(匠人)의 이미지를 고객에게 각인시켰다. 이것이 바로 브랜드 이미지 상승과 프랜차이즈 가맹점 확산으로 이어진 것이다. 하지만 무엇보다도 박준이라는 이름이 주는 신뢰감과 뛰어난 감각, 탁월한 실력, 사업기술을 바탕으로 하였다.

그 사업기술이라는 것은 바로 교육적인 부분이다. 박준뷰티랩이 가장 중요하게 여기는 것이 바로 교육이다. 이미 '박준뷰티아카데미'를 개원하여 독특하면서도 세련된 브랜드 이미지를 지속시키기 위한 인력의 고급화와 체계화를 추구하고 있다.

박준뷰티랩의 대표적인 교육, 연구시스템으로는 1998년 개원한 '박준뷰티아카데미'와 1999년 가동한 '박준아트팀'이 있다. 뷰티아카데미는 동종업계 최고수준의 강사진과 시설, 교육 프로그램을 인정받고 있다. 영국 '토니 앤 가이'와 미국 '피봇 포인트'의 제휴를 통한 과학적인 시스템을 갖추고 있다. 또한 본점과 가맹점의 전 직원을 대상으로 실시되는 교육은 디자이너와 관리자 등 전 스태프의 직급별, 분야별 연간 매뉴얼이 마련되어 있다. 전액 무료교육이고 불참할 경우 가차 없이 패널티를 가한다.

1999년에는 아트팀을 결성했다. 헤어 트렌드를 연구하는 아트팀은 박준뷰티랩의 정예부대로 고객 마인드를 확실히 갖춘 현장 디자이너 가운데 선발된다. 이렇게 수혈된 젊은 피들이 그동안 박준 원장 혼자 도맡아 하던 연구 업무를 앞장서 해내고 있는 것이다. 세계 미용시장의 흐름을 파악하고 팀원 각자가 작품을 개발, 국내외 헤어쇼를 통해 대중에게 다가가는 것이 아트팀의 임무다. 연 2회 트렌드 발표와 각종 기술교육도 이들 드림팀의 몫이다. 박준뷰티랩은 제1회 미용인대상 작품부문 공로상을 수상한 바 있다.

■ 성공요인 분석

첫째, 우수한 인재양성에 집중 투자

박준뷰티랩이 가장 심혈을 기울이는 부문은 교육이다. 불황이라는 요즘에도 교육에 관한 투자는 시간과 비용을 아끼지 않고 있다. 우수한 인재가 바로 브랜드 경쟁력이기 때문이다. 이를 위해 박준뷰티랩은 우수한 강사진과 최첨단 교육환경을 마련해 강도 높은 교육을 실시하고 있다.

또한 프랜차이즈 교육도 헤어디자이너, 스텝의 경우에는 연차별로 세부적으로 나눠 실시한다. 중간관리자, 원장, 카운터, 주차요원 등도 역할에 따른 프로그램이 있다.그 외에도 매년 2회에 걸쳐 직원들의 감각과 능력을 향상시키기 위해 일본과 유럽의 해외연수를 실시하고 있으며 토니앤가이·에센셜 등 외국의 최고 브랜드와의 지속적인 교류와 웰라·로레알 등 유수 해외업체와의 정보 교류와 지원을 하고 있다.

둘째, 고객중심의 마케팅 강화

무엇보다 고객감동을 위한 직원의 서비스 의식 함양에 노력하고 있다. 매년 전문교육 기관을 통한 직원들의 서비스 의식을 고취하고 예약제를 통해 디자이너와 고객의 1:1 서비스를 도입하고 있다.

또한 컴플레인 방지(C.R.M)를 위해 고객방문 후 러브콜을 시행하고 있으며 고객과의 커뮤니케이션 광장도 마련되어 있다.

예를 들어, 박준뷰티랩은 사이트의 자유게시판이나 메일을 통해 고객들과의 쌍방 커뮤니케이션을 하고 있다. 불편했던 사항이나 의견 등을 겸허하게 수용해 해결방안을 마련하고 있다. 또 각 가맹점에서는 늘 사이트를 점검하고 고객 클레임은 24시간 이내에 해결하여 본사로 결과를 보고토록 하고 있다.

셋째, 스타 마케팅 활용

현재까지 김혜수, 오연수, 전지현, 채시라, 윤석화, 전광렬, 이영하, 이문세, 임성민, 안성기 등 역대 유명 인기연예인들의 헤어와 메이크업을 박준뷰티랩이 전담해 오고 있다. 이런 지속적인 스타마케팅을 통해 브랜드 인지도를 유지해 나갈 방침이다.

넷째, 문화 마케팅

박준뷰티랩은 활발한 문화 마케팅을 펼치고 있다. 각종 뮤지컬과 연극, 영화 등에 등장하는 배우들의 이미지를 만들어주고 지속적으로 헤어 메이크업을 협찬하고 있다.

또 작품의 포스터와 티켓, 광고, 사이트 등에 브랜드를 노출시킴으로써 문화공간으로서의 박준뷰티랩 이미지를 만들어 가고 있다.

다섯째, 기발한 경영 아이템

박준뷰티랩은 항상 획기적이고 참신한 경영아이템이 등장해 이슈를 만들어낸다. 역사가 말해주듯 박준뷰티랩은 '최초'를 즐긴다. 국내 최초로 등장한 어린이전용미용실과 남성전용미용실, 우리나라 최초의 종합미용타운 건설, 헤어시뮬레이터 도입, 미용가위 국산화 작업 등등. 엉뚱하고 기발한 경영은 늘 화제가 됐다. 최근에 도입한 경영아이템은 업계의 관심을 집중시키기에 충분하다. 아이템으로는 ▶주5일 근무제 도입 ▶예약제 정착화로 최고의 서비스를 받을 수 있는 시술 시스템 확보 ▶최초의 웹진 '쭈니' 발간 ▶박준스 제품 생산으로 최초로 디자이너 두발제품 생산 ▶가격표시제 시행 등이다.

여섯째, 공동 프로모션을 통한 MPR

박준뷰티랩은 타 업종과의 공동 프로모션을 통한 활발한 마케팅을 펼치고 있다. 전국망을 갖춘 박준뷰티랩은 이벤트 진행이 용이한 장점이 있어 기업 상호 간에 윈윈 효과를 얻고 있다. 카드사 등 제휴업체를 통해 전국적인 공동 할인행사 및 홍보활동을 비롯하여 우량 전자업체를 통한 고정 고객 사은행사, 패밀리 레스토랑 및 피부, 성형외과 등을 통한 연계 마케팅, 우수 백화점과 공동 D.M. 행사를 통한 이벤트를 펼치고 있으며 박준뷰티랩은 이런 오프라인 이벤트로 끝나지 않고 온라인상에서도 MPR 활동을 펼치고 있다.

■ 업체정보

·업   종 : 서비스업 / 미용
·설립시기 : 1981년 박준 미용 타운(명동) 오픈
·가맹시기 : 1995년 주식회사 P&J 법인 설립
·가맹점수 : 87개 (2015년 2월 현재)
·홈페이지 : www.parkjun.com
·연 락 처 : Tel 02)511-1414, Fax 02)3447-2255

6. 부동산뱅크

■ 사업의 시작 및 성장

부동산뱅크는 1988년을 시작으로 현재까지 새로운 개념의 프랜차이즈 방식으로 온라인과 오프라인을 복합적으로 연계한 종합 중개가맹망이다. 이런 질 높은 부동산정보를 바탕으로 자산관리 고객상담 서비스를 제공하고 있으며 월간으로 발간되는 부동산전문지인 부동산뱅크도 함께 제공된다.

또한 사이버 중개업소로 등록되어 온라인과 오프라인 연계되어 있어 기존의 고객뿐만 아니라 인터넷상의 고객을 유치하기 위한 서비스를 제공하고 있으며 40여 대형 포털, 전문, 금융 사이트를 통해 매물홍보 서비스 등으로 중개사업의 효율상승을 높이고 있다.

이미 KBS, MBC, SBS, YTN, RTN, 한경와우 등 공중파와 케이블 TV 매체에 자료제공 및 프로그램을 운영하고 있으며 조선일보에 주간 부동산시세표 제공하는 등 중앙일간지 및 경제지 수시로 정보를 제공하고 있다.

부동산뱅크는 1997년 경향신문 제1회 Best Web Korea, 1998년 05월 경향신문 제2회 Best Web Korea, 2000년 한국능률협회 주최 '2000년도 네티즌 인증 부동산정보 부분 1위' 등에 선정되기도 하였으며 1998년에는 한국경제신문 제1회 한경 인터넷 대상을 수상하였다.

■ 성공요인 분석

첫째, 영업권의 보장

부동산뱅크는 가맹점 개설시 1000세대 기준으로 해당지역의 영업권과 수익을 보장하고 있다. 이렇게 확실한 영업권 확보로 인해 수입을 보장하고 있다.

또한 각 가맹점들은 부동산뱅크에서 제공하는 다양한 매체를 통해 지역별 구분 없이 국내 모든 가맹점간 물건 공유 및 각종 정보를 교류하고 있다. 부동산뱅크 네트워크 파트너에 가입하면 가입한 지역은 물론, 전국의 모든 고객을 직접 만날 수 있다. 이런 가맹점간 정보교류가 전국을 단일망으로 연결해 주는 역할을 하고 있다.

둘째, 각종 양식 및 매체의 무료제공

부동산뱅크는 각 가맹점에 모든 양식과 매체를 무료제공하고 있다. 계약서를 비롯하여 각종양식, 봉투, 명함 등 지원하고 있으며 부동산뱅크지도 무료우송하고 있다.

또한 가맹점의 개별홈페이지 무료제작 및 유지보수 지원하고 있으며 원하는 도메인 이름으로 도메인을 무료로 제공한다.

셋째, 다양한 홍보마케팅

부동산뱅크는 폭넓은 제휴를 통해 각 가맹점을 홍보하고 있다. 부동산뱅크 네오넷 사이트는 물론, 약 40여개 포털사이트와 네트워크 파트너 제휴를 통해 현재 보유한 물건과 업소홍보를 지원하고 있다.

제휴된 업체로는 인터넷 검색사이트인 야후, 한미르, 인터파크, 다음, 마이클럽을 비롯하여 교보증권, 동원증권, 미래에셋증권, 신동아화재, 쌍용화재, 우리은행, 대한생명, 대구은행, 삼일닷컴, 브릿지증권, 대우증권, 머니OK, 뱅크풀, 웰시아, 이지빌 등 금융분야, 조선일보, 한경와우, MBC, SBS, YTN 등 언론, 롯데, 삼성물산, 현대건설, 현대산업개발, LG건설 등 건설분야다.

또한 개인 투자클럽 운영을 통한 One-stop 서비스도 거래할 수 있도록 하였다. 이외에도 부동산뱅크의 28년간의 정확한 정보를 통해 확보한 신뢰를 바탕으로 '머니라이징 투자클럽' 운영하고 있으며 고객이 거래하고자 하는 지역의 물건 의뢰할 경우 최우선으로 연결해 주고 있다.

넷째, 시세 모니터사 등록

부동산뱅크는 시세 제공업소로 등록을 통해 각종 매체에 최우선으로 홍보될 수 있도록 지원하는 것은 물론, 야후, 한미르 등에 시세와 매물이 자동 등록할 수 있도록 하고 있다.

공중파와 케이블로는 KBS, MBC, SBS, YTN, RTN, 한경와우 TV 매체 자료제공 및 프로그램 운영되고 있으며 중앙일간지 및 경제지에도 수시로 정보가 제공되고 있다.

그 중 조선일보에는 주간 부동산시세표를 제공한다. 인터넷 사이트는 네오넷사이트 무한 매물 등록할 수 있으며 40여개의 포털사이트에 등록이 가능하다.

또한 전국의 부동산뱅크 가맹점이 하나의 네트워크로 연결되어 있다.

■ 업체정보

·업   종 : 서비스업 / 부동산정보

·설립시기 : 1988년 (주)정보성 설립

·가맹시기 : 1995년

·가맹점수 : 5000여개 (2015년 현재)

·홈페이지 : www.neonet.co.kr

·연 락 처 : Tel 02)2185-7300, Fax 02)501-8803

7. 블루클럽

■ 사업의 시작 및 성장

블루클럽은 IMF가 한창이던 1998년 6월, 인천 효성에 1호점을 시작으로 탄생했다. 블루클럽이라는 아이템은 3가지 방향성이 있었다. 첫째는 예비사업가의 사업철학이다. 즉, 국민에게 명분 있고 보통사람들이 삶에 질을 높일 수 있는 사업아이템의 선정이었다. 둘째는 사업 전략상 마케팅적으로 남이 하지 않는 틈새시장 개발이었고 셋째는 남성고객의 헤어서비스 요구였다.

최고의 품질(남성 전문 미용실)을 최저의 가격 5,000원에 이용하며 남성의 미생활을 누릴 수 있게 한 아이템이었던 것이다. 이발소도 미용실도 가기가 불편한 이·미용업소, 후진성 낙후된 이·미용업계에 새로운 틈새시장인 선진국형 남성 미용실을 사업화했고, 남성들이 헤어서비스를 받아왔던 이발소의 3대 거부감, 즉 퇴폐이미지, 폐해한 환경 분위기, 아저씨 스타일의 비시대적 기술력을 과감히 탈피해 이 사안들을 제 자리에 올려놓았다.

이발소의 거부감으로 미용실을 이용했지만 여성공간이라는 인식과 오랜 시간을 기다려야 하는 불편, 가격불편 등으로 남성들의 마음이 편치 않았던 것이 사실이었다.

남성들의 욕구로 인해 그에 만족하는 헤어서비스의 제공이 가능한 블루클럽의 사업화가 블루클럽을 성공적 사업아이템으로 충분하게 된 것이다.

이같이 5,000원의 저렴한 공개된 가격과 빠르고 잘하고 편리한 남성 미용실을 표방하며 이발소와 미용실의 단점을 보완된 고객만족을 첨가하여 명품브랜드로 성장하였다.

블루클럽은 고객과 가맹점 사업자와 본사의 Win-Win 전략 하에 만들어졌다. 고객만족, 그것은 좋은 상품 저렴한 제공이다. 남성고객은 헤어서비스를 편안하게 받고, 빠르게 저렴한 서비스를 제공하기 위해 바다와 배를 콘셉트로 블루클럽을 중심으로 편안한 숍의 분위기를 만들었다.

또한 매년 10대 남성 헤어스타일을 매장벽면에 게시하여 제안과 안내를 하였고 고객 담당 디자이너제를 실시, 동일 디자이너에게 이발을 지속적으로 받게 하였다. 그 외에도 마일리지 카드를 발행 10회마다 1회 무료 서비스를 제공하여 방문에 동기부여를 하였으며 커트로 잔머리제거를 스펀지 대신 헤어 마스터기를 개발, 크린 서비스를 제공하였다.

커트시 자유로운 샴푸를 할 수 있도록 셀프샴푸시설도 마련하였다. 또한 고객이 머리가 마음에 들지 않으면 보상하는 메뉴인 헤어리콜제등은 고객에게 매력을 주기에 충분했다.

블루클럽은 프랜차이즈업계에 모범적인 사례를 만들고자 노력하고 있다. 전국 가맹점이 매월 11일 "1소1선"운동을 실행하는 각 점이 무료 Cut활동을 하여 지역과 언론에 좋은 반응을 얻고 있다.

향후 블루클럽은 헤어공간에서 생활공간으로의 변신을 추구하고 있다. 즉 700개, 1,000개의 전국 유통망으로 구축, 남성 생활제품 판매망 확충 계획을 세우고 염색, 크리닉, 펌 등 신메뉴 개발로 질 높은 남성미용을 제공할 계획을 가지고 있다. 또한 이미 3년 전 현지법인을 세워 중국진출을 하여 성공적 진입단계이며, 미국 현지법인도 1년 반 전 설립 성공진출의 준비를 마쳤다.

블루클럽은 한국 프랜차이즈 우수브랜드상(한국능률협회 4년 연속), 한국 프랜차이즈 대상(대한상공회의소/매일경제신문), 대한민국 Ceo 브랜드 파워 대상(스포츠투데이) 등을 수상했으며 히트상품(국민일보/일간스포츠 2년연속, 스포츠서울 3년 연속/경향신문), 명가상품(일간스포츠) 등에 선정되기도 하였다.

■ 성공요인 분석

첫째, 손쉬운 운영과 본사의 지원

가맹점 사업자의 만족은 손쉬운 운영과 고수입의 제공이다. 블루클럽은 전국의 상권을 1,500개로 분석하고 예비 가맹점 사업자가 상담해 오면 상권, 점포 찾기부터 지원해 주면서 오픈에 필요한 모든 것을 제공한다.

인테리어, 물류, 미용사의 인력과 교육, 오픈 행사 등 일체를 지원한다. 그리고 담당자를 정해 주기적으로 경영시스템 지도를 하고 있다. 이같이 상담, 오픈, 경영까지 전체적인 지원체계를 갖춤으로서 손쉬운 운영을 돕고 있으며 블루클럽의 매력으로 이용고객이 많아 생각이상의 수입을 창출하게 해주고 있다. 또한 본사는 가맹점의 안정과 증대를 위해 매년 2회의 전 점장의 경영회의를 통해 각종정책과 교육을 하고 있으며, 전국 지점을 구분하여 가맹점 사업자들이 모이는 지역협의회를 구성케 하고 금전, 행정지원을 해주고 있다.

둘째, 명분과 아이템 선정

머리를 자르기 위해 깨끗하고 깔끔한 분위기의 매장을 이용할 수 없었던 남성들의 요구를 만족시킨 것이 블루클럽이다.

이런 남성들을 위해 저렴한 가격과 깔끔한 매장을 이용할 수 있도록 만든 것이 성공으로 이어졌다.

■ 업체정보

·업   종 : 서비스업 / 미용업
·설립시기 : 1998년 (주)리컴인터내셔널 설립
·가맹시기 : 1998년 6월 1호점(인천 효성점)
·가맹점수 : 전국 356개,(2015년 2월 현재)
·홈페이지 : www.blueclub.co.kr
·연 락 처 : Tel 02)592-5818

8. 아이북랜드

■ 사업의 시작 및 성장

아이북랜드는 이러한 성공 요인을 토대로 2003년 현재 전국적으로 61개 지사에 1,500여 지점을 보유하여, 전국 어느 지역에서 회원 가입을 하더라도 불편 없이 서비스를 받을 수 있는 조직망을 구축하고 있다. 아이북랜드의 가맹점(지점)은 다른 프랜차이즈 업종에 비해 창업비용이 저렴하고, 무점포로 사업을 운영할 수 있으며, 어린이에게 독서할 수 있는 환경을 제공하는 일이라는 교육적인 사명감까지 있어, 최단시간 내에 최대 가맹 계약이 이루어진 사례로 소개되기도 했다.

또한 아이북랜드가 보유한 어린이 도서는 2,500여 종에 300만권 정도로 국내 최대의 어린이 도서관이라는 표현이 무색하지 않다.

아이북랜드는 여러 성공요인과 업종선발, 선두기업의 인프라를 토대로 짧은 연혁에도 불구하고 급성장을 하고 있다. 사업 개시 3년 여 기간 만에 전체 도서회원은 85만 명을 돌파했으며, 이에 따른 매출액의 신장도 가파른 상승 곡선을 보이고 있다.

사업 시작 1년 조금 넘은 시점에서는 사업 아이템의 우수성과 성장성을 인정받아 국내의 유수 투자회사 5군데서 액면가의 26배로 26억 원을 투자 받았으며, 각종 공신력 있는 기관에서 시상하는 마케팅 및 우수상품 상을 수상하기도 했다.

또한 어린이교육 전문 기업으로서의 위상과 회사의 또 다른 성장 동력을 추가하는 차원에서 2002년부터 어린이 교구 홈스쿨 브랜드인 '아이리더스쿨'를 론칭하여 전국 규모의 교육 프랜차이즈 사업으로 성장시키고 있다.

현재 아이북랜드는 기업의 초기성장 및 안정화 단계까지는 이루어 놓은 상태며, 회사의 중·장기 비전인 독서전문 중견 기업으로 도약하기 위한 2단계 도약 시점에 있다.

'아이북랜드 독서교실'의 경우 아이북랜드의 기반 아이템인 '도서대여'에 교육적인 기능을 추가한 것으로, 도서 회원에게 '다독'할 수 있는 환경 제공으로 끝내는 것이 아니라 책을 읽은 어린이에게 체계적이고 효과적인 독서교육을 시행, 독서 전문 기업의 위상을 마무리하는 사업이다. 아이북랜드는 중·장기 비전인 대한민국을 대표하는 독서전문기업으로 도약하기 위해, 현재 전국적으로 500여명의 독서교사를 배출하고, 신청 회원들을 상대로 독서교육을 시행하고 있다.

기존에 시행되지 않았던 참신한 아이템의 개발과 이 아이템을 성공하는 사업으로 진행시킨 마케팅 능력을 토대로 아이북랜드는 3년 만에 국내 어린이와 그 학부모들에게 독서 관련 기업으로 상당 부분 인지도를 획득했다.

'대한민국을 대표하는 독서 전문 기업'으로 확실하게 자리 매김 하기 위해서 아이북랜드의 경영혁신과 시장의 욕구를 충족시킬 수 있는 마케팅 개발, 기업가치의 극대화 작업이 끊임없이 지속되고 있다.

■ 성공요인 분석

첫째, 교육적 측면

아이북랜드의 경우 매주 4권씩의 책을 집으로 갖다 주기 때문에 회원 어린이는 매주 새로운 책을 읽을 수 있는 환경에서 자라나게 된다. 아이북랜드 도서를 받아보는 자체가 독서 습관을 길들일 수 있는 도구가 되는 것이다. 더군다나 많은 부모들이 자라나는 자녀의 연령에 맞춰 어떤 책을 읽혀야 좋을지 몰라 고민하는 경우가 많은데, 아이북랜드의 경우 자체 연구개발팀이 있어 어린이의 연령에 맞는 필독서들을 도서 프로그램으로 구성한다.

도서 프로그램은 어린이 연령별로 50-100주차 도서프로그램으로 구성되며 각 주차의 도서는 어린이 인지발달 단계와 어린이 독서 흥미발단 단계를 고려하여 엄선한다. 아이북랜드에 가입하면 자녀가 자라면서 꼭 읽어둬야 할 책들을 매주 4권씩 독서할 수 있는 환경 조성을 해 주는 것이다.

둘째, 경제적 측면

어린이 책의 경우 성인 도서 못지않게 가격이 비싼데, 어린이의 경우 다독의 필요성이 절실하다. 자녀의 책을 모두 구입해서 제공하는 부모의 경우 그 경제적 부담감이 적지 않은 것이다. 이런 현실에서 월 1만원에 일주일에 4권씩 월 16권의 책을 대여해 주는 아이북랜드의 등장은 어린 자녀를 둔 학부모에게 경제적으로 큰 도움을 줄 수가 있었다.

셋째, 편리성

아이북랜드는 도서 방문대여에 대한 특허를 출원하면서, 집으로 찾아가서 책을 대여해 주는 서비스를 국내 최초로 시행하였다. 아이북랜드의 회원은 집에서 매주 갖다 주는 책을 편안하게 받아보며 독서를 즐길 수 있다.

넷째, 회원 관리의 합리성

아이북랜드의 회원 관리는 온라인과 오프라인의 조화를 이루며 이루어진다. 회원의 모든 정보는 온라인으로 입력, 관리되며 지점장은 온라인으로 관리되는 스케줄을 통해 회원 수가 많더라도 매주 정해진 요일에 대여되어야 할 책을 차질 없게 대여가 가능하다. 또한 지점장은 매주 회원을 찾아가 책을 대여해 주기 때문에 밀착된 회원관리가 가능하며, 아이북랜드의 회원이 입소문을 통해 많이 가입되는 것도 이러한 시스템과 무관하지 않다.

■ **업체정보**

·업　　　종 : 서비스업/도서대여점

·설립시기 : 1996년 한국어린이교육협회 설립

·가맹시기 : 2000년

·가맹점수 : 103개 (2015년 2월 현재)

·홈페이지 : www.ibookland.com

·연 락 처 : Tel 1588-6006, Fax 02)854-2745, 2747

9. 모닝글로리

■ 사업의 시작 및 성장

1981년 6월 교보문고 내에 모닝글로리의 모태인 문구센터가
개설되었다. (주)신한교역상사를 통해 외국의 유명 문구류를 수
입해 이곳에서 판매하던 한중석 사장은 곧 '내 손으로 직접 외
국제품에 뒤지지 않는 문구를 만들겠다.'고 마음을 먹고 곧바로
제조업에 뛰어들었다. 그러나 브랜드의 인지도가 낮고 유통전
문점이라는 느낌만 강하게 준다는 소비자조사결과를 통해
1985년 사명 및 상표명을 바꾸기로 하고 정통문구를 근간으로
하는 기업으로의 출발을 결정하게 되었다.

한중석 사장은 외국출장을 통해 '항상 외국의 선진 문구점은
백화점식으로 크고 깨끗하여 종합문구라는 타이틀답게 소비자
가 즐겨 찾을 수 있도록 편의를 제공하고 있는 반면 국내 문구
점들은 영세성을 면치 못한 채 대형문구점 하나 변변히 없는지
의문이다', '문구는 어린이부터 어른까지 모두 꼭 필요한 문화
용품이라는 개념으로 이해한다면 발전되어야할 산업임에 틀림
없다'고 느꼈다고 한다.

이러한 상황에서 한중석 사장의 유통에 대한 노하우와 문구

선진국에 결코 뒤지지 않는 제품을 만들 수 있다는 신념에 따라 '한국적 이미지'를 강조하고 한국을 가장 잘 알릴 수 있는 명칭이어야 한다는 생각을 가졌다. 이것을 전제로 1985년 상표명의 사내현상공모를 실시하고 모집된 1백여 가지의 상표명 중에서 '아침이면 활짝 피는 나팔꽃', '아침의 영광'이란 뜻을 가진 '모닝글로리'를 선정했다.

모닝글로리는 좁은 의미로는 '아침의 영광과 성장', 넓은 의미로는 '동방의 영광' 즉 한국의 영광을 나타낸다. 또한, '한국의 이미지'를 세계 속에 심기위해 세계인이 모두 느낄 수 있는 친근감과 부드러움을 강조하여 부르기 쉽도록 '모닝글로리(morning glory)'로 회사명과 자기상표명을 통일했다. 국문 역시 발음 나는 대로 표기하여 '한국의 영광'을 고지시키고자 했으며 이런 뜻을 홍보문안에 담았다. 제품마다 브랜드명과 홍보문을 필히 표기하여 모닝글로리의 기업이념을 국내뿐만 아니라 세계인들의 가슴에 인지시키고자 노력하고 있다.

모닝글로리의 제품구조를 보면 노트류에 있어서 국내 시장점유율 40%~50%를 점유하여 대부분의 지제품에 있어서는 시장점유율 1위를 지켜오고 있다. 반면, 필기구에 있어서는 제품을 출시한지 몇 년 되지 않았고 외국제품의 범람과 마이크로, 모나미 등 필기구 전문업체들에 밀려 약 10%의 시장점유율에 머물고 있다. 모닝글로리는 기존의 지제품 위주에서 벗어나 새로운 시장을 개척하기 위해서 96년 9월에 앨범, 머그컵 등의 생활디자인용품 전문브랜드인 리꼬모(LICOMMO)를 탄생시켰다. 모닝글로리는 전체대리점 중 40% 정도를 리꼬모 전문 대리점으로 육성하는 등 생활디자인용품에 투자를 아끼지 않았다. 또한 사업다각화의 일환으로 1997년 5월 로케트전기와 손잡고 신개념 건전지인 POW(파우)를 출시하였으나 그다지 성공하지는 못하였다.

모닝글로리는 85년 동남아시아에 처녀수출을 시작으로 91년에는 수출부를 설립하고 문구업계최초로 자체브랜드로 일본에 직접 수출하였으며, 같은 해 동구권인 폴란드 시장을 개척하기도 하였다. 내수시장과는 달리 수출은 호조를 보였으며 30%의 증가세를 꾸준히 보이고 있다. 수출이 이렇게 성장하게 된 배경에는 국내 타회사들과는 달리 독자적인 브랜드로 수출하였으며 해외 현지에서 독자적인 모닝글로리 매장(shop)형태로 진출한 것이 좋은 반응을 얻었기 때문이다.

모닝글로리는 문구업계의 선두기업답게 많은 수상기록을 기록하기도 했다. 1991년 제11회 한국방송대상(라디오 작품상 : 독립선언서 기업 PR편), 1997년 제24회 상공의 날 국무총리 표창(모범 상공인상), 1996년 재정경제원 장관상, 1996년 우수기업상(중소기업중앙회), 1995년 마케팅 프론티어상(한국마케팅학회), 1999년 제1회 대한민국디자인대상 디자인경영우수상, 2001년 2001한국광고대상 최우수상(한국일보상), 2001년 한국대학신문대상 문구/팬시부문 최우수상품대상(한국대학신문) 등을 수상하였다. 또한 1999년 경향신문 주최 히트상품, 2001년 문화관광부/한국경제신문 주최 올해 캐릭터 베스트 10 블루베어, 한국산업의 디자인 파워 종합 문구 부문 1위(한국능률협회), 제3회 한국산업의 브랜드파워 종합문구 부문 2년 연속 1위(한국능률협회), 2002년 '2002 The First in Korea' 문구부문 한국최고기업, 2002년 제4회 한국산업의 브랜드파워 종합문구 부문 3년 연속 1위(한국능률협회) 등에 선정되기도 했다.

■ 성공요인 분석

첫째, 디자이너 일인전담제도

모닝글로리는 철저한 소비자조사를 통한 신제품 개발을 하고 있으며 본사 직원 300여 명 중 30여 명에 달하는 디자이너들은 자신이 기획한 상품에 대해서 시장조사부터 완제품 출시에 이르는 모든 과정을 전담하고 책임을 진다. 또한 84년부터 매주 화요일마다 전 임직원이 한자리에 모여 개발제품에 대한 의견을 수렴하는 시간을 가져왔다. 이 회의에서 제품에 하자가 발견되면 시정될 때까지 출고가 정지되고 시정이 불가능한 경우에는 전량 폐기된다. 일단 출시된 제품도 직영매장인 모닝글로리 플라자에서 사후 시장조사를 통하여 조정과정을 거친다.

모닝글로리는 약 5천여 종의 많은 문구제품을 생산하고 있음에도 단일 브랜드 전략으로 통일된 이미지를 유지하고 브랜드에 대한 명성을 효과적으로 쌓아왔다.

둘째, 대형할인점까지 유통망 확보

모닝글로리의 유통구조는 기존 국내의 문구회사들이 독자적이 유통구조를 가지지 못한데 반해 전국에 모닝글로리 대리점들을 보유하고 있으며 그 아래 모닝글로리 가맹점들과 수만 개의 일반 소매점들이 있다. 모닝글로리 가맹점은 소매점단계에서 모닝글로리 제품을 위주로 판매하는 유통점을 보유하고자 개설한 것이다. 이들은 모닝글로리 간판을 달고 일반 소비자들을 대상으로 영업하고 있다. 모닝글로리 가맹점들은 97년부터 본사와 직거래로 운영되고 있으며 그 중 문구프라자는 본사가 운영하는 직판 소매점이며 신제품이 출시되면 가장 먼저 이곳에 진열하여 시장가능성을 테스트하는 Pilot shop의 기능을 겸하고 있다. 대형할인점과 기업체 특판 등의 신유통은 급속히 성장하여 현재 농협, E-Mart, 2001 아울렛 등 대형 할인점 등과도 거래를 하고 있다. 할인점에 내보내는 제품은 신제품의 경우 Ethos라는 브랜드를 사용하고 있으며 재고품은 모닝글로리 브랜드 그대로 출시하고 있다.

셋째, 고품질의 고가격 전략

모닝글로리는 고품질 이미지에 맞게 고가격 전략을 취하고 있다. 모닝글로리 제품의 가격은 경쟁사의 가격에 비해 평균 30% 정도 비싼 편이다. 이것은 국민의 소득수준이 증가하였고 적정이윤을 확보하여 고품질의 신제품을 지속적으로 출시하기 위한 것이다.

넷째, 제품광고보다는 기업이미지 광고 중심

모닝글로리는 단일브랜드 전략을 사용하며 광고도 제품별 광고를 하지 않고 기업이미지 광고로 일관해오고 있다. 90년대 이후 모닝글로리의 슬로건은 "정직한 이름"으로 깨끗한 이미지를 정립해왔다. 이러한 노력의 결과 소비자 선호도가 61.2%에 달하고 경쟁사가 중점적으로 광고하는 필기류에 있어서도 최초 브랜드 상기에서 모닝글로리 47.4%, 모나미 29.1%, 마이크로 5.1%로 나타났으며 심지어는 생산하지 않는 제품에 있어서까지 높은 상기율을 보였다.

■ 업체 정보

·업   종 : 유통업/문구류
·설립시기 : 1981년 6월 (주)신한교역상사 문구센터 개설

·가맹시기 : 1994년

·가맹점수 : 23개국 161개 (2015년 2월 현재)

·홈페이지 : www.morningglory.co.kr

·연 락 처 : Tel 02)719-0400, Fax 02)2179-0228

10. 미니골드

■ 사업의 시작 및 성장

지난 1996년 1월에 설립된 이 회사는 6월에 곧바로 가맹 사업을 시작해 1백여 명의 직원이 근무하는 중견 프랜차이즈업체로 성장했다.

그 공로를 인정받아 2001년 12월에 '제6회 한국유통대상 프랜차이즈 부문 금상'을 수상하기도 했다.

미니골드는 유행을 창출하는 상품개발에 집중적인 투자를 하고 있으며 '체스' '이볼' '도깨비' 등 특화된 디자인을 선보여 호응을 얻고 있기도 하다. 요 몇 년 사이 국내 귀금속시장은 과거의 한정되고 정체된 시장에서 점차 유통혁신을 통한 새로운 형태로 발전하기 시작했다. 흔히 금·은방으로 불리는 귀금속 전문점, 고급 SHOP 형태 위주에서 독자적인 브랜드를 표방하는 업체들이 생겨나게 됨에 따라 순금, 다이아몬드 등 고가 제품보다는 14K.18K의 합금과 합성석을 이용한 중저가 제품이 급부상하고 있는 것. 이에 따라 보석류가 말 그대로 하나의 패션 상품으로서 양성화가 가속화되고 있다.

(주)HON-미니골드는 이러한 시장의 변화를 주도하고 있으며 바로 국내 최고의 패션 쥬얼리 전문업체이다. 지난 96년 서울 신림동에 1호점을 시작으로 출발한 미니골드는 현재 140여 개의 직영점과 가맹점을 확보했으며 2002년 매출 약 500억 원을 기록할 정도로 명실상부 국내 최고의 패션 쥬얼리 전문업체다.

이처럼 미니골드가 국내 귀금속 시장변화를 주도할 수 있는 배경에는 업계 최초 ERP 도입을 통한 서비스의 선진화를 추구해 왔기 때문이다. ERP(전사적 자원관리) 완성에 이은 내실경영은 회사를 안정화로 이끌었고 철저한 고객의 요구를 분석하여 소비자들의 심리를 적극 파악, 적절한 마케팅 전략을 펼쳐 온 것이다. 미니골드는 재산적 가치에서 일반 소비재로 금에 대한 가치관이 변하면서 수요 연령층이 낮아지고 소비의 양극화 현상으로 고급 쥬얼리 고객과 저가 패션쥬얼리 고객으로 나누어지는 현상에 주목, 패션 쥬얼리시장을 적극 공략하였다.

이처럼 국내에서 확고부동한 인지도와 브랜드 가치를 인정받으면서 지난 98년 '아시아 YOUNG브랜드 마케팅 대상', '2001 한국유통대상 프랜차이즈부문 금상'을 수상한 바 있으며 특히 2003년 '대한민국마케팅대상 전사부문 우수상 수상'함으로써 국내 귀금속 유통시장의 변화를 주도한 데 대한 공로를 인정을 받았다.

■ 성공요인 분석

첫째, 고객관리도 핵심적인 마케팅 전략.

선물용으로 구매를 하는 고객을 많이 확보하는 것이 관건이다. 이를 위해서는 고객카드를 작성하게 하고 다양한 사은품을 증정하는 것도 고려해 볼만하다. 그리고 각종 기념일을 이용해서 이벤트를 개최하거나 수시로 기획상품을 만들어 이벤트 판매를 할 필요가 있다. 이를 통해서 고객의 관심을 이끌어내고 단골로 만드는 계기를 마련할 수 있는 것이다. 이처럼 패션쥬얼리 전문점이 혼수개념의 전통적인 금시장의 전반적인 부진 속에서도 약진을 거듭하고 있는 것은 경제적인 비용으로 자신의 개성을 표출하고자 하는 신세대들의 욕구에 부응했기 때문이다. 이 업종은 신세대들의 감각에 맞는 세련된 디자인과 저렴한 가격으로 승부하고 있어 수익성과 안정성을 동시에 확보하는 유망 창업 아이템으로 자리 잡을 것으로 전망된다.

둘째, 대중매체를 통한 마케팅

귀금속 수요 연령층이 낮아지고 패션화되는 귀금속 시장 공략을 위해 스타마케팅, 영화마케팅, PPL, 인터넷 등 대중들의 관심을 모을 수 있는 최고의 마케팅 전략을 펼쳐 확고한 기반을 구축해왔다. 실제로 미니골드는 업계 최초로 연예인을 이용한 스타마케팅을 통해 확고한 인지도를 확보했다. 지난 96년 선풍적인 인기를 모았던 이승연 목걸이(오메가체인)가 바로 그것. 현재 전속모델은 10대부터 30대까지 모든 세대들이 좋아하는 톱스타 김희선, 박수진이다. 작년에 이어 선풍적인 인기를 끌고 있는 영화 '호빗:다섯군대 전투'의 시리즈인 '반지의 제왕'에 나오는 '절대반지'의 라이선스를 획득, 출시하는 등 영화마케팅을 꾸준하게 전개, 브랜드 가치를 극대화하는 데 주력해왔다. 이처럼 브랜드 가치를 높이기 위해 미니골드가 다양한 마케팅, 프로모션을 전개한 것은 사실이지만, 국내 최고의 패션쥬얼리 전문업체가 될 수 있었던 가장 근본적인 배경은 따로 있다. 바로 뛰어난 디자인과 세공 기술이다.

셋째, 차별화된 디자인과 제품 개발

사실 브랜드를 알리는 것보다 브랜드 가치를 유지하고 발전시키는 것이 더 어렵다. 이에 미니골드는 항상 변화에 발맞추어 상품과 디자인의 차별화를 추구하고 있다. 국내 패션쥬얼리 업계 최초로 첨단 레이저 각인 시스템, 함량측정시스템 도입은 물론 균일하고 우수한 제품생산을 위해 디자인과 보석세공에 있어 세계 최고 수준인 이태리의 첨단 기계설비를 도입하는 등 차별화된 디자인과 제품개발에 주력하고 있다. 현재 미니골드가 개발한 자체 브랜드는 '체스' '도깨비' '이블' '스워드' '투트' 모두 5종. 이밖에 디즈니 라이선스, 절대반지 라이선스, 워크래프트3 캐릭터 라이선스 획득 국내 시판 중이며, 지난 3월부터 국내 최초로 순수 보라색 금인 '퍼플골드'를 출시하였고 올 초부터는 SDP(Simple Diamond Pendant)와 공동프로모션을 진행하는 등 패션쥬얼리 시장의 활성화에 앞장서고 있다.

넷째, 1:1 고객관리

미니골드는 찾아오는 고객만을 상대로 해왔던 기존 귀금속시장의 관행을 과감하게 탈피, 고객 관리측면에서 접근하여 쥬얼리 포털사이트를 표방한 미니골드 홈페이지 구축과 1:1 고객관리를 위한 CRM (Customer Relationship Management)시스템을 구축하여 현재 마일리지카드를 시행하는 오프라인과 온라인 마케팅을 동시에 전개하고 있다. 현재 홈페이지는 하루 평균방문자 수가 10,000명 이상일 정도로 인기를 모으고 있는 것은 물론 마일리지카드의 경우 이미 50만 명이 회원으로 가입한 상태이다. 이에 미니골드는 홈페이지를 기반으로 한 e-CRM을 구축하여 전 고객의 미니골드 마니아로 변환시키는 전략을 수립, 추진 중이다. 여기에 미니골드 고객의 라이프스타일을 파악, 타 대형 사이트와의 전략적 제휴에 따른 새로운 비즈니스 모델 및 수익모델로 개발을 적극 추진할 계획이다.

■ 업체정보

·업   종 : 유통업/패션 쥬얼리 전문점
·설립시기 : 1996년 1월
·가맹시기 : 1996년 6월
·가맹점수 : 68개 (2015년 2월 현재)
·홈페이지 : www.minigold.co.kr
·연 락 처 : Tel 02)2103-4400

11. 아가방앤컴퍼니

■ 사업의 시작 및 성장

1979년 4월, (주)아가방이 엄마가 아기를 키우는데 필요한 모든 유아복과 용품을 한 곳에 모은 종합용품 매장이 국내에 처음으로 선보인 이래, 아기를 위한 모든 것을 한자리에서 살 수 있는 곳을 만들어 보겠다(One-Stop Shopping Mall)는 꿈이 현실로 이루어졌다. 아가방은 국내 유아복과 유아용품의 시작이었다.

당시 국내에는 이렇다 할 국산 유아용품 회사가 전무했다. 모두가 경제개발에 주력하던 시기였기에 미래의 주인공이 될 아기들이지만 유아들을 위한 서비스산업에까지 관심을 갖기란 쉬운 일이 아니었다. 아가방은 국내 유아산업에 유아복 및 유아용품의 국산화 기치를 내세우면서 내수시장의 지속적인 성장과 더불어 우수한 품질, 디자인 파워, 탄탄한 마케팅력 등으로 순조로운 성장을 거듭하면서 유아용품시장의 마켓 리더로서의 기반을 확보할 수 있었다. 당시 이렇다 할 유아용품에 대한 노하우나 기술도 없었고 유통망도 미약한 우리나라 유아용품 산업을 아가방이 선두주자로서 유아용품 산업을 부흥시킴으로써 브랜드를 다양화했고 고급상품 시장으로까지 끌어올리며 그 막중한 역할을 해오고 있다.

㈜아가방은 2002년 9월 카테고리 킬러형 유통 사업에 진출하였다. 맘스맘은 유아동 전문 대형 엔터테인먼트 쇼핑몰로 새로운 차원의 유통사업이다. 0~12세에 이르는 유아와 아이들에게 필요한 모든 것을 한곳에서 보고 구입할 수 있도록 만든 유아동 전문의 기업인 아가방이 만든 것이다. 2003년 4월부터 온라인 쇼핑몰 맘스맘닷컴(www.momsmom.com)을 오픈하여 오프라인뿐만 아니라 온라인에서도 활발한 시장 활성화에 힘쓰고 있다.

이와 같이 아가방의 동종업계의 산업 주도에 대한 공로는 1985년 제22회 수출의 날, 수출시장 개척 공로상 대통령상 수상, 1995년 성실신고 납세 우수기업 국무총리상 수상, 소비자 보호 우수업체로 서울특별시장상 수상, 1000만불 수출탑 대통령상 수상, 1999년 여성신문사 주관 신주부가 뽑은 인기상품대상 수상, 한국일보사 주관 일간스포츠의 세계 속의 명가 명품 수상, 컨슈머뉴스 주관 글로벌소비자대상 수상, 중앙일보 99히트상품 수상, 2002년 한국능률협회컨설팅 2002년 K_BPI(한국

브랜드파워) 1위 선정, 제10회 소비자가 뽑은 좋은 광고상 TV 부문 수상, 한국능률협회컨설팅 고객만족도 1위 선정, 한국프랜차이즈협회 대상 산업자원부 장관상 수상, 한국능률협회컨설팅 2002년 K_DPI(한국산업의 디자인 파워)1위에 선정되는 등 우리나라 산업성장과 함께 해온 만큼 인정을 받고 있다.

이와 더불어 아가방은 국내시장의 한계를 극복하고자 이미 15년 전부터 동종업계 어느 회사보다 앞서 해외시장 개척에도 힘을 기울여왔다. 1987년 미국에 설립한 아가방 U.S.A, 96년과 97년에 각각 설립한 중국 공장과 아가방 CHINA,그리고 지난 해 완공한 아가방 인도네시아 공장과 아가방 베트남공장 등이 속속 설립되면서 해외에서도 유아용품 전문 브랜드의 입지를 찾아가고 있다.

또한 올해에는 코스닥에도 상장하여 회사에 대한 신용도를 대내외적으로 널리 인정받음으로써 신용 있는 국제사회 브랜드로서 한 단계 더 도약할 수 있는 계기를 마련했다.

■ 성공요인 분석

첫째, 경쟁력 있는 전문인력

아가방은 36년의 베이비 산업의 역사와 전통을 갖고 있는 유아용품 전문 기업으로서 디자인, 상품기획과 마케팅 등의 전문인력의 맨파워를 보유하고 있다.

상품기획에 있어서, 가령 소재 개발에서는 키토산과 레이온을 합성한 크레비욘을 이용하여 선보인 바 있으며, 빛을 흡수해 어둠속에서도 빛을 발하는 축광 소재, 최근의 나노실버에 이르기까지 아기를 위해 끊임없이 노력하고 있는 기업이다.

둘째, 본부의 마케팅 지원

베이비 산업의 안정적인 사업성이라는 특성은 기본적인 이 사업의 강점이기도 하지만 이를 더욱 전망 있게 하는 것은 아가방 본사의 강력한 마케팅 지원 노력에 있다. 본사에서는 매장운영을 처음 하는 초보 사업자라도 무리 없이 운영할 수 있도록 많은 노력을 기울이고 있다.

예를 들어 판매지도 사원을 통한 대 고객 서비스교육, 판매기술 노하우교육은 물론 전문 VMD 디스플레이어들의 상시 매장 디스플레이 지원과 다양한 경험을 통해 판매가 잘되는 상품 진열법, 신상품 출시 담당 영업사원들의 세일즈 포인트 교육 등 판매에 필요한 모든 상황을 교육하는 시스템을 갖추고 적극적으로 지원하고 있다.

셋째, 세계적인 명품 브랜드와의 제휴

아가방은 아가방 브랜드에서 더 나아가 세계적인 명품 브랜드를 만들기 위해 월드디자이너로 선정된 패션 디자이너 홍은주씨와 에프와 브랜드를 론칭하기도 했다. 그리고 국내 최초로 나노 실버 기술을 이용하여 항균도가 100% 가까이 이르는 항균 젖병을 개발하기도 했다.

따라서 현재의 자리에 안주하지 않고 소비자가 원하는 것이 무엇인지를 재빠르게 파악하고 남들이 생각하지 못했던 것까지 생각하고 한발 먼저 앞서가는 것이야말로 아가방이 국내 유아용품 브랜드의 대명사라는 현재에 이르게 만든 가장 근접한 요소로 꼽을 수 있다.

황무지나 다름없던 유아산업에 기초를 다진 아가방은 누구도 생각하지 못한 것을 먼저 생각한 그 힘으로 업계서 가장 높은 자리까지 오를 수 있었다. 또한 일치감치 국내시장의 한계를 파악하고 해외시장으로 고개를 돌린 점은 지금의 아가방이 세계시장에서도 고급브랜드로 인식되며 세계의 어린이들의 생활 가까이 다가가는데 부족함이 없을 것이다.

■ 업체정보

·업　　종 : 유통업/ 출산준비물
·설립시기 : 1979년 국내 최초 아기용품 전문회사 아가방 탄생
·가맹시기 : 1979년
·가맹점수 : 788개(2015년 2월 현재)
·홈페이지 : www.agabangncompany.com
·연 락 처 : Tel 02)527-1430

12. 교촌치킨

■ 사업의 시작 및 성장

현재의 교촌치킨의 성장은 누구도 예상치 못했다. 권원강 대표는 고등학교를 졸업하고 노점상, 막노동 등 갖은 고생 끝에 국내 프랜차이즈시장에서 돌풍의 주역이 되었다. 권 사장은 "미국, 스페인, 호주, 중국 등에서 가맹점 문의가 잇따르고 있다"며 "미국식품의약국(FDA)에 신청한 위생규격검사결과가 나

오는 대로 해외시장 개척에도 적극 나서 세계가 인정하는 토종 브랜드로 성장시켜 나겠다."고 밝힌 바 있다.

경북 칠곡군 가산면 천평리에 본사를 둔 ㈜K&G시스템의 권원강 대표은 교촌치킨이라는 토종브랜드로 누구도 예상치 못한 성과를 일궈냈다. 1991년 3월 권 사장이 경북 구미에 교촌치킨 1호점을 개설할 때만해도 세계 굴지의 브랜드들이 즐비한 치킨시장에서 과연 '얼마나 버틸까'라는 냉소적인 시각이 지배적이었다.

그러나 24년이 지난 현재(2013.10.31) 교촌치킨 가맹점은 무려 943여개에 달한다.

(주)K&G 시스템의 교촌치킨 본사는 경북 칠곡군 가산면에 위치해있다. 지난 91년 구미에 1호점을 개설한 이후 13년 만인 2003년 8월 800호점을 돌파했다. 연매출액은 1741억원, 전국 가맹점의 일일 평균 매출액은 130만~140만원에 이른다.

교촌은 우리나라 토종 치킨브랜드가 외국 브랜드를 제치고 국내시장을 지킬 수 있다는 가능성을 시사해주는 사례로 평가받고 있다. 특히 해외로도 진출을 모색하고 있어 이러한 추세라면 머지않아 우리 고유의 먹거리 브랜드가 세계적인 다국적 기업과도 겨뤄볼 만하다는 희망마저 주고 있다.

'교촌'은 순수 향토기업으로 고급치킨 프랜차이즈를 표방하며 지역 토종 브랜드의 터줏대감으로 군림하고 있으며, 성공가도만이 있을 뿐 실패가 없는 진기한 현상을 빚고 있다.

올해 부산과 경기도에 물류창고를 건립하고 서울지역에 집중적으로 가맹점을 확장할 계획인 이 업체는 미국식품의약국(FDA)에 위생규격 적합 판정을 받아 해외진출도 적극적으로 추진하고 있다. 지난해 태국과 일본 및 중국 등지의 현지 시장조사를 마쳤고 미국, 스페인, 호주, 중국 등지에서 가맹점 문의가 잇따르고 있다. 이런 공로가 인정되어 2014년 소비자선정 한국프랜차이즈 우수브랜드 최우수상을 수상한 바 있다.

최근에는 "별에서 온 그대"라는 드라마에 힘입어 수출에서도 많은 성과를 거두고 있다.

■ 성공요인 분석

첫째, 소비자 목소리를 반영한 서비스

이와 같은 교촌치킨의 사업 성공의 비결은 고객을 우선시하는 정도경영에 있다. 권 대표가 직접 사업 초기 직접 배달을 다니며 소비자의 현장 목소리를 수렴해 영업에 반영했으며 이런 시스템은 지금도 적용되고 있다.

둘째, 다른 비결은 교촌치킨만의 독특한 소스 맛

교촌치킨만이 낼 수 있는 "한국인의 입맛에 꼭 맞는 '잊을 수 없는 맛'"이 가능하게 만들었다. 교촌치킨만의 독특한 소스는 까다롭다는 미국 FDA로부터 다이어트식품으로 적합 판정을 받았다. 기업경영대상과 서비스 경영대상 수상 및 서비스 품질 우수기업 인증을 추진하고 있는 교촌치킨은 특별한 맛과 서비스, 완벽한 프랜차이즈 시스템, 수익성 높은 아이템으로 나날이 가맹점이 증가하고 있다. 또한 태국, 일본, 중국 및 유럽 등으로 진출하고 있다.

셋째, 타 치킨브랜드로부터의 차별화

교촌의 성공비결은 다른 브랜드와의 차별화 전략이다. 다른 프랜차이즈 업체들이 외래어를 사용한 반면 교촌은 한국적 이미지의 상표를 선택했다. '향교가 있는 고을'이라는 뜻을 가진 명칭에서 느낄 수 있듯 신토불이 이념을 실천하는 순수 토종 기업이다. 아울러 또 다른 차별화는 국내에서는 처음으로 지난 96년 닭날개와 닭다리 등 부분육 판매를 시도한 점이 그것이다. 거의 버려졌던 닭날개를 소재로 개선이 거듭돼 지금은 가장 인기 있는 메뉴로 자리 잡은 '교촌골드'가 메뉴 차별화의 대표적인 사례다. 여기에 재료도 차별성이 확연하다. 하나같이 순천연재료들이다. 화학조미료를 쓰는 것은 사람의 건강을 해치므로 범죄보다 나쁜 일이라는 생각에 고기를 튀기는 기름에서부터 소소한 양념 재료에 이르기까지 화학성분이라고는 눈 씻고도 찾아 볼 수 없다. 그래서인지 동업종 중에서는 가장 높은 가격임에도 불구하고 최고의 인기를 누리고 있는 것이다.

넷째, 세계화 전략

세계적 브랜드로 외국브랜드에 잠식되는 우리나라 먹거리 시장을 수호하고, 오히려 해외에도 진출해 우리 음식을 세계에 알리겠다."는 계획을 갖고 있다. 이제 전국 곳곳에 외국 프랜차이즈의 간판이 서서히 내려지고, 우리의 토종브랜드인 '향교가 있는 고을'이 요소요소에 간판을 걸게 될 전망이다.

■ 업체정보

·업　　종 : 외식업/치킨전문점

·설립시기 : 1991. 3. 교촌치킨 1호점 개점

·가맹시기 : 1991년

·가맹점수 : 943개 (2015년 현재)

·연 락 처 : Tel 031)371-3500

13. 김가네김밥

■ 사업의 시작 및 성장

과거 김家네김밥 브랜드를 출범할 당시만 해도 보잘 것 없었다. 그러나 김家네김밥을 가맹사업화하기 전 분식업을 염두에 두고 6개월 넘게 전국 각 지의 이름난 분식점을 돌아다니면서 시장조사를 철저하게 한 결과 내린 결론은 두 가지였다.

그 중 하나는 종합분식보다는 전문분식으로 승부를 걸어야 승산이 있다는 판단 하에 김家네김밥을 도입하였으며, 다른 하나는 마케팅 차별화 전략으로 고객에게 즉석에서 실현하는 즉석김밥이라는 차별화된 콘셉트가 탄생하게 된 것이다.

94년 3월 김家네 김밥이란 브랜드로 시작한 즉석김밥 전문점은 오픈하자마자 고객이 몰려들었다. 당시 김밥집들은 주방에서 만들어 쌓아놓고 손님이 오면 썰어서 내주는 식으로 장사해오던 것을 고객이 오면 즉석에서 김밥을 만들어 주었고, 또한 두세 가지에 불과한 속재료를 아홉 가지 이상이나 넣었다. 점포를 찾는 고객들은 즉석에서 말아주는 재미에 끌린 데다 탁월한 맛에 매료됐다. 발 없는 말이 천리를 간다고 김家네김밥은 몇 달 지나지 않아 대학로 명소 가운데 하나로 자리를 굳혔던 것이다. 김家네김밥은 김밥을 만드는 조리과정을 길거리에서도 훤히 볼 수 있게 쇼윈도형으로 꾸며 놓았는데, 이것이 젊은 고객층을 매장으로 끌어들이는 요인이 됐다. 점포 인테리어도 당시 분식집으로서는 획기적이라 할 만큼 깔끔하게 단장했다. 당시 인테리어는 2003년 7월말 현재에 이르기까지도 전국에 400여개가 넘는 김家네김밥 가맹 매장의 주요 콘셉트 구실을 하고 있다. 김家네김밥이 소문이 나면서 가맹점을 요청하는 문의가 들어왔고 96년에 신천점과 연대점 등이 OPEN하면서 고객으로 문전성시를 이룰 만큼 장사가 잘 되자 여기에 자신감을 얻어 본격적으로 가맹점 구축과 함께 지금의 김家네 가맹본부라는 기업체가 설립된 것이다. 김家네김밥이라는 브랜드 이미지는 토속적인 친근감을 줄뿐만 아니라 '맛으로 승부를 건다'와 '가장 전통적인 것이 곧 세계적인 것'을 추구하며, 언제나 고객을 먼저 생각하는 경영, Vision을 제시하는 경영을 실천하고 있는 김家네 가맹본부의 브랜드로서 역할을 수행하고 있다.

현재 김家네 가맹본부는 외식산업 종사경력 12년의 가맹본부 사장과 임직원 80여명이 선진국형 사원복지제도 속에서 한 가족처럼 근무하고 있다. 가맹망으로서는 서울본사를 포함하여 경인지사, 부산지사, 대전지사, 광주지사, 대구지사를 중심으로 400여 개의 가맹점을 확보 운영 중이며 명실상부한 전국적 가맹망(제주지역 포함)을 구축함은 물론 FAST FOOD의 본고장인 미주 지역을 시작으로 "김家네김밥"이라고 하는 브랜드를 세계시장에 진출하기 위하여 지속적으로 해외시장조사를 해오고 있으며, 2014년에는 중국청도에 3호점을 개설하는 등 해외시장도 꾸준히 개척하고 있다.

아울러 국내시장에서 소비자들로부터 확실하게 자리매김한 선진국의 외식업체들을 추월하기 위해 김家네가맹본부는 2013년 우수브랜드 대상 명목으로 한국프랜차이즈대상 수상에 이어 2014년 대한민국 100대 프랜차이즈에 선정되기도 했다.

■ 성공요인 분석

첫째, 소자본, 소점포, 초보자에 적합

김가네김밥은 초보자에게 오히려 노하우가 많은 프랜차이즈로 유리하며 적은 투자, 적은 공간으로 다른 사업보다 부가가치가 월등하며, 쉽게 안정을 찾을 수 있다.

둘째, 계절과 경제상황과 관계없이 안정적

김가네김밥은 경기변동과 계절변화에도 비교적 안정적이다. 이것은 경기호황은 물론, IMF이후로 경기불황이 지속되어 외식소비지수가 감소되는 현재 상황에도 오히려 매상에 별 영향이 없는 유망업종이라는 것과 김밥과 분식은 폭넓은 고객에게 끊임없이 사랑 받는 사계절 음식이라는 것이다.

셋째, 김가네만의 독특한 맛

그리고 김家네가 자랑할 수 있는 독특한 사항 중 하나는 김家네의 슬로건인 "맛으로 승부를 건다."와 같이 맛의 정통성 및 노하우를 유지한다는 것이다. 이를 위해 외식문화를 선도하는 끊임없는 연구개발과 다양한 맛과 어머니의 정성스러운 맛을 내기 위한 즉석김밥의 노하우 정통성 유지에 힘쓴다. 또한 전 가맹점의 장인 정신을 기틀로 고영양, 저칼로리, 톡톡 튀는 김밥과 분식의 하모니로 개성파 신세대의 입맛을 돋구게 하는 메뉴의 다양함과 독특함을 유지하고 있으며, 무엇보다도 외식 프랜차이즈사업의 기본인 신선도가 유지된 맛 관리 및 맛의 표준화를 위해 앞에서 언급한 맛의 정통성과 제품의 노하우가 가미된 식자재 공급에 있어 가맹본부는 업계 최초로 PDA 주문시스템 도입 및 중앙전산시스템을 갖춰 중앙물류 공급이 이루어져 어디에서나 동일한 재료의 맛을 전국 가맹점에서 확인할 수 있게 하고 있다. 그리고 첨언하자면, 「대학로 김家네」는 제품구입과 메뉴 개발시 가맹본부 연구개발실의 실험과 주요 지역에서 운영하는 여러 교육장의 고객 자문 SYSTEM을 통하여 성공한 제품만을 공급함과 동시에 하루가 바쁘고 주머니가 가벼워진 고객들이 식도락 감각을 잃지 않도록 가맹본부와 가맹점은 CO-WORK SYSTEM으로 고객 사랑의 장인정신을 더욱 발휘하고 있다.

넷째, 경쟁력을 가진 서비스 마케팅

김家네 전 가맹점의 경쟁력을 강화시킨 것은 서비스 마케팅이다. 이것은 임직원의 체계적인 교육훈련과 WIN-WIN 전략, 그리고 적은 투자로 가맹본부의 과학적 상권분석, 영업보호 및 TOTAL MARKETING을 통해 부를 창출할 수 있게 하는 것이다. 그리고 현대적 감각의 낭만과 고감도의 인테리어로 고객에게 편안한 공간을 제공하고, 끊임없는 마케팅지도 및 독특한 조리교육으로 전가맹점의 매출증대에 이바지하며, 고객들에게 부담 없는 메뉴가격과 시간의 중요성을 인식한 빠른 회전율, 김家네 특유의 차별화된 개성파 서비스를 제공하고 있다. 또한 본사내에 ERP 전산 프로그램이 가동되어 CRM을 통해 1차 고객인 김家네 매장 관리가 원활하게 이루어지고 있으며, 궁극적으로 가맹본부와 가맹점간에 모든 정보의 공유채널이 확보되어 최종 고객에게 한층 업그레이드된 서비스로 환원되고 있다.

■ 업체 정보

·업   종 : 외식업/분식
·설립시기 : 1994년 대학로 김가네김밥 본부 설립

· 가맹시기 : 1996년

· 가맹점수 : 400개 (2015년 현재)

· 홈페이지 : www.gimgane.co.kr

· 연 락 처 : Tel 02)923-7127, Fax 02)923-1916

14. 네네치킨

■ 사업의 시작 및 성장

광고가 아닌 맛과 가맹점의 수익성이 소문나서 번창하는 '알짜' 프랜차이즈의 독창적인 사례가 바로 '네네치킨'이다. '네네 후라이드치킨'은 광고 마케팅보다는 5년간의 치킨 가공업의 노하우를 기초로 탄탄함을 주무기로 구전과 추천에 의해 성공한 프랜차이즈 기업으로 꼽히고 있다.

특히, 발 빠른 시장분석과 대응이 '네네'브랜드의 탄탄한 기반을 닦는 밑거름이 되었다. 시장의 기호변화에 충족할 수 있는 지속적인 메뉴개발과 최고급 원료육을 고집하는 충직스러움이 자연스럽게 가맹점의 이익 극대화로 이어지면서 주효한 전략으로 작용했다.

치킨은 유행을 타지 않으며 특히, 불경기에 더욱 경쟁력이 있는 창업아이템 중 하나이다. 아이들 영양간식으로, 맥주안주로 남녀노소를 가리지 않고 꾸준한 인기를 누리고 있다.

'네네치킨'은 현대인의 까다로운 입맛을 사로잡기 위해 제조법을 달리하여 '배터딥'(Batter Dip) 방식으로 닭고기를 튀겨낸다. 배터는 밀가루 등의 반죽을 뜻하는 말로 배터 딥은 닭고기 표면에 기름기가 잘 스며들지 않는 반죽을 입혀 튀기는 것. 저칼로리 저지방 음식을 찾는 현대인들에게 필요한 입맛을 찾아낸 셈이다.

네네치킨의 가장 큰 매력은 역시 '맛'이다. 한번 찾은 고객의 50%는 고정고객이 되고 20%는 마니아층이 되고 있다. 맛의 차별화가 이뤄 낸 결과다.

네네치킨의 매력은 맛뿐만 아니라 포장도 색다르다. 피자박스 형태의 용기는 그 동안 치킨을 먹을 때 부수적으로 따라오는 음식을 거추장스럽게 펼치고 먹던 불편함을 없앴다. 네네치킨은 용기 안에 치킨 먹을 때 필요한 다양한 음식을 한꺼번에 포장해 '깔끔한 한상'으로 맛을 즐길 수 있도록 했다.

"네네후라이드치킨"은 (주)혜인유통이 프랜차이즈 본사이며 이 회사는 1995년 2월15일 닭고기 가공업체

로 출발하여 그 동안 일반 치킨점, 닭갈비 전문점, 정육점, 초등학교 단체급식 등에 좋은 육질의 닭고기를 공급해왔다.

이를 기반으로 1999년 4월 네네치킨 가맹사업본부를 설립, 2015년 2월 현재 212호점이 문을 열고 있다. 주로 수도권 북부지역에서 강세를 보이던 네네치킨이 70호점을 넘기면서 지방에서도 서서히 소문이 나면서 지금은 제주지역을 제외한 명실상부한 전국 가맹망을 구축 시켰다. 네네치킨은 내실 있게 다져온 강인한 브랜드파워와 맛이 경쟁력의 원천이다.

맛과 포장은 물론 원료육의 신선도도 빼놓을 수 없는 요소이다. 국내에서 가장 신뢰도 및 인지도가 좋은 닭고기전문업체인 마니커와 목우촌에서 위생적으로 도계한 최고급 로열등급인 10호(1,000g) 원료육만을 사용한다. 따라서 물류도 도계 시점 3

일 이내에 가맹점에 공급하는 콜드시스템을 갖추고 있다. 도계 과정에서부터 최종 조리까지 식품의 안정성과 신선도 확보를 위한 위생시스템이다.

매장 인테리어도 저렴한 개설비용에 비해 예사롭지 않다. 기존 동네 치킨점의 주점 이미지에서 벗어나 패스트푸드풍의 인테리어 콘셉트로 현대적이고 고급스러움이 배어나온다.

네네치킨의 메뉴는 고객 취향에 따라 조금씩 맛이 다르게 구성되고 있다. 핫스파이스 치킨은 부드럽게 씹히는 담백함 뒤에 은은한 매운 맛을 내며 느끼함이 전혀 없다. 이에 비해 마일드치킨은 육질에서 배어나오는 순한 맛과 촉촉한 부드러움이 일품이다. 양념치킨은 자체개발한 매콤달콤한 소스로 감칠맛을 낸다.

네네찜닭은 매콤하고 쫄깃한 전통의 맛을 그대로 재현한 소스를 자체개발해 퓨전요리의 진수를 보여준다. 그 외 닭다리, 닭날개, 스모그, 로스트, 후라이드, 바비큐, 순살, 돈가스 등의 서브메뉴도 선보이고 있다.

이와 같이 네네치킨은 외식업이 마케팅 전략도 중요하지만 생명체의 존엄성과 책임감을 가지고 최고의 맛과 품질, 서비스를 만들어냄으로써 고객 감동은 물론, 가맹점도 만족하도록 최선을 다하고 있다. 외형의 확대보다는 내실을 먼저 생각하고 가맹점 사업자의 수익을 먼저 고려하는 기업이념이 네네 성공의 근간이 되어 왔으며 앞으로도 변함없는 마음가짐과 빠른 시장 대응으로 모두에게 기쁨과 만족을 예고하고 있다.

또한, 싱가포르에 6호점(2014.12)을 개설하는 등 해외 진출도 한류에 힘입어 꾸준하게 순항중이다.

■ 성공요인 분석

첫째, 맛

위생적으로 도계한 신선한 고급 브랜드의 닭을 주재료로 하므로, 원료육부터 기존 치킨과 차별화를 시도하였다. 자체 개발한 염지재(16가지 고급 재료)를 첨가하고, 덤블링이란 과정을 거치므로 독특한 맛을 내고 있다.

닭고기에 일정의 코팅을 하는 배터딥(Batter Dip)과정을 거쳐서, 조리시 기름이 스며들지 않고 닭고기의 수분을 보호하여 속은 촉촉하고 부드러우면서 겉은 바삭바삭한 맛을 낸다.

둘째, 포장

국내에서 유일한 피자박스 형태의 포장박스(의장등록 제0251881호)은 보기에도 좋아 제품의 이미지를 고급화하였다.

고객이 포장을 열기만 하면, 상을 차릴 필요 없이 바로 먹을 수 있도록 고객의 편의를 도모하였다.

셋째, 매장이미지

기존 치킨점의 주점 이미지에서 벗어나 패스트푸드풍의 밝고, 건전하고, 위생적인 이미지로 매장을 꾸며 가족들이 쉽게 이용할 수 있도록 만들었다.

■ 업체 정보

·업　　종 : 외식업/치킨
·설립시기 : 1999년 5월 네네치킨 가맹사업본부 발족
·가맹시기 : 1999년 6월

·가맹점수 : 212개 (2015년 2월 현재)

·홈페이지 : www.nenechicken.com

·연 락 처 : Tel 02)930-6152

15. 놀부보쌈

■ 사업의 시작 및 성장

놀부보쌈은 국내 한식 외식업계에서 중요한 위치를 차지하고 있다.

(주)놀부는 1987년 5월 신림동 뒷골목에서 현 대표인 오진권, 김순진 부부가 5평의 점포에서 '골목집'이라는 상호로 시작되었다.

그 뒤 12평 규모의 '놀부보쌈'이 현재 (주)놀부의 모태가 되었으며 88년 인근에 2호점을 시작으로 89년 놀부보쌈 체인 1호점을 상도동에 개업하면서 본격적인 체인사업에 뛰어들었다. 그 뒤 1989년에 시작한 체인사업은 계속되어 현재 놀부부대찌개, 놀부보쌈, 놀부솥뚜껑삼겹살, 시골상차림 '놀부집' 등의 브랜드를 가지고 있고, 충북 음성에 중앙공급식주방(Central Kitchen) 시스템을 구축하였다.

(주)놀부는 한국 외식업에서 한식의 매뉴얼화를 최초로 도입하였고, 전통음식의 현대화와 고유음식의 개발에 힘을 쏟고 있다. 국내 고유 외식업체중 부부공동운영이라는 새로운 프랜차이즈 문화를 생성시켰으며, 한식의 해외진출, 전통문화의 대중화에 계속적인 노력을 하고 있다.

그리고 1989년에 KBS 상점경영 금상을 수상하였고 그 이후로 여러 차례 수상을 하였으며 가장 최근에는 2000년에 실시한 한국프랜차이즈 시상식에서 공로상을 수상하였다.

또한 2014년까지 5년 연속 고객 만족 우수기업 1위의 영예를 안았으며 98년 9월에는 MBC 다큐멘터리 〈성공시대〉에 방영되기도 했다.

2003년에는 지식경영체제 출범으로 인해 '매일경제 지식경제 아카데미'에서 주최한 지식경영리더 양성 과정에서 놀부가 제출한 논문이 지식챔피언상을 받는 성과를 거두기도 했다.

현재 놀부창업전략연구소를 창업하여 많은 창업자들에게 창업에 관련된 상담 및 정보를 제공하는 등 창업자들에게 놀부만의 노하우 전수에도 힘쓰고 있다.

앞으로 (주)놀부는 지식경영을 통해 궁극적으로 놀부가 갖고 있는 '외식조리학교'나 '외식컨설팅 사업'이라는 중장기적인 목표의 근간을 마련할 계획이다.

■ 성공요인 분석

첫째, 오진권, 김순진 두 경영인 부부의 공동운영.

김순진·오진권 창업자 부부는 지금까지 소형점포에서부터 외식기업의 톱 매니지먼트가 될 때까지 모든 일을 같이 의논하고 고민하고 실행하는 동반자요, 동업자로 알려져 있다.

처음 신림동에 보쌈집을 개업하여 '놀부보쌈'이라는 간판을 내 걸었던 두 사람은 직원 한 명 고용할 수 없을 정도로 영세한 규모였다.

그때 오진권 씨는 직접 고기를 썰거나 담아서 내가는 일을 도맡아야 했고, 김순진 씨는 보쌈을 만들고 설거지를 담당했다.

메뉴 콘셉트를 잡기 위해 신림동, 방배동, 신촌의 구석구석을 뒤지고 있을 때도 두 사람은 동행했고, 새벽시장에 배추를 사기 위해 중고 베스타에 히터를 켜놓고 새우잠을 자거나 꼼장어의 원조격 식자재를 구한답시고 부산행 열차로 한밤을 달렸을 때도 오진권·김순진 두 부부는 떨어지지 않았다.

김순진 회장의 논리적인 사고, 언변, 추진력과 오진권씨의 세련된 미적 관심과 조리감각은 서로가 상대방을 이해하고 보완해 나가는 데 결정적인 역할을 하였다.

오진권 회장은 종종 각종 강연과 기고를 통해 놀부의 성공요인을 설명하는 과정에서 부부공동의 외식업 참여가 결정적인 원인이었다고 털어놓는다.

오진권 김순진 부부는 본인들의 경험에서 크게 힌트를 얻어 훗날 본격적으로 프랜차이즈사업을 시작하여 가맹점을 모집하는 과정에서도, 부부공동운영을 원칙으로 하였고 이것이 무시 못 할 점포 운영의 성공요인이 되었음은 이미 입증된 상태이다.

둘째, 철저한 현장 중심의 경영.

'현장 제일주의'의 자세는 놀부가 법인체로 변신하여 수백 명의 직원을 두고 국내외에 레스토랑을 오픈하는 등 발전을 거듭하기까지 초지일관 주장되어 온 내용이다.

놀부의 두 경영인은 창의력을 발휘하고 메뉴 콘셉트를 정하고 사업계획을 구상할 때 한가하게 책상에 앉아서 구상하지 않았다. 주방에서 일을 하면서, 음식을 시식하면서, 모범업소의 방문을 통하여 연구하고 계획한 것들이었다.

좀처럼 신규 점포의 점주들과 상면할 기회가 많지 않을 만큼 업무의 범위가 넓어진 요즘에도 막상 실무에 들어서면 와이셔츠를 걷어 부치고 고기를 썰어 보이며 시식을 권하는 사람들이다.

프랜차이즈사업을 전개하면서 가맹점 사업자들을 교육할 때도 잡다한 점포 경영의 이론이 있었겠지만 우직하게 일대일의 현장교육을 실시한 것이 가장 큰 성공의 원인이 되었다.

셋째, 색깔과 맛 모두 만족할 수 있는 메뉴개발

보쌈에 대해서 초보자라 할 수 있는 놀부의 메뉴가 고객의 시선을 모은 것은 한마디로 메뉴의 개발이다.

우선 보쌈의 주재료인 돼지고기를 연하고 부드러우면서도 기름기가 빠진 담백한 상태로 만드는데 성공하였고, 색깔도 먹음직스런 빛깔을 유지하는 등 품질에 만전을 기해 고객들에게 크게 어필했다. 종전에 한국 땅에서 유행하던 보쌈의 형태에서 크게 벗어나 배추와 속을 따로 분리하여 고기, 배추 속이 각각 한 접시에 정갈하게 담겨져 나간 것은 종전의 메뉴와는 확실히 다른 김순진·오진권 부부의 히트작이었다.

1980년대 후반 국내에서는 전통음식에 대한 관심이 높아감과 동시에 서민들 일각에서는 음식을 즐기려는 식도락의 경향이 태동하기 시작했다. 이 때 놀부의 보쌈이 서민들이 선호하는 정갈하고 깨끗한 음식, 배추와 속을 분리한 상태에서 고객이 스스로 음식을 즐기는 프로세스 엔조이(process enjoy)를 충분히 만족시켜 주었던 점도 고객의 욕구와 일치하였다. 또한 부대찌개, 유황오리, 순대국밥 등 다양한 요리의 개발이 소비자들의 욕구를 자극하기에 충분하였다.

넷째, 지식경영체제 구축

놀부는 지난해 지식경영의 분위기를 마련, 조직 변화와 직원

역량 함양을 꾀하기 위해 '지식조직추진본부'를 출범했고 이는 올 초 '지식경영위원회'로 승계되면서 본격적인 지식경영 체제가 출범하게 됐다.

현재 지식경영위원회가 가장 활발하게 벌이고 있는 활동은 자신의 업무분야에 대한 노하우를 정리해 제출하는 지식보고서로 놀부는 매월 전 직원이 참여한 지식보고서를 50여부 발행, 직원들이 자유롭게 열람할 수 있게 하고 있다.

더욱이 지난해에는 개인별로 제출했던 보고서를 올해부터 팀별로 운영하면서 개개인의 핵심역량 개발 및 직원간의 지식 공유 외에도 팀프로젝트를 통한 유대감, 역할분담 능력을 양성하고 있다. 최근 제출된 지식보고서에 따르면, 총무과는 타 업체의 인사, 급여에 대한 비교분석, 경리과는 세금상식, 기획실은 기획 업무의 프로세스, 영업기획부는 캐쉬백에 대한 보고서를 제출했다.

놀부는 이렇게 축적된 지식DB를 언제든 검색, 공유할 수 있도록 2003년 6월부터 그룹웨어를 구축해 시범 가동 중이다.

■ 업체 정보

·업　　종 : 외식업/한식
·설립시기 : 1987년 5월10일 신림동 뒷골목의 12평 점포 '놀부보쌈'이 토대
·가맹시기 : 1989년
·가맹점수 : 665개 (2015년 현재)
·홈페이지 : www.nolboo.co.kr

·연 락 처 : Tel 1899-4891(창업문의)

16. 뚜레쥬르

■ 사업의 시작 및 성장

제일제당의 베이커리사업은 국내의 기존 베이커리들이 갖고 있던 여러 가지 문제점을 식품 전문기업으로써의 첨단기술과 노하우를 이용하여 해결해 보고자 시작되었다.

일반 영세한 제과점에서는 인건비 부담과 다양한 제품 구색을 갖추는 데에 한계가 있었으며 대규모 제과체인에서는 신선도 유지가 관건이었다.

제일제당은 베이커리 사업에 진출하면서 "냉동반죽"을 도입하여 매장에서 직접 굽는 신선한 빵을 제공하는 프랜차이즈 베이커리 개념을 국내에 뿌리내려 이러한 문제들을 모두 극복하였다.

베이커리 사업을 추진하고 있는 베이커리BU(business Unit)는 기획, 마케팅, 영업팀이 서울에 위치하고 있으며 대전과 대구, 부산에 지점이 있어 지역 가맹점의 영업지원을 담당하고 있다. 또한, 냉동반죽 및 케익 제품을 생산, 배송하기 위한 공장이 충북 음성에 있다.

뚜레쥬르는 2002년 처음으로 크리스마스 때 베이커리 브랜드들은 대부분 고객의 성원에 보답하기 위해 샴페인을 준비했지만 예쁜 인형을 선물했다. 이것은 또 한 번의 뚜레쥬르의 차별성을 인식시킬 수 있는 기회였다. 이렇게 감사의 선물로 인형을 생각해 낸 사람들은 다름 아닌 뚜레쥬르의 점주들이다.

그들은 실시간으로 본부의 온라인 설문에 응했고 그 결과에 따라 판촉 아이템이 결정되었던 것이다.

본부와 가맹점을 유기적으로 연결시켜 주는 네트워킹 능력이 부족했다면 불가능했을 일이다. 첨단 전산시스템과 온라인을 이용한 뚜레쥬르의 네트워킹 시스템을 통해 본부와 가맹점이 생생한 현장정보를 공유하고 이에 대해 마케팅·홍보 방안을 함께 모색할 수 있는 것이다.

최고의 기술로 감동과 함께 빵맛을 즐길 수 있다는 장점으로 남녀노소 가리지 않고 많은 사람들이 뚜레쥬르를 찾고 있다. 이런 인기로 인해 신선한 빵뿐만 아니라 에스프레소 커피, 생과일주스 등 다양한 음료까지 제공하는 중·대형 매장을 선보였다. 서울 안국동에 위치한 뚜레쥬르가 바로 그곳이다. 획일화된 기존 매장 스타일에서 벗어나려는 뚜레쥬르의 이러한 시도는 예비창업자들에게도 호응을 얻고 있다. 선택할 수 있는 매장 형태가 다양해졌기 때문이다.

또한 뚜레쥬르는 이익을 사회에 환원해야 한다는 기업의 책무를 다하기 위해 북한어린이돕기운동에서 결식아동 체험학습 행사까지 본부 차원에서 다양한 활동을 펼치고 있다.

2001년 8월 27일 청와대에서는 김대중 전 대통령 부인 이희호 여사로부터 그간의 사회공헌 활동에 대한 감사패를 받았다. 2001년 5월에는 "사랑의친구들"이 주관한 낙도 어린이 초청행사에서 베이커리 제빵 직업 훈련원에서 낙도, 농촌의 어린이들에게 직접 빵을 만들어 자신들이 만든 빵을 먹게 하는 체험행사를 제공했다. 또한 2001년 7월에는 삼성복지재단 주관의 소년소녀가장 초청행사에서도 제빵체험 프로그램을 운영하기도 했다.

2010년 뚜레쥬르는 다시 한번 "빵집다움"을 찾아가기 위해

레너베이션을 단행했다. 매일매일 따뜻한 빵을 굽는 정성을 넘어, 밀가루, 물, 버터, 소금 등 빵에 가장 중요한 재료를 바로 잡으면 더욱 고객을 감동시킬 수 있지 않을까하는 생각에서 스스로를 새롭게 하는 작업을 한 것이다. 새롭게 바뀐 뚜레쥬르의 가장 큰 포인트는 다시CJ제일제당의 제분노하우를 바탕으로 시작했던 가장 처음으로 돌아가, 가장 자신 있는 부분인 기본 재료를 더 경쟁력 있게 만드는 것이었다.

2013년 베트남 30호점, 2013년 말레이시아 진출, 2014년 중국진출 등 해외 진출도 활발하게 이루어지고 있다.

2010년 까지 한국 서비스 품질지수 (KS-SQI) 4년 연속 1위 수상하는 등 고객 만족도도 매우 높은 기업이다.

■ 성공요인 분석

첫째, 매일 매장에서 직접 굽는 빵

뚜레쥬르는 모든 빵을 100% 매일 굽는 유일한 프랜차이즈다.

모든 빵을 매장에서 직접 구워내는 시스템을 운영하기 때문에 고객에게 가장 신선한 빵을 언제나 공급할 수 있는 차별화된 경쟁력을 갖고 있다.

둘째, 초보자도 운영 가능

뚜레쥬르는 본사의 점포기사 파견 제도가 있어 초보자라도 점포 운영이 가능하다. 이것은 국내 최고수준의 제빵 훈련원 3개반을 운영하며 고급 인력을 자체 양성하여 점포에 파견하기 때문이다.

셋째, 최고 수준의 마진

업계 최고 수준의 마진으로, 점포 경쟁력을 갖추고 있다. 평균 56%까지 제공되는 업계 최고 수준의 매출 이익으로 업계 최고의 가맹점 수익을 실현하고 있는 것이다.

넷째, 단골고객 확보

각 점포마다 마일리지 카드를 통해 단골 고객을 확보하고 있으며 이것은 곧 점포의 경쟁력으로 이어지고 있다. 사용 실적이 누적되고, 점수에 따라 생활에 필요한 다양한 사은품이 직접 제공되기 때문에 단골 고객 확보가 용이하다. 현재 가맹 점포 당 약 3,500명의 카드고객이 있다.

다섯째, 첨단 정보시스템

뚜레쥬르는 첨단 정보시스템을 갖추고 있어 선진화된 매장운영이 가능하다. 주문·생산·매출관리는 물론 본부와 가맹점간 각종 정보를 즉시 공유할 수 있으며, 단골 고객에게 E-mail 판촉도 할 수 있는 등 선진 마케팅이 가능하다.

■ 업체 정보

·업   종 : 외식업/제과
·설립시기 : 1996년
·가맹시기 : 1997년
·가맹점수 : 1270여개 (2015년 현재)
·홈페이지 : www.tlj.co.kr
·연 락 처 : Tel 080-376-8888(창업문의)

17. 롯데리아

■ 사업의 시작 및 성장

롯데리아는 1979년 소공점을 개설한 이래 한국 외식산업을 주도하며 꾸준한 성장을 거듭하여 왔다. 특히 롯데리아는 꾸준한 경영기술 혁신과 과감한 투자 및 상품개발로 최근 수년간 30~40%의 높은 성장률을 기록하는 등 국내 외식산업에서 그 유래를 찾아보기 힘든 발전을 이룩하였다.

1993년 9월 중국 베이징에 진출, 합작사를 설립하여 1994년 11월 중국 베이징 롯데리아 1호점을 개점하였다. 1997년 5월 중국 하얼빈에 진출하였고, 1997년 6월 코리아세븐(주)을 흡수합병한 후 롯데리아(주) 편의점사업부로 운영하고 있다.

햄버거 대기업인 롯데리아가 양과 품질을 중시한 상품전략을 강화하고 있다. 양이 많고 야채를 많이 사용 상품들이다. 대형 햄버거 BB의 판매가 호조를 보임에 힘입어 신데리야끼버거를 발매했다. 디저트 등 사이드 메뉴를 확충하고 소비자에게 품질이 좋아졌음을 어필하고 있다. 저가격 전략을 전개하고 있는 맥도널드와 품질로서의 차별화를 명확히 하려는 전략이다.

롯데리아는 작년에 햄버거와 치즈버거의 가격을 맥도널드와 같은 수준으로 인하했었다. 그러나 맥도널드는 올해 들어서도 반액 세일 등 저가격 공세를 강하게 취하고 있어, 롯데리아는 이후 차별화를 위한 특징 있는 상품 만들기에 힘을 쏟고 있다.

롯데리아는 창립이후 국내패스트푸드점산업의 선두주자로서 합리적인 경영계획으로 적극적인 이익구조개선을 거듭해왔다.

1797년 창립년도에 불과 2개월 남짓한 기간에 소공점 직영점1 개점만으로 5,800만원의 외형매출을 기록한 이후, 1987년에 외형매출 100억원 돌파, 1992년 500억원 돌파, 1994년 1,000억원 돌파, 1996년 2000억원 돌파 등 업계 신기록을 경신해왔다.

또한 1993년에 북경낙천리식품유한공사를 설립, 국내 패스트푸드 업계 최초로 중국진출에 성공해 사업영역을 해외로 확장하였다. 현재 롯데리아는 국내에서 시장점유율 40%대를 유지하면서 업계 선두주자 위치에 성공했다.

최초 롯데리아 브랜드의 주안점은 식사 대용품으로서의 제품 이미지를 바꾸는 것이었고, 다음으로 한국적인 맛의 개발을 통한 토종 기업 이미지를 부각시켜 외국의 대형 브랜드들과 차별화시키는 것이었다. 또한 기업이윤의 사회환원을 통해 윤리적 기업 이미지를 형성하였다. 롯데리아는 한국적인 맛의 개발을 통해서 토종 기업 이미지로의 확보에 주안을 두었다. 이를 위해 불고기버거, 불갈비버거, 라이스버거, 새우라이스버거 등 한국인의 입맛에 맞는 메뉴를 꾸준히 개발하였다. 광고 또한 이러한 이미지를 부각하여 김국진, 남희석 그리고 양미라로 이어지는 친근하고 한국적인 이미지의 모델들을 기용하여 소비자들에게 재미를 주기도 하였다.

롯데리아는 브랜드 이미지를 위해 1998년도에 시작된 결식아동모금 캠페인, 1999년 환경기금 캠페인, 2000년에는 좋은세상만들기 캠페인으로 사회봉사와 이윤의 사회환원을 통한 활동도 지속하고 있다. 이러한 캠페인 외에도 재활용비누 생산, 일회용품의 재활용운동, 각종 환경운동 등에 꾸준히 전사적 차원에서 동참하고 있다.

또한 1999년부터 청소년 대상으로 시행하고 있는 환경콘서트는 청소년들의 환경에 관한 관심을 더욱 고조시키고 있다.

현재 롯데리아는 세계적인 패스트푸드 브랜드로써 성장해 나가기 위해 주력하고 있다. 이미 중국에도 상당수의 점포가 진출해있고 작년 말에는 동종 업계 최초로 국제적 품질 기준인 'ISO 9001 인증'을 획득하였고, 명실상부한 국제적인 품질, 서비스 기준을 갖추게 되었다.

2012년에는 대리점 1,000점을 돌파하였다. 최근에는 시장상황의 다변화와 나홀로 가정의 증가로 인하여 홈서비스 판매 분야가 오프라인 매출의 절반을 차지하고 있어 매출증가에 도움이 되고 있다.

■ 성공요인 분석

첫째, 한국의 입맛에 맞는 다양한 제품 출시

롯데리아는 불고기버거, 불갈비버거, 라이스버거, 새우버거, 새우라이스버거, 치킨버거 등의 다양한 제품을 개발하여 한국인들의 입맛에 맞는 한국적인 메뉴를 선보임으로써 입맛의 선점을 꾀하고 있다.

둘째, 고객 친화 정책

고객들과 좀 더 친밀하게 접근함으로써 편하고 맛있고 저렴한 제품을 맛볼 수 있게 하는 것이다. 광고에서도 패스트푸드의 특성에 부합될 수 있도록 대중적이며 즐겁고 재미있는 롯데리아 특유의 광고 스타일을 유지하고 있다. 시청률 높은 프로그램 위주의 TV광고에서부터 지하철, 버스, 빌보드광고 등 옥외광고까지 고객들이 쉽게 접할 수 있으며 고객층과 매체의 특성에 맞는 광고를 지향하고 있다. IMF 시기에도 롯데리아는 광고투자를 아끼지 않았으며 이와 같은 적극적인 광고전략은 매출 향상뿐만 아니라, 회사 이미지 제고에도 크게 기여한 것으로 나타났다.

셋째, 원활한 유통시스템

롯데리아는 전국 어떤 매장에서나 원활한 유통을 위해서 신선한 원재료를 신속하고도 적시에 공급받을 수 있도록 신정보시스템을 구축하고 있다. 이를 통하여 고객들에게 보다 고품질의 제품을 제공할 수 있게 하고 있다. 이것은 기흥, 김해, 옥천 세 곳에 위치하고 있는 물류센터를 통해 전국매장과 업무를 상호 실시간 전산으로 교류하여 모든 원자재의 신선도 유지는 물론, 매장별 매출 추이에 즉시 연동하여 배송할 수 있는 최상의 과학적 시스템을 갖추고 있는 것이다.

■ 업체 정보

·업   종 : 외식업/패스트푸드

·설립시기 : 1979년

·가맹시기 : 1979년

·가맹점수 : 1068개 (2015년 현재)

·홈페이지 : www.lotteria.com

·연 락 처 : Tel 02)709-1162

18. 원할머니 보쌈

■ 사업의 시작 및 성장

할머니(김보배. 1930년생)는 원할머니보쌈의 박천희 사장 장모다. 처음 1965년 문을 연 보쌈집은 간판도 없었다. 할머니가 운영한다고 사람들은 그냥 할머니보쌈집이라고 불렀다. 박천희 사장이 가게를 물려받은 1984년부터 할머니보쌈이라는 상호를 정식 사용했는데, 장사가 잘되자 상호 모방이 잇따랐고, 약속이나 한 것처럼 전부들 원조를 들먹였다. 이들 엉터리들 때문에 덤터기를 쓰게 되는 일까지 생겨나자 박사장은 1989년 원할머니보쌈으로 상호를 변경, 등록했다. 원할머니보쌈이라는 이름의 '원'은 원조(元祖) 원이자 으뜸 원(元)이다.

박 사장은 처음에 그저 일손이나 덜어주자는 마음으로 퇴근길에 들르게 되었고 이러면서 자연히 외식업에 관심을 갖게 된 것이다. 해외의 매뉴얼화 되어 식당경영에 맞춰 한식의 표준화를 시도하면 성공할 수 있을 것이라는 생각을 갖게 되었다.

초창기에는 돈이 달려 사업에 어려움을 겪었다. 가맹사업 개시 2~3년에 가맹점은 겨우 10~20개, 계속 돈이 들어갔다. 프랜차이즈에 대한 점주들의 인식이 턱없이 부족했던 당시, 박사장은 도둑놈 소리까지 들어야 했다. 하지만 맛있다는 입소문을 타고 가맹점을 내달라는 사람들이 제 발로 찾아왔다. 지난 IMF 시절, 소자본 창업자가 늘면서 가맹점 수가 연 20%씩 증가했다.

그러나 10년 넘게 가맹사업을 벌인 것에 비해 가맹점 수가 결코 많지 않은 이유는 바로 김치 때문이다.

보쌈김치는 숙성시키지 않은 겉절이어서 온도 유지가 맛의 변수가 되는 탓에 유통기한이 짧을 수밖에 없다. 이틀만 지나도 맛이 뚝 떨어진다. 원할머니보쌈의 맛을 그대로 전해줄 수 있는 곳에만 가맹점을 내주었고 서울에서 먼 지방에는 가맹점을 열 수가 없었다. 이런 이유로 원할머니보쌈 가맹점이 수도권 경인 지역에 편중되어 있다.

2001년 말, 원할머니보쌈은 서울 성수동에 연면적 1000여 평의 신사옥을 지었다. 사옥에는 식품제조 공장을 완비했다. 이는 '외식업의 경우 식자재의 중앙공급 설비 유무가 프랜차이즈 경쟁력을 좌우한다.' 박 사장의 지론에 의한 것이다.

그는 공장 또한 규모가 아닌 품질이 중요하다는 생각에 기계 하나하나를 주문 설계, 제작했다. 일 생산량 10톤의 김치제조 설비(232평), 일 생산량 1000벌의 족발제조 설비(228평)를 비롯, 소스·양념·새우젓 생산 설비와 제품개발실을 갖추었다.

공장은 자외선 살균 옷장에 보관된 가운과 모자를 걸치고 손소독기에 양손을 쪼인 뒤에야 공장 안에 들어설 수 있다. 김치 공장에서는 야채에 수돗물 냄새와 염소 성분이 배지 않도록 정수(淨水)만 쓴다. 무, 배추 등속은 자체 개발한 5단 자동 야채 세척기에서 씻긴다. 다량의 야채를 손쉽게 이동시키는 '호이스트'는 반도체 공장에서나 쓰는 제품으로, 오일이 아닌 공기로 기기를 작동시켜 이물질 유출을 방지한다. 아무리 무거운 것도 가볍게 옮길 수 있는 '호이스트'는 작업하는 직원의 허리 부상까지 막아준다. 양념배합실은 외인출입금지다. 배합 비율이 회사 기밀이기 때문이다. 이렇게 깨끗이 씻고 맛깔스레 양념한 보쌈김치는 아이스 팩이 들어간 박스에 담겨 각 가맹점으로 생생한 상태에서 배송되는 것이다.

원할머니보쌈은 이렇게 김치공장의 시스템을 갖추면서 김치의 유통기한을 1주일로 연장시키는 '숙성지연'기술을 개발했다. 이로 인해 지방에도 맛을 유지하면서 대리점을 개설할 수 있게 되어서 명실상부한 전국 점포망을 구축하게 되었다. 2006년 현재 50여개의 지방 체인점을 구축하였다.

원할머니보쌈은 이런 노력으로 1998년 한국프랜차이즈 대상(동아일보/매일경제신문사), 2000년 프랜차이즈 우수브랜드상(한국능률협회), 2001년 한국프랜차이즈 대상(대한상공회의소/한국프랜차이즈협회), 2001년 한국프랜차이즈 우수브랜드상(산업자원부), 1999년부터 2002년까지 프랜차이즈 우수브랜드상(한국능률협회) 4년 연속 수상, 2002년 한국외식경영대상(한국외식경영학회/한국외식정보㈜),2013한국프랜차이즈 대상 중소기업청장상 (우수가맹점 부분) 6년 연속 수상(한국프랜차이즈협회),2014 매경 100대 프랜차이즈 선정, 한국서비스품질우수기업 인증 (한국서비스진흥협회) 등을 수상했다.

■ 성공요인 분석

첫째, 차별화된 맛

음식장사에서 가장 중요한 것은 맛이다. 맛있는 집의 소문은 눈 깜짝할 새 천리를 간다. 원할머니보쌈의 경우에는 워낙 본점의 보쌈 맛이 장안을 뒤흔들 정도로 유명했기 때문에 그것을 제대로 매뉴얼화하여 프랜차이징 하는 것이 최대의 관건이었다. 매뉴얼화 하는 데에는 어려움이 따랐지만 각고의 노력으로 이를 이루어 내었다. 주방설비 하나에서 배송차에 이르기까지 생산제품과 연결되는 모든 과정은 최상의 맛을 유지하기 위한 시스템으로 짜여 있다. 여기에 끊임없이 연구 개발하는 자세가 더해져 항상 소비자들에게 맛있는 보쌈을 맛볼 수 있게 해주고 있는 것이다.

가맹사업을 시작한 지 10여 년 동안 김치 연구에 총력을 기울여 최근에는 김치의 유통기한을 하루에서 일주일로 연장시키는 쾌거를 이루기도 했다.

보쌈김치는 숙성시키지 않은 겉절이여서 온도 유지가 맛의 중요한 변수로 작용하기 때문에 유통기한이 짧을 수밖에 없다. 원할머니보쌈의 가맹점이 수도권에 집중되어 있는 것도 이 때문이다. 맛을 지켜가기 위한 또 하나의 노력으로 가맹점의 맛을 꾸준히 관리해주는 메뉴바이저 시스템을 별도로 운영하고 있기도 하다.

둘째, 연구 개발 노력을 게을리 하지 않는 자세

원할머니보쌈은 김치맛의 개발과 보관방법연구에 심혈을 기울였다. 밤낮으로 연구를 거듭했다. 점차 보관기간이 늘어나고 용기개발도 동시에 이뤄졌다. 3일정도 보관하고도 맛이 변치 않은 보쌈김치를 만들어 내게 된 것은 본격적인 연구개발에 착수한 지 10여년만인 최근의 일이다.

맛을 지켜가기 위한 또 하나의 노력으로 '메뉴바이저'를 운용한다. 가맹점의 조리 과정은 메뉴바이저들을 통해 철저히 관리되고, 가맹점 운영과 서비스 등은 슈퍼바이저들이 맡는다. 2001년 도입한 무선 주문 시스템도 결국 맛 관리를 위한 것. PDA 단말기를 이용, 각 가맹점이 고기와 김치 등을 실시간 주문함에 따라 물류 배송 시간 단축은 물론, 재고를 대폭 줄이는 효과를 가져왔다. 단말기를 통해 본사의 공지 사항을 알리는 등 가맹점과의 정보 공유도 활성화됐다.

셋째, 철저한 가맹점 관리

본사에서는 가맹점의 맛 관리를 위해 식자재 공급 및 검수까지 직접 챙겨주고 있다. 기초 재료에 대한 관리는 생산공장에서 진행하고, 그 다음 조리과정은 메뉴바이저들을 통해 철저하게 관리되고 있으며, 가맹점 운영 및 서비스에 대한 관리는 슈퍼바이저들이 맡는다. 슈퍼바이저는 매장 운영을 위한 주변 상권 분석은 물론 경쟁업체에 대한 대응법, 매장 운영시간 조정 및 배달, 홀 영업의 노하우 등을 알려주고 의논하면서 가맹점 사업자들의 어려움을 해결해주고 있다.

최근에는 가맹점과의 소통이 더욱 원활해질 수 있도록 커뮤니케이션 시스템까지 구축했다. 원할머니보쌈에서는 지난 2001년부터 가맹점에 PDA를 통한 무선 주문관리 시스템을 도입했는데 이로 인해 본사와 가맹점 사이의 연결고리가 더욱 튼튼해지는 결과를 가져왔다. 가맹점 사업자들은 PDA를 통해 본사의 자료들을 편리하게 받아볼 수 있을 뿐 아니라 빠르고 편하게 본사와 의사소통을 할 수 있게 되었기 때문이다.

많은 예비창업자들이 원할머니보쌈을 원하는 이유는 메뉴가 가진 강점과 믿음직스러운 본사가 전폭적인 지원을 해준다는 점에서 일 것이다. 30년도 넘는 세월 동안 변함없이 원조 보쌈의 맛을 보려고 모여드는 청계 8가 본점의 고객들만 보더라도 안정성은 어느 정도 확보된 것이라 하겠다.

■ 업체정보

·업   종 : 외식업/한식

·설립시기 : 1984년 1월 보쌈전문점 시작

·가맹시기 : 1991년 8월

·가맹점수 : 232여개(2015년 현재)

·홈페이지 : www.bossam.co.kr

·연 락 처 : TEL 02)3408-2000(창업문의)

19. 쪼끼쪼끼

■ 사업의 시작 및 성장

생맥주 전문점 쪼끼쪼끼를 운영하는 태창가족(대표 김서기)은 지난 90년 문을 연 생맥주전문점 '영타운'이 모태다. 2000년 태창가족이란 이름으로 별도 법인이 세워지면서부터 가맹점이 폭발적으로 늘기 시작했다.

쪼끼쪼끼의 가맹점 한달 평균 순익은 7백~1천만원대이며 가맹점 성공률이 80%이상이라고 회사 측은 강조한다. 쪼끼쪼끼는 생맥주 전문브랜드라는 점에서 일단 차별화된다.

고품격 인테리어와 가족단위로 들를 수 있는 저렴한 가격으로 매출을 극대화한다는 것이 기본 전략이다.

창업희망자를 만나 상담하는 일에서부터 상권조사, 점포개발, 인테리어 공사, 오픈지원, 사후 지원관리 등으로 이어지는 일련의 시스템은 가맹점 사업자들이 다른 점주들을 확보해주는 원동력으로 작용했다.

특히 가맹점을 관리하는 슈퍼바이저의 점포 및 매출관리, 본사가 직영하는 물류센터, 본사 주도의 다양한 판촉이벤트, 지속적인 고급메뉴의 개발보급 등은 본사의 경쟁력이라 할 수 있다.

쪼끼쪼끼 점포의 특징은 우선 대학가나 오피스가가 아닌 주택가 입지에다 가족끼리 갈 수 있을 정도로 깔끔하고 깨끗한 매장 내부다. 이에 따라 주5일 근무제가 더욱 확산되면 가족단위 고객이 꾸준히 확보될 전망이다. 또한 맥주의 맛을 높이기 위해 맥주통 관의 내부를 씻어내는 살균세척기를 도입하고 잔 자체도 영하 20도에서 꽁꽁 얼려 시원한 맥주를 즐길 수 있도록 했다. 이런 전략으로 A급 상권이 아닌 주택가에서도 가맹점들은 성공을 거두고 있다.

본사는 신개념의 맥주를 개발해 가맹점에 공급하고 있다. 종류도 다양하여 커피생맥주, 오미자생맥주, 그린생맥주, 한방생맥주 등이 대표적이다. 이들 맥주는 가족단위의 고객들에게 높은 점수를 받아 입소문이 퍼지고 있다. 계절메뉴 등 30여 가지의 다양한 안주류도 경쟁력의 포인트다.

매콤새콤 골뱅이와 사리, 신선한 과일모듬, 훈제치킨 등이 주력 안주다. 본사의 조리교육을 통해 전 가맹점이 통일된 맛을 제공하도록 체계화했다. 매달 안주 발표회를 열어 채택된 메뉴가 전 점포에 공급되고 있다.

쪼끼쪼끼가 프랜차이즈 시장에서 성공을 거둠에 따라 유사 상표들이 범람하는 해프닝도 일어나고 있다. "블랙쪼끼", "쭈끼쭈끼" 등이 바로 그런 사례다. 따라서 현재 가맹점수를 늘리는 양적 팽창보다 질적 성장을 꾀하고 있다. 기존 점포를 서로 사고팔도록 유도, 경쟁력 있는 가맹점을 집중 육성한다는 방침이다.

태창가족은 후속 브랜드로 치킨바비큐전문점인 '군다리 火

계', 꼬치요리전문점인 '화투'를 내놓았다. '군다리 火계'는 기존의 배달위주 치킨전문점이나 동네상권의 호프치킨점과 차별화, 깨끗하고 위생적인 매장에서 손님이 들어와 먹거나 테이크아웃이 동시에 가능하도록 한 브랜드이다.

2년에 가까운 연구기간에 연인원 2천여 명을 투입해 이 브랜드를 개발했다. 오피스가, 주택가, 복합상권을 두루 커버할 수 있는 점포 콘셉트를 갖추고 있다. '화투'는 세계 각국의 보편적인 먹거리인 꼬치요리를 주력 아이템으로 삼아 한국인의 입맛에 맞도록 변형했다.

태창가족의 기업모토는 "전통에 얽매이지 않고 열린 눈으로 본다."는 것이다. 매주 금요일에 본사 남녀 화장실을 바꿔 사용하는 것도 바로 고정관념을 버리자는 취지다.

매실과 커피, 오미자, 복분자 등을 혼합한 서기그린생맥주, 서기커피생맥주, 서기한방생맥주 등을 개발해 가맹점 고객들에게 제공하는 것도 고정관념을 버리자는 기업문화의 산물이다. 사내의 인력양성 프로그램이나 사회적 기부활동도 업계 모범기업이란 평가를 듣는데 한몫하고 있다.

해외연수나 해외박람회 등에 실무자를 과감히 내보내는 한편 주5일 근무제를 일찌감치 도입, 사원복지에도 앞장서고 있다.

기업의 사회적 책임이란 측면에서 북한어린이돕기 후원금, 휠체어농구대회 후원, 청각장애인 정사원채용, 소년소녀가장 장학금 지급 등 일련의 선행은 프랜차이즈 기업의 이미지를 높이는데 큰 몫을 하고 있다.

쪼끼쪼끼는 2001년~2002년 연속 한국프랜차이즈 대상을 수상하였으며 2002년 제7회 한국유통대상 금상수상, 2002 고대 유통경영인상 대상수상, 2002 대한민국 CEO브랜드파워 대상 수상, 한국창업대상 대상수상, ISO 9001:2000 (품질경영시스템) 인증 획득 등의 경력을 가지고 있다.

또한 2003년에는 한국프랜차이즈대상 '산업자원부장관상 수상', 디지털프랜차이즈대상 '산업자원부장관상'을 수상했다.

■ 성공요인 분석

첫째, 음주문화의 변화

1990년대 초반에서 후반으로 넘어오면서 우리의 음주문화는 변화를 보이기 시작했다. 주로 직장동료를 중심으로 이루어지던 음주가 이웃과 가족으로 변화된 것이다. 이에 따라 알코올이 많은 음료에서 저알코올로의 변화도 당연하게 따라오기 시작하였고 가무를 겸한 접대식 유흥에서 밝고 쾌적한 분위기의 소형 점포가 각광을 받기 시작했다. 이런 사회적인 분위기 변화에 따라 매출을 극대화를 꾀할 수 있었던 것이다.

둘째, 마케팅의 운영 전략

쪼끼쪼끼는 인테리어를 동, 서양의 조화와 음, 양에 바탕을 둔 지중해 풍의 고품격 인테리어로 설정하였다. 기존의 칙칙하고 어두웠던 호프집의 분위기를 과감히 탈피하고 누구나 편하게 와서 먹을 수 있는 분위기를 추구한 것이다. 또한 음주의 문화가 가족단위로 변하면서 가격부담을 최소화하였다. 메뉴의 대부분이 가족단위로 부담 없이 즐길 수 있는 가격대며 이렇게 차별화된 맛과 분위기 서비스로 승부수를 던진 것이다.

셋째, 철저한 지원 관리

쪼끼쪼끼는 본사에서 가맹점 개설부터 시장조사 및 점포선정을 도와준다. 또한 다양한 판촉이벤트는 물론 쪼끼쪼끼만의 고급메뉴 개발 및 조리교육까지 점주를 대상으로 지원한다.

가맹점들에게 지속적인 시장조사와 소비자 만족조사를 통한 경영 컨설팅을 해주므로 판매, 고객, 매출 관리를 통한 꾸준한 본사 교육이 이루어지는 것이다.

■ 업체정보

·업   종 : 외식업/주류

·설립시기 : 1990. 2 생맥주전문점 "영타운"설립

·가맹시기 : 1998년

·가맹점수 : 350개 (2015년 현재)

·홈페이지 : www.jjokki.com

·연 락 처 : Tel 02)480-4500, Fax 02)424-1360

20. 파리바게뜨

■ 사업의 시작 및 성장

1986년 1986년 10월 ㈜샤니 베이커리 사업부로 발족하여 파리크라상이라는 브랜드로 1호점을 반포에 개점한 것을 시작으로 그해 (주)파리크라상 법인으로 정식 변경하게 된다. 1988년 본격적으로 파리바게뜨라는 브랜드로 탈바꿈하면서 제1호 광화문점을 개점하게 되었다. 불과 5년 만에 파리바게뜨 100호 가

맹점을 기록하여 최고속 성장 프랜차이즈 기업으로 성장하면서 제과 소비자들에게 선호브랜드로 자리 잡기 시작했다.

사외보 '빵굽는 사람들'을 1992년 창간, 일반인들에게 무료 배포함으로써 현재 파리바게뜨의 중요 커뮤니케이션 채널을 열게 된다. 1994년에는 파리바게뜨 200호점 개점에 이어 1997년 식품기술연구소 설립하고 프랑스의 최신 제과제빵 설비를 도입하였다.

또한 이 해에는 국내 프랜차이즈업계 최초로 600호점이라는 신기록을 남기게 되었다.

98년 한국능률협회로부터 그해의 우수 프랜차이즈 브랜드로 선정되었을 뿐만 아니라 한국프랜차이즈리서치 98 대상 등 각종 상훈과 매해 한국능률협회로부터 브랜드파워 1위 인증을 받아 명실상부 전국적인 프랜차이즈 브랜드로 자리 잡게 되었다. 2003년 8월에는 국내 프랜차이즈 베이커리 가맹 최대 1,100호의 경이적인 기록을 갖고 있다.

현재에는 중국을 비롯하여 미주지역에도 대리점 개설을 하여 좋은 반응을 얻고 있다.

파리바게트는 2015년 현재 약 5,000여개의 점포를 소유한 세계에서 가장 큰 제과-제빵 프랜차이즈 업체다. SPC그룹 또한 지속적으로 성장하고 있다. 매출의 연평균 성장률은 14%이며 2009년부터 2012년까지의 총 수익은 각각 $18억 8천만, $24억 7천만, $33억 1천만, 그리고 $34억 2천만에 달한다. SPC그룹은 식품과 음료 제조업에 종사하는 26개의 자회사들이 있으며, 2012년에 한국에서만 3215개의 점포를 비롯해 미국에서는 LA, Santa Clara, Manhattan, Fort Lee 등에 총 24개의 점포들을 열었고 아시아에서는 북경, 상해, 난징, 호치민, 싱가포르 등에 총 112개의 파리바게트 가맹점을 열었다.

■ 성공요인 분석

첫째, 이미지 마케팅의 승리

파리바게뜨가 무엇보다 중점을 두고 있는 것은 마케팅 전략이고 또한 이것이 일반 소비자에게 참신한 이미지와 마케팅 기법의 적극 활용으로 소비자들이 고급 제과 브랜드로 인식하는데 성공한 대표적 요인으로 설명할 수 있다.

감성에 호소하는 사운드 마케팅인 2000년 "후레쉬벨 캠페인"을 통해 파리바게뜨만의 고급스럽고 세련된 유럽풍의 이미지를 전달하는 데 성공, 소비자들에가 강한 인상을 심어 주었으며, 2001년 '빨간코'이미지 마케팅에서 2002년 '루돌뿔' 이미지 마케팅으로 이어지는 크리스마스 캠페인은 제품에서 포장, 광고, PR에 이르는 통합 마케팅을 실현함으로써 전년대비 20%에 이르는 매출을 신장시키기도 했다.

이와 같은 주도적이고 참신한 마케팅 전략들은 급속 성장의 배경일 뿐만 아니라 지난 1997년 IMF 경제 위기 이후 위축 축소된 베이커리 시장에서도 꾸준한 성장과 그에 따른 매출 실적을 기록할 수 있었던 원동력이 된 것은 혁신적인 업계 주도적 공격 마케팅과 상품 차별화 전략, 이벤트 등 우수한 마케팅 전략을 펼친 데 있다고 볼 수 있다.

둘째, 유럽풍 인테리어와 동류의 이미지 마케팅의 접목으로 고급 브랜드로 승화 노력

프랜차이즈 사업의 중요 차별화 요소 중에 하나인 점포 컨셉트를 기존 Take-out형 베이커리에서 탈피, 서구형 특히 프랑스 카페의 느낌을 도입한 감성적인 인테리어 공간을 마련하는

것으로 이국적인 문화 이미지로 고급 브랜드 이미지를 전달하는 데 주력하여 왔다.

특히 후레쉬벨 이미지 마케팅 전략은 갓 구워낸 프랑스빵의 신선함을 전달하는 매개체로 후레쉬벨의 이미지를 만들고 유럽 풍 인테리어와 접목하여 매장을 방문하는 소비자들에게 이국적인 문화 체험을 시도하였다. 기존 매장의 인테리어를 적극 활용하면서 또 이러한 이미지 마케팅 전략과 잘 접목되어 새로운 고급 브랜드 이미지를 부여하는 데 성공하였다.

셋째, 이벤트 마케팅 전략

위에 언급한 것과 같은 이벤트, 이미지 마케팅 효과들을 광고, PR기사 등과 연계하여 그 효과를 극대화하는 등 프로모션 시행에 있어서도 기존의 직접적인 광고 효과를 통한 마케팅에서 벗어나 이벤트 행사를 통해 소비자에게 간접적으로 신선한 기업 이미지를 형성하는 마케팅을 통해 소비자에 친숙한 브랜드로 다가가는데 노력했다는 것이다. 이 파리바게뜨 마케팅 전략은 여러 업종에서 벤치마킹을 시도할 정도로 독특한 마케팅 전략이었으며 또한 성공한 마케팅 기법이기도 하다.

넷째, 소비자 기호에 맞는 다양한 신제품 개발

다른 업종과 차별화된 제품을 꾸준히 다양하게 개발해 온 것 또한 성공요인의 하나로 꼽을 수 있다. 소비자의 기호 자체를 리드한다는 느낌이 주기 위해 매월 10여 가지 이상의 신제품을 개발해왔고, 결과적으로 '그대로토스트', '포시즌 생크림 케이크', '무스케이크' 등 많은 히트 상품들을 시장에 선보일 수 있었다. 특히 이 신제품 개발에는 소비자 기호 조사를 바탕으로 제품 아이디어를 축적하고, 선진국과의 적극적인 기술제휴를 통해 품질 향상에 힘써, 2000년 상반기에는 약 60여개의 신제품을 개발하여 그중 '파리의 아침', '쁘띠엔젤 케이크'등 15개의 히트상품을 기록할 정도였다.

다섯째, 시장 다변화와 경쟁 심화에 경영 효율성 강화 노력
경영 환경의 변화에 따른 능동적 대처와 원가 및 품질 부문에서의 우위 확보, 전산 시스템의 통합적인 관리 체계 수립을 주요 목적으로 ERP 시스템을 조기 구축하고 시행함으로써 표준원가제 시행이 가능해지고, 기준 정보 관리체계 구축이 가능해짐에 따라 부가가치가 떨어지는 요소들을 제거하여 경영의 효율성을 더 한층 높일 수 있게 되었다. 각 부문별로는 영업, 마케팅 부문에서는 정확하고 신속한 정보에 의한 전략 수립이 가능해졌으며, 제조, 생산, 구매 부문에서는 적정 재고 관리 및 제조비용을 절감할 수 있고, 회계 부문에서는 재무회계 및 관리회계의 투명성과 효율성의 증대를 기할 수 있게 되었다.

또한 소비자의 기호 변화에 대응하기 위해 소비자의 식생활 패턴의 변화를 고려한 제품 개발, 시장 지배를 위한 원료의 고급화로 고원가 고부가가치 제품 개발, 제품 정예화 및 제품 다양화라는 세 가지 원칙하에 제품을 개발하고, 꾸준한 해외 선진 기술을 도입하여 타 업체와의 차별화에 성공함으로써 현재의 브랜드 파워 1위의 자리를 3년 연속 고수하고 있는 것이다.

■ 업체정보

·업   종 : 제과점
·설립시기 : 1986년 10월 ㈜샤니 베이커리사업부로 발족
·가맹개시 : 1992년

·가맹점수 : 전국 3,215여개 (2015년 현재)

·홈페이지 : www.paris.co.kr

·연 락 처 : Tel 02)2276-6000(가맹점문의)

21. 한솥도시락

■ 사업의 시작 및 성장

한솥도시락의 이영덕 사장은 주변의 우려에도 불구하고 일본의 테이크아웃 전문 도시락 체인 '혼께(本家) 가마도야'의 노하우를 고스란히 전수 받아 철저히 준비한 자신감으로 1993년 7월, 서울 종로에 한솥도시락 1호점을 열었다. 1980년 설립된 혼께 가마도야는 일본 전역에 3000개 가맹점을 둔 일본 최대의 도시락 프랜차이즈다. 이곳은 3명의 재일 한국인 2세가 일궈낸 회사로 일본 전체 외식업계에서도 랭킹 10위권를 다투는 기업이다. 혼께 가마도야는 한솥도시락의 창업과 성장, 그리고 성공에 큰 도움을 주었다. 혼께 가마도야의 김홍주 사장은 지난 60년대 한국 유학시절 역시 일본에서 고등학교를 졸업하고 서울로 유학을 온 이영덕 사장을 만나 오랜 교분을 나눈 사이다. 김사장은 이러한 인연으로 일본 외식업계의 치열한 경쟁을 이겨내고 성공한 모든 노하우를 아무 조건 없이 한솥도시락에 무상 전수했다. 일본인들의 장인 정신과 뛰어난 기술에 한국적인 음식을 담아 값싸고 질 좋은 도시락을 보급해 조국의 음식문화 개선에 조금이나마 힘을 보태고 싶었다고 한다. 이런 이영덕 사장의 도시락 산업 전망에 따라 시작된 사업은 불과 8.5평의 점포에서 연일 500개 이상의 도시락이 팔려나가고 있는 상황이다.

한때 한둘 정도 경쟁업체가 있었지만, 지난 IMF 시절을 전후로 우리나라 일등 도시락 브랜드 자리를 지키고 있다. IMF는 한솥도시락에 악재이며 호재였다. 경제가 어려워지자 직장인들이 상대적으로 저렴한 도시락을 점심거리로 찾기 시작했다.

그러나 환율 상승으로 원재료 값이 치솟아 도시락 가격을 올리지 않을 수 없었지만 이영덕 사장은 가격 인상을 하지 않았다. 도시락 값을 올리면 가맹점 매출이 떨어질 것이기 때문이다. 한솥도시락은 식자재 공급업자들에게 고통 분담을 호소했다. '지금 도시락 수요가 늘고 있다, IMF 고개만 넘으면 거래 물량이 갑절로 늘 터이니 납품가를 올리지 마라, 도시락의 품질과 가격을 고수하고 가맹점의 경쟁력을 유지해서 고객 신뢰를 쌓도록 하자'고 설득했다. 그리고 이사장은 약속을 지켰다. IMF 한파가 지나갔을 때 한솥도시락 가맹점은 두 배 반이나 늘어나 있었다.

현재 한솥도시락의 가격은 대부분 3000~4000원대이며 반찬만 판매하기도 한다. 이런 가격을 유지할 수 있었던 것은 거래 물량이 지속적으로 늘어나고 물류 등이 꾸준히 업그레이드된 까닭도 있지만, 무엇보다 본사와 식자재 공급회사(제조회사·유통회사), 가맹점이 가격을 고수/인하하는 부담을 나누는 신뢰와 공동체 의식이 있기에 가능했던 것이다.

■ 성공요인 분석

첫째, 한솥도시락만의 유통시스템
본사는 식자재 제조회사를 정하는데, 가장 싸고 좋은 품질의 제조회사로 '가차 없이 신속하게' 교체하기 때문에, 제조회사는 가격과 품질을 유지하기 위해 애쓸 수밖에 없다. 그런데 본사는 제조회사를 결정할 뿐이고, 제조회사와 유통회사가 상호 계약을 맺는다. 유통회사는 또 가맹점과 직접 계약한다. 계약 조건은 '외상거래가 없는 대신 최저가로 공급'하는 것. 한솥도시락 가맹점은 여타 프랜차이즈 가맹점과 달리 유통업체와 직거래한다. 가맹점의 발주에 따라 유통업체가 상품을 배송하는 합리적인 시스템, 고객에게 값싼 양질의 제품을 제공하면서 가맹점에 높은 수익을 보장하는 시스템. 한솥도시락 유통 시스템의 요체는 이렇게 경비를 절감하여 그 이익을 고객에게 돌려주는 것이다. 이것이 한솥도시락 가격 불변의 원동력이자 경쟁력의 바탕이다. 본사에서는 값이 싼 이유로 도시락을 만들어 팔기만 하는 테이크아웃 점포인 데다 배달을 하지 않아 가게 임대비용과 인건비를 줄일 수 있기 때문이라고 설명했다.

둘째, 연수교육제도

연수교육은 가맹점 설립시 음식업에 경험이 없어도 경영주가 될 수 있도록 강의와 직영점에서의 실습을 할 수 있도록 한다. 이를 통해 기업이념, 위생, 조리, 접객, 판촉, 회계 등 모든 분야에 걸쳐 체계적으로 교육하는 것이다. 개업 후에도 수시로 필요에 따라 교육을 실시하며 종업원을 위한 교육제도도 마련되어 있다.

셋째, 가맹점 일본 연수

본사는 해마다 가맹점을 대상으로 희망자를 모집하여 3박4일 일정으로 자매회사인 혼께 가마도야 연수여행을 실시한다. 연수일정에는 혼께 가마도야 본사 방문과 경영진들과의 간담회, 협력업체 견학, 현지 가맹점 방문 등이 포함되어 있다.

넷째, 슈퍼바이저 제도

풍부한 경험으로 무장된 슈퍼바이저가 각 점포를 담당하여 정기적으로 순회하면서 점포운영 상의 모든 문제에 대해 상담을 해준다. 또한 본부와 가맹점의 가교역할을 함으로 협력관계를 도모한다.

■ 업체정보

·업　　종 : 외식업/도시락
·설립시기 : 1989년 3월 (주)유니카통상 법인 설립
·가맹시기 : 1993년
·가맹점수 : 630개 (2015년 현재)
·홈페이지 : www.hsd.co.kr
·연 락 처 : Tel 02)585-1114, Fax 02)5252-522

제14장 프랜차이즈 관련 상담사례

샐러리맨들의 꿈은 창업입니다. 직장 생활을 하며 매달 받는 월급으로 생활에 만족하는 사람들도 있겠지만 대부분의 샐러리맨들은 자기 사업을 하길 바랍니다. 그러나 착실한 준비가 없으면 실패의 가능성도 커지는 법 이 장에서는 프랜차이즈 창업에 관한 상담사례를 모아서 프랜차이즈 창업을 준비하는 분들에게 조금이라도 도움이 될 수 있도록 적어보았습니다.

우선 창업 아이템을 외식업. 그 중에서도 일본식 돈가스전문점 창업을 준비하고 있는 경우 먼저 동종 아이템으로 창업한 선배를 찾아가 여러 가지 궁금증을 대화식으로 풀어보았습니다 (프랜차이즈 창업준비자 Q, 프랜차이즈 선배창업자 A).

프랜차이즈 업체와 입지 선정이 중요합니다

Q : 여러 아이템 중 돈가스점을 선택하시게 된 이유가 있나요?

A : 편의점 창업을 준비하던 중 일본식 돈가스전문점을 알게 됐어요. 남녀노소 할 것 없이 모두가 좋아하는 메뉴라 선택하게 됐습니다.

Q : 창업은 처음이라 프랜차이즈 가맹 형태의 창업을 생각하고 있는데, 어떨까요?

A : 처음 창업하시는 거라면 프랜차이즈가 좋을 것 같아요. 본사에서 교육도 시켜주고 소스 공급도 해주고, 무엇보다 문제가 생겼을 때 상의할 본사가 있어 든든하거든요. 특별히 음식을 못해도 반가공된 상태로 재료가 공급되기 때문에 좋고요.

Q : 돈가스전문점으로 프랜차이징 사업을 하는 곳도 많은데 업체 선정 시 주의해야 할 것이 있을까요?

A : 맛도 중요하지만 주메뉴 외에 어떤 메뉴가 구성되어 있는지도 유심히 보아야 할 것 같아요. 또, 본사에서 운영하는 공장이 있는지, 가맹점 관리는 어떻게 이루어지는지 파악해야 합니다.

Q : 배달 위주로 점포를 운영할 생각인데, 입지를 선정할 때 고려해야 할 사항은 어떤 것들이 있을까요 ?

A : 우선 배달을 할 것인지 아닌지부터 정하는 게 좋을 것 같아요. 배달 위주로 운영할 것이라면 2000세대 이상 아파트 단지 내 상가나 오피스가를 선택하는 게 좋겠네요. 그런데 그것보다 더 중요한 것은 자본금에 맞춰 입지를 선택해서는 안 된다는 겁니다. 상권이 좋은 곳은 권리금이나 임대료가 많이 들게 마련이지만, 그렇다고 목이 좋지 않은 곳에 점포를 얻으면 실패할 확률이 높아지죠. 또 집과 가까운지도 고려해야 합니다. 출퇴근 시간이 길면 쉽게 지치고 소홀해지기 쉽거든요.

인력 관리, 점포 홍보에 특히 신경 쓰세요

Q : 하루 중 제일 바쁜 시간은 언젠가요?

A : 돈가스전문점은 딱히 바쁜 시간이 없는 것 같아요. 다른 외식업종처럼 식사시간에만 바쁜 게 아니고 꾸준히 손님이 옵니다. 점심시간에는 주로 직장인들이나 어르신들이

오시고 저녁 시간에는 커플과 가족 단위 손님이 많습니다. 상권에 따라 다르긴 하겠지만 저희 같은 경우는 주말보다는 주중에 매출이 더 높은 것 같더군요.

Q : 저는 제가 직접 주방에서 일하고 배달은 아르바이트를 쓰려고 합니다. 아르바이트 고용은 어떻게 하고 관리는 어떻게 하시는지요?

A : 아르바이트는 인터넷을 통해 고용합니다. 사실 인력을 관리하는 게 가장 힘들어요. 고용주가 오히려 눈치를 봐야 하는 실정이죠. 특히 아르바이트는 직원과 달라 책임의식이 없는데, 그래서 저는 아르바이트에게도 책임감을 부여시키죠. 가령 일을 그만둘 수밖에 없는 상황이 되면 후임자를 직접 구하게 하고 인수인계도 시킵니다. 또 가족 같은 분위기를 유지시키는 것도 중요합니다.

Q : 요즘 일회용 용기 규제법이 강화된 것으로 알고 있는데 배달시 포장 용기는 어떻게 하십니까?

A : 가까운 곳은 매장에서 쓰는 식기로 배달을 하고 조금 먼 곳이나 포장손님 음식은 전분으로 만든 일회용 용기에 담아 내보냅니다. 전분 용기는 재활용이 가능하기 때문에 규제대상이 되지 않고요, 본사 지원이 가능합니다.

Q : 순수익은 얼마나 되나요?

A : 전체 매출의 25% 정도 생각하시면 될 겁니다. 처음부터 많이 남겨야겠다. 생각하지 말고 느긋한 마음으로 운영하다보면 단골도 늘고 매출도 안정될 거예요. 오픈 초기부터 매출이 오르지 않는다고 쉽게 좌절하고 포기하는 것은

위험한 발상입니다. 최소 6개월 정도 매출 발생 추이를 보고 생각해도 늦지 않아요.

Q : 매장과 배달 외 매출을 발생시킬 수 있는 방법이 있나요?

A : 돈가스는 포장이 용이한 음식이에요. 그래서 단체 도시락 주문을 받는 것도 매출을 높이는 데 좋은 방법이죠.

Q : 점포 홍보는 어떻게 하는 게 좋을까요?

A : 전단지와 판촉물로 홍보하는 게 제일 좋을 것 같아요. 전 단지는 신문 사이에 넣어 배포하기보다 현관이나 우체통 에 넣는 방법 등 일대일 배포를 하는 것이 좋아요. 현관 에 붙일 경우에는 자석이 달린 판촉물을 이용하고요.

Q : 슈퍼바이저는 주로 어떤 일을 해줍니까?

A : 일주일에 한 번씩 방문해 물류 주문부터 가맹점의 애로사 항을 들어주고, 그것을 본사에 전달해 원활히 해결할 수 있도록 돕고 있어요.

선배 창업자가 말하는 돈가스전문점 창업시 주의할 점

- 메뉴 구성을 잘해야 한다. 어느 세대든, 누구든 수용할 수 있는 메뉴가 있어야 매출을 극대화할 수 있다.

- 주방이나 홀의 동선을 고려해야 한다. 돈을 버는 것도 중요하지만 일하는 사람이 편해야 오래도록 운영할 수 있다.

- 청결이 핵심이다. 특히 음식을 만드는 주방을 깨끗하게 관리해야 한다.

- 배달을 염두하고 있다면 판촉물에도 신경을 써야 한다. 한 번 보고 버리는 전단지보다는 저렴하면서도 요긴한 판촉물을 이용해 고객이 점포를 기억할 수 있게 해야 한다.

선배 창업자가 말하는 창업자 자질 두 가지

- 성실함

    개점 시간과 폐점 시간을 꼭 지켜야 한다. 사소한 것이지만 고객과의 신뢰를 쌓는 기본적인 일이다.

- 적극성

    매출이 저조하다고 쉽게 낙담하지 말고 좀 더 적극적인 자세로 임해야 한다.

가맹점 본사를 철저히 의심하고 경계하라

프랜차이즈 산업이 발전함에 따라 다양한 형태의 피해사례도 속출하고 있습니다. 프랜차이즈 본사의 의도적인 행위나 가맹점 창업자의 부주의에 의한 인재 등 날로 늘어만 가는 프랜차이즈 피해사례를 통해 이 같은 피해를 사전에 예방하도록 합시다.

강남구에 사는 주부 이씨는 얼마 전 프랜차이즈 창업을 시도했다가 엄청난 시련에 몸서리를 쳐야만 했다.

결혼 후 가정주부로 살아온 이씨가 창업을 결심한 것은 남편이 실직으로 낙담해 있는 모습을 보고 난 후이다. 자신의 일을 할 수 있게 되었다는 것과 남편의 짐을 덜어줄 수 있다는 생각으로 창업을 준비한 이씨가 제일 먼저 한 일은 사업 아이템의 결정. 괜찮은 아이템을 찾기 위해 이씨는 시·구청과 백화점 등의 창업 강좌 및 문화 행사에 다니며 정보를 수집했다.

그러던 중 이씨는 A매체가 주관하는 C기관의 문화 강좌를 통해 독특한 교구로 교육사업을 하는 프랜차이즈를 접하게 되었다. 매스컴에 자주 등장하는 전문가가 진행하는 강좌인 만큼 믿을 수 있다는 생각에 이씨는 '혹시'라는 생각은 접어두었다. 교육사업이니 자식의 교육열이 불타는 부모들 극성을 이용한다면 승부를 걸어볼 만한 사업이라고 판단했다. 또한 중등교사 자격증이 있음에도 강단에 서지 못함을 몹시 안타까워하던 이씨는 못 다한 꿈을 펼칠 수 있는 기대감에 가슴이 설레기까지 했다.

본사와 상담 후 창업을 결심한 이씨는 시부모의 도움을 받아 창업을 준비했다. 이씨는 가맹비 5000만원, 물품구입비 6000만원을 지불했다. 본사에서 알선해준 45평짜리 상가 점포를 보증금 8000만원에 임대 계약했다. 창업 준비는 별 무리 없이 일사천리로 진행되었다. 이제 프랑스로부터 교구가 도착하는 일만 남았다. 그런데 문제는 이때부터. 프랑스에서 온다던 교구 도착이 차일피일 미뤄지더니 급기야 상품 공급이 되지 않았다. 또 인테리어 지원도 되지 않아 여러 번 독촉을 했지만 본사의 반응이 시원치 않았다.

불안한 마음에 이씨는 프랑스에 있는 재료상에 직접 확인을 해본 결과 계약 체결 사실이 전혀 없었음을 알게 되었다. 당황한 이씨는 본사에 항의했다. 그러나 어불성설(語不成說), 본사는 허락 없이 프랑스와 직접 접촉을 한 것은 해약 사유에 해당된다며 일방적으로 계약 파기를 통보했다.

이후 본사와의 기나긴 시비 끝에 가맹비 일부를 돌려받은 이씨는, 이대로 포기할 수는 없다는 생각에 프랑스 재료상에서 직접 교구를 들여와 사업을 할 요량으로 재료상과 계약을 하고 사업자등록 절차를 밟았다. 하지만 이씨는 또 다른 난관에 부딪혀 그만 좌절하고 말았다. 이유인즉 자신의 점포가 룸살롱 등 유흥시설이 있는 건물에 있어서 교육시설 인가가 되지 않는다는 것.

결국 이씨는 업종 전환을 하여 창업을 하였지만 이혼까지 거론되는 등 엄청난 정신적, 경제적 피해를 입게 되었다. 이는 프랜차이즈 본사의 역할이 얼마나 중요한가를 보여주는 사례로, 가맹 시 창업자가 본사에 대한 철저한 검증 후 계약을 해야 한다는 사실을 일깨워 준다.

인터넷 프랜차이즈 가맹점 피해사례

명문대학을 졸업하고 무역회사 간부를 지낸 김씨는 귀신에 홀렸던 것 같다고 했다. 직장을 그만둔 후 고민 끝에 창업을 결정하고 자료를 수집하던 중, A프랜차이즈 본사에서 사업설명회를 한다는 신문 광고를 보고 교육을 받게 되었다.

인터넷을 통해 성인용품을 판매하는 전자상거래 사업이었는데 인터넷에 능통하지 않던 김씨에게는 획기적인 사업아이템으로 인식되었다. 인터넷의 생리를 잘 모르기도 하였지만 사업설명을 하는 본사직원의 감언이설이 큰 몫을 하게 되었다. 특히 성인용품을 매장 아닌 인터넷으로 은밀하게 판매하는 사업이 상당한 효과가 있을 것이라는 설명에는 반론의 여지가 없었다. 또한 점포형 창업보다 창업 투자비용도 많이 들어가지 않기 때문에 매력을 느낄 수밖에 없었다.

본사에서 배너광고 등 모든 홍보를 대행해주므로 가맹점은 주문을 받아 배달만 하면 된다고 하였고, 홈페이지 개설 등 기술적인 문제도 본사에서 지원한다고 하니 이거야말로 땅 집고 헤엄치는 사업이었던 것이다.

김씨는 그 자리에서 가맹비로 300만원을 주고 가맹 계약을 체결했다.

홈페이지 제작비 1700만원 초도물품비 1000만원 광고·홍보비 300만원 등 총 3300만원을 투자해 창업을 했다.

그러나 사업을 시작한 지 3개월이 지나도 상품주문은 하나도 없었다. 몸이 달은 김씨는 이때서야 이상하다는 생각을 하게 됐고 상황을 조사해보니 이미 수백 개의 동종 홈페이지가 개설

됐다는 것을 알게 되었다.

공간에 대한 권리가 없는 인터넷공간에서의 판권은 전혀 의미가 없었던 것이다. 김씨는 속았다는 생각에 대책마련을 위해 강남 소상공인지원센터를 찾아갔다. 그러나 계약서를 검토해본 결과 큰 실수가 있었다는 것을 알게 됐다.

계약서에 김씨의 서명날인은 있었지만 가맹본사 대표의 서명날인이 없었던 것이다. 더구나 김씨와 계약한 본사는 이미 폐업신고를 하고 사라진 뒤였다. 이 경우 김씨는 투자한 돈을 돌려받을 길이 없다.

김씨와 같은 프랜차이즈 관련 피해사례는 많다. 이와 같은 피해를 줄이려면 프랜차이즈 계약시 필히 파악하여야 할 사항이 있다. 계약사항을 제대로 점검 안 하고 피해를 당하면 정신적, 경제적 고통은 보상받기가 쉽지 않다.

김씨의 경우 조금만 냉정했더라면 어려움을 겪지 않을 수도 있었다. 프랜차이즈 본사와 상담시 기본적인 수칙만 생각했어도 무모한 계약은 하지 않았을지도 모른다.

중소기업청 산하기구인 소상공인지원센터는 IMF이후 생계형 창업이 늘어나자 소상공인들을 위해 정부에서 만든 기관이다. 예비창업자는 물론이고 이미 창업을 한 사람들에게 무료창업강좌를 실시하고 창업절차, 상권분석, 법률상담, 피해사례를 접수합니다.

지난 1년간 중소기업청 소상공인지원센터에 접수된 가맹점의 고충상담은 400건을 넘었습니다. 이는 내실이 탄탄하지 못한 프랜차이즈 본사가 우후죽순처럼 생겨났기 때문이고 창업자들이 창업을 하기 위한 철저한 연구와 프랜차이즈 시스템에 대한 충분한 이해를 하지 않았기 때문입니다. 김씨의 경우도 마찬가지로 창업을 결심하고 좀 더 꼼꼼히 사업에 대해 알아보았다면 지금의 일은 없었을 것입니다.

고충을 토로한 내용을 유형별로 살펴보면 본사의 허위·과장광고 22.7%, 정보제공 부족 20.5%, 영업권 보장 불이행으로 인한 상권분쟁 13.6%, 인테리어·설비강제, 가맹비 및 보증금 불반환 각 11.4%, 하자있는 상품제공 또는 재고품 강매 6.8% 순으로 나타났습니다.

프랜차이즈 가맹자는 대부분 생계형 사업자이므로 한번 실패할 경우 재기하기가 쉽지 않습니다. 가맹자가 세심하게 주의를 기울여 창업을 하여야 함은 물론이지만 프랜차이즈 본사에서도 건전한 기업가 정신으로 프랜차이즈를 전개해야 할 것입니다.

▷ 프랜차이즈 가맹시 꼭 지켜야 할 수칙

1. 자신이 감당할 수 있는 업종인지를 확인하라.
   아무리 수익성이 높은 업종이라도 창업자가 소화할 수 없는 업종이라면 실패의 위험성이 있습니다. 또한 사회적, 법적으로 인정받고 있는 업종인지를 확인하여야 합니다. 김씨의 경우처럼 온라인으로 상품을 파는 업종에 대한 사업은 좀 더 심사숙고해야 합니다.
2. 두 번째 광고를 신뢰하지 마라.
   광고는 광고 그 자체임을 잊어서는 안 됩니다. 과장이 있을 수밖에 없습니다. 절박한 사람일수록 프랜차이즈 광고를 내용대로 믿으려는 경향이 있습니다. 김씨도 마찬가지였습니다.
3. 반드시 본사에서 상담하라.
   김씨는 사업설명회장에서 본사현황에 대한 최소한의 파악도

없이 설명 내용만 믿고 가맹비까지 내고 너무 무모하게 계
약을 해버렸습니다.

4. 최고책임자와 상담하라.

책임질 수 있는 범위는 직책에 따라 차이가 있습니다. 일반
사원과 관리자는 책임질 수 있는 범위가 다릅니다.

5. 계약서를 철저하게 검토하여야 한다.

문서화되지 않은 내용은 아무런 보장도 받을 수 없습니다.
김씨처럼 가맹본사의 서명 날인을 못 받은 경우는 치명적
일 수밖에 없습니다. 또한 내용도 조항 하나하나를 체크하
면서 검토해야 합니다. 공정거래위원회에서 제정한 표준약
관을 참고하는 것이 최선입니다.

Q. 안녕하세요. 저는 경기도 안산시에 사는 주부입니다. 최근 남편이 다니던 자동차 정비소가 문을 닫는 바람에 실직자가 되었습니다. 지금까지 열심히 모아온 돈으로 소자본 창업을 하려고 합니다. 총 자본금은 2000만원이고 자동차 정비소에서 일한 남편의 경력을 살릴 수 있는 창업을 하고 싶습니다.

A. 실직하신 분들은 대체로 급하게 창업을 준비하는 경향이 있습니다. '급할수록 돌아가라'는 말이 있듯이 서두르지 말고 조금 쉬면서 차분히 단계적으로 일을 처리해 나가십시오. 시장조사나 상담, 창업세미나 등에 참석해 많은 정보를 얻으십시오.

남편 되는 분이 자동차 정비소에서 일한 경험이 있으니 '자동차 관련 특허부품 체인점사업'이 적절할 것으로 보입니다. 2000만원이면 소호형태로 창업이 가능하고 뛰는 만큼 수입을 얻을 수 있습니다.

자동차용 특허품 관련 체인점은 자동차 관련용품을 카센터나 자동차 판매 부품점에 납품하는 사업을 말합니다. 본사에서 개발한 부품을 영업구역내의 영업처에 공급하고 직접 소비자에게 판매하는 일입니다. 자동차에 대한 특별한 지식이나 기술 없이도 가능하며 특히 사무실을 내지 않고도 영업할 수 있습니다.

가맹 계약을 맺은 후 본사에서 제품에 대한 교육과 영업교육을 받고 정해진 구역에서 영업을 하는 형태로 직원을 따로 두지 않고 혼자 영업을 해도 좋습니다. 매달 차량유지비로

50만~60만원이 소요되고 매출 대비 순익이 높은 편입니다.

창업에 필요한 자금은 총 1200만원으로 창업비용도 저렴하여 부담이 없다는 것이 장점입니다.

그러나 이 사업의 관건은 홍보입니다. 오프라인과 인터넷 홈페이지를 통해 홍보하고 직접 발로 뛰는 게 이 사업의 성공 포인트입니다.

Q. 얼마 전 직장을 그만둔 30대 초반의 주부입니다. 어린이 교육관련 사업을 시작할 생각인데 구체적으로 어떤 아이템을 선택하는 게 좋은지 판단이 서지 않습니다. 요즘 2000만원으로도 소호형 교육사업을 할 수 있다고 들었습니다. 좋은 말씀 부탁드립니다.

A. 불경기가 계속되면서도 크게 영향을 받지 않는 사업은 교육사업입니다. 의식주는 최소화하면서도 교육비 지출은 줄이지 않는 것이 요즘 현실입니다. 그 정도로 우리나라의 교육열이 높다는 것을 실감할 수 있습니다.

이러한 교육열을 반영하듯 최근 들어 교육관련 사업아이템이 많이 생기고 있습니다. 인터넷과 방문교육을 통하여 이루어지는 재택 학원사업과 인터넷을 이용한 컴퓨터 관련 방문 교육 사업, 그리고 구연동화 사업, 일대일 어린이 관련 학습교육 사업이 그것입니다.

저렴한 교육비로 질 높은 교육을 받을 수 있는 시스템을 가진 이 사업아이템들은 점포 없이 소호형태로 창업이 가능하며 창업비용은 약 3000만원입니다.

Q. 경제가 어렵다 보니 저도 다니던 회사가 부도를 맞아 실직자가 되었습니다. 대학시절 사진을 찍는 동아리 활동을 한 적이 있는데, 제 취미를 살리면서 사업을 할 수 있는 아이템은 없을까요? 참고로 창업자금은 4000만원입니다.

A. 사진 서비스 관련 무점포 창업아이템 가운데 온라인 사진인화 서비스업을 소개해 드리겠습니다.

'온라인 사진인화 서비스업'이란 즉석 명찰 제작이나 사원증 제작, 그리고 연예인 사진이나 CD를 제작 판매하며, 친구와 찍은 사진을 갖고 포토카드를 만드는 사업을 말합니다. 구체적으로 증명사진, 여권사진, 규격사진, 포토카드, 머그 잔, 액자, 시계, 티셔츠, 속옷 등을 제작 판매하는 것입니다.

이 사업은 디지털 카메라와 조명시설을 갖춘 '모바일스튜디오(Mobile Studio)'차량 사진관을 이용하여 고객이 호출하면 어디든지 가 촬영해주고 팬시상품으로 제작하여 판매합니다.

입지 조건은 학교 주변이나, 번화가 그리고 각종 행사장이며, 창업비용은 차 한 대, 디지털 카메라, 노트북, 조명장비를 포함해 4000만원 선입니다.

Q. 4000만원으로 창업을 준비하고 있습니다. 배달업의 창업 전략과 유망 아이템을 소개해 주시기 바랍니다.

A. 점포 창업자들이 가장 부담스러워하는 것은 권리금, 인테리어 비용 등입니다. 이런 것들이 적게 들어가는 틈새 사업으로 배달사업이 주목받고 있습니다.

기존의 배달사업은 중국집, 분식점 등과 치킨, 피자 등의 간단한 패스트푸드형이었습니다. 이제는 매우 다양한 업종에서 '배달'을 필요로 하고 있습니다. 전통음식인 가정형 김치배달업, 무점포 만두배달, 족발보쌈 배달전문점, 요리보온배달, 가마솥밥 배달전문점, 컴퓨터 네트워크를 이용한 온라인 인쇄배달업 등 외식업에서부터 유통판매업까지 배달사업은 확대되는 추세입니다.

배달사업 아이템으로 창업을 고려할 때 가장 중요한 것은 배달 인력관리입니다. 얼마 전 중국집 등 배달 전통업종 경영주들의 애로사항을 조사한 결과 주방장보다 배달원 관리가 훨씬 어려운 것으로 나타났습니다.

따라서 배달을 주로 하는 사업아이템의 경우 배달인원 관리에 사업의 성공 여부가 달려있다고 해도 과언이 아닙니다. 만일의 경우 가족이나 본인이 직접 배달도 할 수 있는 마음을 가져야 사업을 안정적으로 이끌어 갈 수 있습니다.

Q. 제과점 창업에 관심이 있는데 수익성과 전망은 어떤지, 시설비 등 투자비용은 어느 정도인지 궁금합니다. 또 헬스클럽 사업에도 관심이 많은데 어느 정도 투자해야 하는지 궁금합니다.

A. 제과점의 수익은 나홀로 창업의 경우 50~60%, 체인점 형태는 40% 이하로 보면 됩니다. 지역상권 특성에 따라 수익이 천차만별이며 최근 경쟁이 심화되어 있는 업종 중 하나이므로 창업 전 꼼꼼한 분석이 필요합니다.

창업비용은 15평 기준일 때 점포구입비를 제외하고 시설 투자에 4500만~5000만원이 듭니다.

헬스클럽은 기계, 시설비를 포함하여 60평 기준일 때 1억원 정도가 소요되고(점포비 별도) 영업능력에 따라 전망이 좋습니다. 공간을 활용하여 다이어트 센터를 병행하는 것도 좋은 방법입니다.

"어찌나 말을 잘하던지…: 믿었죠."

남편의 실직으로 동네에서 미장원을 창업한 김씨는 얼마 전 A프랜차이즈회사의 본부 영업부 이사라고 자신을 소개하는 사람의 방문을 받았습니다.

그 사람은 유명브랜드의 액세서리와 상품 카탈로그를 가지고 와 숍인숍 형태의 프랜차이즈 가맹을 권유하였습니다. 처음에는 별로 마음이 내키지 않았으나 영업 이사라는 직책을 가진 사람이 와 명함을 내밀며 "장사가 안되면 언제라도 반품을 받아준다"는 약속까지 하며 가맹을 권유하자 밑져야 본전이라는 마음으로 가맹 계약을 맺었다. 가맹비 50만원과 초도물품대 100만원을 신용카드로 결제하였습니다.

이틀 후 상품이 도착했으나 상품을 본 김씨는 아연실색했습니다. 계약체결 시에 본 유명상표의 제품이 아니고 시장에서 흔히 구할 수 있는 싸구려 제품이었기 때문입니다. 당황스러운 김씨는 배달하러 온 사람에게 항의하고 본사에 전화를 걸어 계약을 체결한 담당 영업사원을 찾았지만 그 사람을 만날 수는 없었습니다. 화가 난 김씨는 본사에 해약을 요구하였으나 해약은 안 된다며 김씨의 주장을 묵살했습니다.

전화를 끊고 김씨는 영업사원이 주고 간 카탈로그와 계약서를 꼼꼼히 검토했다. 그런데 카탈로그와 계약서를 유심히 살펴보던 김씨는 계약 당시 보았던 제품이 유명 회사 브랜드가 아닐뿐더러, '계약서에 명시된 사항 이외에 영업사원과의 어떤 약속도 인정하지 않는다.'는 조항을 발견했습니다.

이대로 주저앉을 수 없다고 생각한 김씨는 소비자보호원에 상담을 요청했습니다. 소비자보호원에서는 소비자의 피해만을 다루는 터라 김씨는 다시 발길을 돌려 사업자간의 분쟁을 다루는 대한상사중재원을 찾았습니다.

김씨의 억울한 사연은 계약서에 중재조항이 명시되어 있지 않아 알선으로 접수가 되었습니다. 알선이란 당사자간에 중재로 분쟁을 해결한다는 서면약정이 없거나 설사 그러한 약정이 있다고 하더라도 법적인 해결보다는 당사자간에 원만한 합의로 분쟁을 해결하기를 원하는 경우에 이용되는 절차를 말합니다.

그렇지만 이 사건의 경우는 피제기자인 체인본부에서 여러 가지 핑계를 대며 중재원에 출두를 하지 않아 할 수없이 중재원 담당자가 제기자인 김씨를 대동하고 체인본부에 출장을 나가서 당사자회의를 개최하였습니다.

체인본부의 주장은 계약서에 나와 있는 바와 같이 계약서에 인쇄된 것 이외에 영업사원과의 어떠한 약속도 인정할 수 없으며, 계약조항대로 한번 계약을 체결하면 현금으로는 반품이 절대 안되고 다른 제품으로 교환은 가능하다고 하였습니다.

결국 약 3시간에 걸친 마라톤 회의 끝에 체인본부에서는 진열장과 간판 홍보물 등은 이미 포장을 다 뜯어서 진열이 된 상태이므로 반환 받을 수 없다며 이에 대한 금액과 신용카드회사에 지급한 수수료 및 영업사원에게 지급한 수당을 제한 나머지 금액으로 100만원의 반환을 최종적으로 제시하였습니다.

이 건은 한 순간의 실수로 약 보름간의 시간낭비와 현금 50만원을 손해 본 사례였습니다.

※ 계약서 상 '이 계약으로부터 발생되는 모든 분쟁은 대한상사중재원의 중재로 해결한다.'라는 조항을 꼭 삽입

프랜차이즈계약은 사업자 대 사업자의 동등한 계약입니다. 이러한 계약에서는 계약자유의 원칙에 따라 당사자합의를 가장 우선하며, 그 당사자합의가 전부 계약서에 조항으로 적혀있는 것입니다. 특히 분쟁이 발생되었을 때에는 당사자간에 구두로 진행된 어떤 것도 한 장의 서면보다 못한 것입니다.

이와 관련하여 대한상사중재원에 접수된 프랜차이즈 관련 분쟁에서 발견된 몇 가지 유의할 사항을 기술하면 다음과 같습니다.

1. 첫째, 영업성이 좋은 품목이라고 하더라도 본부의 신용도가 좋지 않으면 위험하기 때문에 체인본부에 대한 신용조사를 해보아야 합니다. 신용조사방법은 직접 본부를 방문해보는 것이 좋고 신용조사기관에 신용조사를 의뢰하는 것도 좋습니다. 신용조사의 내용은 첫째가 그 본부의 재정상태, 실적 등입니다. 다른 점주들을 방문하여 실태를 살펴보는 것도 좋은 방법입니다. 이러한 신용조사는 계약금을 지급하기 전에 실시하여야 합니다.

2. 둘째, 계약서를 잘 읽어보아야 합니다. 대부분의 계약서가 본부에서 일방적으로 작성한 것들이기 때문에 점주들에게 불리한 조항이 많습니다. 해약조건이나 그 외에 영업촉진 방안으로 본부에서 약속하는 것도 전부 서면으로 받아 두어야 합니다. 서명은 분명히 회사대표 혹은 회사도장으로 되어 있는지 확인하고 모든 계약서를 확인한 연후에 대금지급 절차를 밟아야 합니다. 신용카드번호를 알려주는 것은 바로 현금을 지급하는 것과 같은 것입니다.

3. 셋째, 계약체결여부의 판단은 본인이 직접 조사하여 판단하고 서두르지 말아야 합니다. 대부분의 영업사원은 다른 경쟁자가 많으니까 기회를 놓치지 말고 서둘러 계약체결을 할 것을 종용합니다. 그러나 서두르다 보면 자신도 모르게 실수를 하는 법. 상품의 영업성 및 수익성 등은 본인이 직접

조사를 하여 결정을 하여야 하며 영업사원의 말에 의존하여서는 안 됩니다. 사실 영업이 안되면 해약을 한다는 것은 너무 무책임한 행위라고 볼 수도 있습니다. 천천히 시장조사를 해본 후에 해도 결코 늦지 않습니다.

4. 넷째, 가장 중요한 것은 아무리 주의를 한다고 하더라도 사람이 하는 일이기 때문에 문제가 발생할 수 있습니다. 이러한 경우를 대비하여 계약서에 '이 계약으로부터 발생되는 모든 분쟁은 대한상사중재원의 중재로 해결한다.'라는 조항을 꼭 삽입하는 것입니다. 이 조항이 삽입되어 있으면 만일에 문제가 발생되었을 때에 복잡한 소송을 거치지 않고 중재로서 간단히 해결할 수 있기 때문입니다.

보통 중재라고 하면 '분쟁당사자들의 의견을 적당히 조정하여 분쟁을 해결하는 제도로서 의견조정에 실패하면 소송으로 가는 수밖에 없다'라고 알고 있는 사람이 많습니다. 하지만 우리나라 중재법에서의 중재라는 것은 '사법상의 분쟁을 법원의 소송에 의하지 않고 당사자들이 선정한 중재인들에게 판단을 의뢰하여 그 중재인들이 내리는 판정에 무조건 복종하는 것'입니다.

그렇기 때문에 우리나라 중재법에서는 중재원에서 내린 판정을 법원의 확정판결과 동일한 효력으로 간주합니다.

그러므로 중재원에서 내려진 판정을 어느 당사자가 이행하지 않으면, 법원에 의뢰하여 강제집행이 되는 것입니다. 이 중재판정의 효력은 UN 협약에 의하여 국제적으로도 인정되고 있습니다. 중재는 3개월 내에 판정을 내리도록 하고 있습니다. 따라서 신속하고, 단심제이기 때문에 비용 또한 저렴하므로 특히 상거래상의 분쟁해결에 적합합니다.

대한상사중재원에서 분쟁을 해결하는 방법은 중재 외에 알선이라는 방법도 있습니다. 당사자간에 중재로 분쟁을 해결한다는 서면약정이 없거나 설사 그러한 약정이 있다고 하더라도 법적인 해결보다는 당사자간에 원만한 합의로써 분쟁을 해결하기를 원하는 경우에 이용되는 절차입니다.

알선절차는 법적인 구속력이 없는 절차이므로 알선단계에서 당사자간에 합의를 하지 못하는 경우에는 더 이상 알선을 진행할 수가 없습니다. 그런 경우에 중재계약이 있으면 중재로 해결하거나 중재조항이 없으면 법원에 민사소송을 제기하여 해결하여야 합니다.

알선절차는 법적인 구속력이 없지만 분쟁해결에 상당한 성과를 거두고 있습니다. 국내분쟁사건의 경우 접수되는 사건의 60% 이상이 알선단계에서 해결이 되고 있습니다.

또한 알선절차에서 당사자간에 합의된 내용에 대하여는 90% 이상이 자발적으로 이행을 하고 있습니다. 소송에서 패소한 당사자가 자발적으로 판결을 이행하는 경우가 절반이 안 된다는 것과 비교하면 정말로 놀라운 이행율이라고 할 수 있습니다.

이러한 대한상사중재원을 가장 잘 이용하는 방법은 모든 계약서를 작성하기 전에 중재원에 계약서의 초안을 가지고 가서 상담을 받는 것이고, 만일 분쟁이 발생하면 지체 없이 다시 중재원을 찾아가 해결 방법을 강구하는 것입니다. 분쟁이 발생했을 때 처음에 어떻게 대처하느냐에 따라 분쟁의 해결방향이 결정되기 때문입니다. 대한상사중재원의 상담과 알선은 무료로 진행됩니다.

Q. 커피 자판기를 운영해 볼 생각입니다. 영업이나 사업 경험
　 이 별로 없지만 시간이 많이 드는 일도 아니기 때문에 소
　 규모로 하기에 적당하다고 생각합니다. 수익은 어느 정도
　 되고 자판기는 어디에 설치해야 하는지 궁금합니다.

A. 생각하신 대로 자판기 사업은 퇴근 후 큰 힘을 들이지 않
　 고 할 수 있는 부업형 창업아이템 중 하나입니다. 자판기
　 설치는 대개 구입처에서 알선해 줍니다. 다만 숍인숍이나
　 빌딩 내 입주 시에는 관리부서와 합의가 전제되며 수익을
　 일정 부분 나누는 형태를 취합니다.

　 자판기 사업 취급품목은 커피, 라면, 음료수를 비롯해 포
　 켓 사진 자판기, 여성세정티슈 자판기, 일상 생활용품 자
　 판기까지 다양합니다. 수익률은 커피, 음료수의 경우
　 60~80% 정도입니다.

　 이 사업은 하루나 이틀에 한 번 정도 자판기를 설치한 곳
　 을 순회하면서 제품 보충과 돈 수거만 하면 됩니다. 또한
　 별도의 매장을 갖출 필요가 없어 점포 창업비용 가운데
　 가장 많이 차지하는 권리금이나 보증금 등 점포비용을 내
　 지 않아도 돼 창업비용을 그만큼 절감할 수 있습니다.

　 자판기는 전철역이나 시내 중심가, 전시장, 극장 등 유동
　 인구가 많은 곳에 설치하는 것이 중요합니다. 특별한 운
　 영경험이 없어도 되기 때문에 남성 직장인은 물론 여성
　 직장인들도 시작할 만합니다.

　 창업에 따른 비용은 점포 임대료를 제외하고 500만원에

서 3000만원 정도면 됩니다. 하지만 자판기 파손, 도난 등으로 수익률이 저하될 가능성이 있어 대비를 철저히 해야 합니다. 자판기가 고장이 날 경우 애프터서비스를 체인본사에만 의존하지 말고 간단한 고장은 직접 고칠 수 있는 능력도 갖춰야합니다.

Q. 창업을 준비 중인데 자금 사정이 여의치 않습니다. 창업자금 대출기관이 몇 군데 있는 것으로 알고 있습니다. 알려주세요.

A. 중소기업청 산하기구인 소상공인지원센터의 경우 창업지원대상은 소상공업에서 창업하려는 사람이나 혹은 창업한지 6개월 이내 사람이며, 사치·소비성업종이나 투기성 조작업종은 제외합니다. 지원자금 규모는 책정분 2000억원(2001년 기준)으로 대출 한도는 소요자금의 50%범위 내로 최고 5000만원까지 가능하며 대출금리는 연 6.75%, 상환기간은 4년입니다.

근로 복지공단은 장기 실업자만 해당이 되는데, 점포 사업을 할 경우 점포를 선정하면 공단이 보증금조로 창업자금대출을 해줍니다. 즉, 공단이 임차인이 되어 계약하고 이 점포를 창업자에게 빌려주는 것입니다.

장기 실업자는 구직 등록 후 6개월이 경과한 사람으로서 세대주 또는 주 소득원인 사람의 경우 지원기간 1년(2회까지 연장 가능)에 연리 7.5%를 적용 받을 수 있습니다.

신용보증기금의 경우 시중은행과 업무를 분담합니다. 제조업, 광업, 건설, 운수, 정보처리 등 컴퓨터 관련업종은 신용보증기금에서, 도소매 업종은 은행에서 취급합니다. 은행에서 자금을 지원 받을 때는 신용보금기금의 보증서가 필요합니다. 창업한지 1년 지난 경우는 신용보증기금에서 취급하는데 금리는 연 7~10%로 최대 1억 원까지 가능합니다.

Q. 분당에 사는 주부입니다. 결혼 전에 이벤트 회사에 근무한 적이 있고 오밀조밀 장식하는 것을 좋아하는 성격입니다. 창업 자금 4000만 원 정도로 취미나 적성을 감안해서 할 만한 것을 찾고 있는데 쉽지 않습니다. 주부의 특성을 고려해서 적합한 창업 아이템을 소개해 주시고 창업방법 등을 자세히 알려주시면 고맙겠습니다.

A. 자금규모로 보아 취미 혹은 커리어를 활용한 풍선 이벤트 장식 사업이나 홈관련토탈서비스 사업이 적당할 것으로 보입니다.

이벤트 풍선 장식 사업은 생일 파티, 결혼식, 매장 개업 행사 등 풍선 장식을 원하는 곳에 출장 방문하여 장식해 주는 사업으로 이벤트 틈새 소호 사업으로 인기를 끌고 있습니다. 90년대 초 판촉용 풍선이 널리 보급되며 높은 홍보 효과를 보고 있다는 평판을 받고 있는 풍선장식업은 하트 풍선, 강아지, 요술, 포장, 로고 풍선 등 수백 종에 달합니다. 이 사업을 위해서는 다양한 풍선 장식을 만드는 풍선 아티스트 자격증이 필요합니다. 영업은 기획사, 이벤트 회사, 예식장, 아동 관련 점포들을 대상으로 하는 것이 중요합니다. 운영은 점포, 혹은 소호형으로 가능하고 창업비용은 점포 비용을 제외하고 초도 물품, 인테리어, 집기류 포함 2000만 원 이하로 가능합니다.

홈관련토탈서비스는 네트웍을 통해 베이비 시터, 가사 도우미, 숙제 도우미, 산모 도우미 등을 제공하는 이 사업이며, 부가 홈서비스로 홈크린, 세차, 요리, 미용 관리, 가정식 배달 서비스를 제공합니다.

10평 이상의 점포 형태로 운영되며, 홈서비스에 관심이
있는 주부들이 창업하기에 적당합니다. 창업비용은 점포
비용 제외하고 가입비, 보증금, 프로모션비 포함 3000만
원 이하에서 가능합니다.

Q. 압구정동에 사는 38세의 주부입니다. 창업자금 8000만원을 갖고 부부가 같이 할 수 있는 아이템을 찾다가 아이스크림 사업에 구미가 당겨 체인 본사를 방문하였는데 총 창업비용이 1억5000만 원 정도 든다고 합니다. 제가 가진 자금으로 아이스크림점 창업을 할 수는 없는지, 또 이 사업의 문제점은 무엇인지 도움 말씀 부탁드립니다.

A. 결론부터 말하면, 아이스크림 사업 창업은 8000만원으로 가능합니다. 1억 5000만원이 소요된다는 것은 유명 외국 브랜드의 경우로써 A급 상권의 점포비용 포함된 것으로 보이는데, 아이스크림은 굳이 체인점 형태가 아니어도 되고 3일 정도 교육 후 나홀로 창업도 가능합니다.

구체적인 아이템으로는 국내 브랜드의 생과일 아이스크림 전문점이 좋은데 저지방으로 젊은 여성들에게 인기가 좋아 차츰 이 시장이 커지는 추세입니다.

국산 생과일을 원료로 사용하기 때문에 과일 카페 형태로 운영하는 것도 좋습니다. 예를 들면 생과일 아이스크림을 기본으로 하고 생과일빙수, 생과일쥬스, 과일사라다, 에스프레소커피 등을 판매하는 복합형태로 매장을 꾸려가는 것이 좋습니다. 이 경우 매출은 계절에 큰 영향을 받지 않습니다. 입지는 대형 쇼핑몰 안이 유리하며 대학가나 젊은층 유동인구가 많은 지역이 유리합니다.

창업비용 아이스크림기계, 커피기계, 인테리어비(10평 기준) 포함 3500만 원 정도이고 점포구입비 포함 7000~8000만원이면 가능합니다.

Q. 중국에서 창업을 할까 합니다. TV에서 보니 유명 체인 커피 전문점이 열풍이라 들었습니다. 테이크아웃 커피점 같은 것은 어떨까요? 중국인들의 성향도 잘 모르고 경험도 없는데 조언 부탁드립니다.

A. 최근 중국이 빠른 속도로 발전하면서 많은 변화가 있는 것으로 보아 중국에서의 창업 진출도 조금씩 활로를 띠고 있다고 보입니다.

대다수 중국인들은 패스트푸드점을 선호합니다. 말씀하신 테이크아웃 커피점도 성황을 이룰 것으로 보이는데요. 일단 테이크아웃 커피 전문점에 대해서 말씀드리면, 21세기는 테이크아웃 문화라고 말씀을 드려도 과언이 아닙니다. 생활의 모든 측면이 스피드화 추세에 있어 움직이면서 먹고 마실 수 있는 테이크아웃 시스템이 유행처럼 번지고 있습니다. 중국 역시 젊은 소비자층의 입맛이 고급화되면서 기호 식품으로 고급 커피가 선호되고 있습니다.

이런 점에서 테이크아웃 커피 전문점은 고급 커피숍에서나 맛볼 수 있던 커피를 부담 없는 가격에 판매해 젊은 층은 물론 일반 대중에게까지 인기를 누릴 것으로 예상합니다. 위치는 한국에서와 마찬가지로 번화가가 유리합니다.

Q. 커리(카레라이스) 전문점의 업종 전망에 관해 알고 싶습니다. 여러 가지 이국 음식 전문점이 많은 것에 비해 유독 커리는 별로 활성화되지 않는 것 같은데 그 이유가 무엇인지 궁금합니다.

A. 커리에 대해서 말씀드리면, 카레 가루는 본래 인도 지방에서 많이 쓰였으나 오늘날에는 서양에서도 널리 쓰이며, 제조 회사에 따라 향신료 배합 비율이 조금씩 다르죠. 카레 가루로 루(roux)를 만들어 따로 지은 밥에 곁들여서 먹는 것을 '카레라이스'라 하여 구별합니다.

인도에서는 '카레 포테이토'와 '완두'등을 티(tea) 파티에서 즐겨 먹으며 '카레 에그'나 '카레라이스'와 같이 서양화시켜 먹기도 합니다.

최근 국민 식생활 수준 향상에 따라 식품 외식업에 대한 국민적 인식이 새로워져 음식 문화도 소비자의 입맛을 사로잡을 수 있는 메뉴 개발이 필요하다고 봅니다. 이런 면에서 인도 음식 커리를 우리 입맛에 맞게 퓨전화 시킨다면 사업성이 있다고 보입니다. 기존 시장이 한국식 카레와 정통 인도 커리로 양분화되어 있어서, 틈새 공략만 잘한다면 성공을 확신할 수 있습니다.

스스로 창업보다는 전문화된 체인점을 통해서 창업을 생각해 보시는 것이 좋을 듯싶습니다. 입지는 음식 특성상 여성이나 아이들에게 선호도가 높다는 것을 감안해 선택하십시오.

Q. 지난해 회사를 그만두고 창업을 준비하고 있습니다. 창업 자금은 4000만원이고 소호(SOHO) 형태의 무점포 사업을 생각하고 있습니다. 최근 유망한 무점포 사업은 어떤 것이 있는지 자세하게 설명 부탁드립니다.

A. 먼저 틈새 사업에 대해 설명해 드리겠습니다. 틈새 사업은 소자본으로 접근할 수 있는 아주 좋은 비즈니스 전략인데, 수익성과 현실적인 사업 타당성을 철저히 검토한 후 창업하는 것이 좋습니다.

수익성은 체인본부에서 제시하는 수익률이 현실적으로 가능한 수치인지 따져봐야 합니다. 따라서 사업 타당성은 틈새 소호 사업인 경우 자신 혹은 가족이 발로 뛰며 소화할 수 있는 양인지 계산해 현실적으로 가능한지 꼼꼼히 따져야 할 것입니다.

벤치마킹을 통하여 실제 운영자들을 조사해 보고 문제점은 무엇이고 본부의 지원 상태와 특히 기계를 구입하여 영업할 경우 AS 문제에 대해서도 알아봐야 합니다.

최근 유망한 무점포 틈새 소호 신종 아이템은 '불판 클리닝' 사업이 있습니다. 불판 클리닝 사업이란 고깃집에서 사용하는 불판을 세척해주는 사업입니다. 이 사업은 우리나라 외식업소 중 숯불에 불판을 이용해 육류를 구워 파는 곳이 약 50만 개에 이르는 것으로 보아 유망한 사업입니다.

특히 불판 클리닝 사업은 특허를 획득한 자동화기기를 이용, 기존 불판 세척의 문제점을 말끔히 해결해줍니다. 기존에는 독성이 강한 화학 세제 등으로 힘들게 직접 세척을 해 환경오염도 심각했습니다. 그러나 이 불판 클리닝 사업은 수도 직결식 전자동 클리닝 기계를 이용, 수돗물만으로 손쉽게 세척을 하는 사업으로 사업성이 밝다고 하겠습니다.

입지 조건은 외식업소가 많은 지역이면 좋고 창업비용은 세척기 7대 정도 구입하는 데 3000만원 정도 소요됩니다. 수익성은 개당 세척비 200원, 한 업소당 100개면 2만원, 열 집이면 20만원이고 별다른 재료비가 들지 않기 때문에 80~90%의 마진을 남깁니다.

Q. 창업 자금 2000만원으로 배달업을 준비중입니다. 전문적으로 김치를 만들어 배달하는 사업에 대해 설명 부탁드립니다.

A. 최근 생활수준의 향상과 더불어 건강에 대한 관심이 높아지고 주부들의 사회 참여가 늘어나면서 맞벌이 부부가 증가하는 추세입니다. 이에 따라 주부들의 편의를 도모하는 건강 혹은 자연식 관련 식품들이 인기를 끌고 있습니다.

더욱이 금년 들어 웰빙에 대한 소비 심리가 향상되면서 무공해 건강식이나 선식, 자연식 등을 취급하는 판매점들이 매출에 호조를 보이고 있습니다.

김치 배달 전문점은 유기농법 또는 농약을 쓰지 않고 재배한 배추와 태양초(햇볕에 말린 붉은 고추. 기계로 말린 것보다 윗길로 침)만을 골라 쓰고 우리나라 밭에서 자란 마늘과 파, 생강, 청각 등 갖가지 토종 양념들로 담근 김치를 배달하는 사업입니다.

이 사업은 철저히 주문 판매를 하기 때문에 별도 포장을 하지 않고 용기(일반 가정용 김치통)에 직접 넣어 판매합니다. 소량 주문은 택배로, 많은 양의 주문은 직접 배달하면 됩니다.

입지 조건은 아파트, 주택가 등 인구 밀집 지역이 유리하고 학교, 회사 등의 구내식당을 공략하는 방법도 좋습니다. 창업비용은 점포 비용을 제외하고 가맹비 500만원이면 가능합니다.

Q. 아이스크림 전문점을 한번 해볼까 하는데 괜찮은지 궁금합니다. 겨울철 비수기 말고 다른 위험 사항은 없는지 궁금합니다.

A. 아이스크림 전문점은 외관상 깨끗하고 관리하기 쉬우며 육체적 부담도 적어 특히 여성들이 선호하는 업종 중의 하나입니다. 아이스크림은 일반적인 예상과는 달리 사계절 상품으로, 굳이 비수기라면 11월과 2월 정도입니다. 여성 고객이 압도적이고 20대가 50% 이상을 차지합니다.

20대 여성이 주고객인 만큼 일반 상권에 입점시는 도심 상권이나 대학가 상권 등이 최적의 입지로 보여집니다. 하지만 점포 구입비가 만만치 않으므로 초보자의 경우 대형 상권보다는 신흥 역세권, 대형학원 밀집지역 및 2000세대 이상의 중소형 평형대 아파트 단지 등에 입점하는 것이 바람직합니다.

아이스크림 전문점은 청결과 분위기가 매우 중요하며 이는 주고객층의 취향이기도 합니다. 이벤트 행사시 매출에 미치는 효과가 특히 큰 업종이기도 합니다. 아이스크림 전문점 창업시 몇 가지 유의할 점이 있습니다.

첫째, 브랜드의 선택이 사업의 성패를 좌우합니다. 브랜드에 따라 매출 차이가 많으며, 가맹점 선택시에는 가맹본부의 마케팅 능력, 가맹점 관리, 맛 등을 세심하게 점검해야 합니다. 프랜차이즈 창업은 어떤 본사를 만나느냐가 매우 중요합니다.

둘째, 반드시 1층에 입점해야 합니다.

셋째, 매출 피크시기에 잘 대처해야 합니다. 하루 중에는 오후 4시에서 8시 사이에 일 매출의 60% 이상이, 연중에는 크리스마스와 발렌타인데이에 최고의 판매가 이루어지므로 이 시기에는 확실히 대처해야 합니다.

결론적으로 창업 시기는 크게 문제가 되지 않으며 올바른 브랜드와 적정한 입지를 선정하는 것이 무엇보다도 중요하다고 여겨집니다.

Q. 남성 전문 미용실을 창업하려 하는데, 올 8월 마침 친척분
   건물에 자리가 나온다 하여 이렇게 문의를 드립니다.

   건물은 서울 지하철 2호선 ○○역 출구에서 4~5미터(거
   의 붙어 있습니다!) 정도, 50미터쯤 되는 곳엔 중앙시장
   입구가 있습니다. 근처에는 한국통신등 큰 건물이 2~3개
   되고 고등학교 2개, 은행 3개가 있습니다. 건물 뒤쪽은
   주택가로 유동 인구도 많습니다. 역세권이라 괜찮은 것
   같은데, 괜찮은 입지인지 조언 부탁드립니다.

A. 알려주신 정보만으로 남성 전용 미용실에 적합한 장소인지
   판단하기는 어렵습니다. 기본적으로 점포 입지는 현장 확
   인 없이 함부로 예단할 수 없습니다.

   남성 전용 미용실은 커트를 전문으로 저렴한 가격에 다양
   한 헤어스타일을 제공하며 대학생, 신세대 직장인, 중고
   생들이 주로 이용합니다. 따라서 10~20대들이 많이 모여
   드는 곳이 적정 입지라 할 수 있습니다.

   해당 입지는 유동 인구가 많고 역세권이며 주변에 시장,
   은행, 학교, 대형 오피스 등 집객 시설이 포진해 있는 것
   으로 보아 일반적 기준으로 뛰어난 입지로 보입니다. 하
   지만 몇 가지 점검 사항을 체크하여 남성 전용 미용실 입
   지로서의 양부(良否)를 판단하시기 바랍니다.

   1. 반경 약 500미터 내 주요 집객 시설, 주거지 등의 예상
   고정고객 수를 추정하고 예상수익도 계산해 보십시오.

   2. 점포 주변의 유동 인구를 체크하세요. 유동 인구량보

다는 그 질과 내용이 중요합니다. 남녀 성비, 연령대 비율, 직업, 목적 보행자 비율, 주말·평일 시간대별 유동 인구의 흐름 등을 파악하세요. 점포 주변 주고객층의 특성은 업종 선정 및 영업 전략에 유용한 정보가 됩니다.

3. 점포가 잘 보이는 곳에 있는지, 동선상에 위치하고 있는지도 체크하십시오.

4. 일찍 영업을 마감하는 은행, 부동산업소 등이 인접해 있어 저녁 영업에 지장을 주지는 않는지도 점검해 보세요.

남성 전용 미용실의 고객은 단골손님위주일 것이므로, 유동 인구보다는 주변의 학교, 오피스, 시장 등의 유효 고객 수를 추정해 투자 대비 예상 수익률을 산출하고, 이를 바탕으로 입지로서의 양부를 판단하시기 바랍니다.

Q. 커피전문점의 앞으로의 전망은 어떤가요?

A. 커피전문점의 경우 스타벅스, ZOO커피 등 많은 체인점들이 존재하고 있습니다. 그러나 비용 및 창업자의 연령, 선호도, 노하우 등에 따라 많이 달라지므로 전체적인 시장 상황에 대해 말씀드리도록 하겠습니다.

▷사업 현황

테이크아웃 커피 전문점의 점포 크기는 보통 3~5평 규모입니다. 점포 내에는 손님이 앉아 커피를 마실 수 있는 공간을 마련하지 않고, 주문한 커피를 가지고 나가서 즐길 수 있게 한 것이 특징입니다. 커피 가격은 3000원에서 5000원으로 일반 커피 전문점의 절반 수준이고, 커피와 함께 샌드위치, 팥빙수, 아이스크림 등 간식류를 함께 판매하기도 합니다.

▷업종 주기

문제는 소규모 점포라고 해도 대학가나 역세권 등 주로 신세대 유동인구가 많은 A급 상권에 들어가야 성공할 수 있기 때문에 생각보다 창업비용이 많이 들어간다는 것입니다. 1억원 정도는 기본이고 많게는 2억원까지도 고려해야 할 것입니다. '소자본'이라고 하셨는데, 이 정도 자본력을 가지고 계신지 모르겠군요.

▷입지 선정이 중요

이 사업은 무엇보다 입지 선정이 중요하다고 봅니다. 웬

만한 곳에는 이미 테이크아웃 커피전문점이 들어가 있는
만큼, 입지와 상권에 대한 보다 정확한 분석이 필요하리
라 생각됩니다. 신세대 유동인구가 많은 대학가나 젊은
직장인이 많은 사무실 밀집 지역이 좋습니다. 또 지하철
역 주변이나 대형 쇼핑센터 등도 나쁘지 않습니다.
20~30대 여성 고객이 주고객임을 감안한다면 '여자대학
을 낀 대학촌'이 최적 입지라고 할 수 있겠지요.

Q. 십자수 가게를 하기 위해 이것저것 알아보고 있습니다. 돈은 3000만 원 정도가 들 것 같은데 어떻게 조달해야 좋을지 고민입니다. 근로복지공단 같은 곳에서 자금을 구할까 생각하고 있습니다. 저는 아직 이 사업이 유망하다고 생각하는데, 주위에서는 사양 사업이라는 이야기를 하기도 합니다.

A. 십자수 전문점은 십자수를 하는 데 필요한 각종 재료와 도구를 판매하면서 취미 생활로 십자수를 즐기는 주부들을 대상으로 강습을 하는 등의 서비스도 제공하면서 인기를 끌고 있지요. 점포가 많이 생겨나 경쟁이 치열하긴 하지만 사양 사업이라고는 생각하지 않습니다. 입지만 제대로 선택한다면, 십자수를 즐기는 연령층이 확대되고 있고 손뜨개 등에 대한 관심도 새롭게 늘어나고 있는 추세이기 때문에 사업성이 있다고 판단됩니다.

다만, 최소한 창업비용의 50% 정도는 가지고 사업을 시작해야 창업 후 원활한 점포 운영이 가능한데, 문의하신 분의 경우 자금을 빌려서 사업을 해야 한다는 것이 좀 걱정되는군요.

창업비용은 점포 임대 보증금을 제외하면 5평 크기 표준 점포의 경우 약 1550만원(초도상품비 900만원, 집기비품비 300만원, 인테리어비 350만원) 정도가 들어갑니다. 점포 임대비용까지 감안하면 3000~5000만원이 들어가는 사업이라고 보시면 됩니다.

문의하신 분의 현재 상황을 정확히 알 수 없는 관계로 일반적인 자금조달 방법에 대해 설명해 드리겠습니다.

우선 정부의 정책자금이 있습니다. 이 자금은 정부나 정부투자기관이 일정 조건을 충족시키는 창업자들에게 '장기 저리'로 빌려주는 돈입니다. 여성경제인협회에서 지원해주는 정책자금은 '저소득 여성 가장 생계형 창업지원자금'이 있는데, 연 4%대 이율로 1억원까지 빌려줍니다. 융자 기간은 2년으로 비교적 짧지만 1회에 한하여 2년 연장이 가능해 총 4년 동안 활용할 수 있습니다.

소상공인지원센터나 근로복지공단을 이용하는 방법도 있습니다. 소상공인지원센터의 올해 자금지원 규모는 2500억원 정도이고 연리 6.25%로 1년 거치 4년간 대출금액의 70%를 분기별 분할상환하며 30%는 상환 기간 만료시 일시상환합니다. 이 자금은 지원자 1명당 5000만원 한도 내에서 지원받을 수 있습니다. 특히 여성 창업자에게는 가점(5점)을 부여하고 있어 남성 창업자보다 유리하다고 볼 수 있겠지요. 근로복지공단에서도 5000만원 범위 내에서 연 7.5%로 '전세점포 구입자금 대출' 및 가구당 1500만원 한도 내에서 7.5%로 창업자금을 대출해 주고 있습니다.

Q. 이번에 아파트 상가 점포를 매입했습니다. 새로 생긴 아파트입니다. 지하 약 90평가량을 소유하고 있는데 무엇을 해야 할지 난감해서 이렇게 문의를 드립니다. 바로 옆에도 아파트 단지가 있고, 길 건너에 있는 아파트 상가에는 곧 대형 슈퍼가 들어선다고 합니다. 아직 정확한 정보가 없어 창업에 어려움을 겪고 있습니다. 상가 주변의 교통과 유동인구 등의 정보를 드리면 창업 가이드를 받을 수 있을까요?

A. 일반적으로 아파트 단지 상가는 교통이나 유동인구 파악이 그리 중요하지 않고 배후 아파트 단지 상주인구의 내용이 중요합니다. 아파트 상가 영업은 특별한 경우를 제외하고 배후 아파트 및 인근 주민을 대상으로 한 '단골장사'에 초점을 맞춰야 하기 때문입니다. 건너편이 왕복 4차선 이상의 거리라면 특별한 경우를 제외하고는 이쪽 아파트 주민이 건너편 상가의 고객이라고 보기는 어렵겠지요.

결론부터 말씀드리면, 무엇을 할 것인가? 하는 결정은 추가 정보를 주신다 하더라도 상담을 통해 결정할 수 있는 문제가 아니라, 상권과 실전 창업에 밝은 전문가가 현지 조사를 통해 도출할 수 있는 문제입니다. 잘 아는 지역이 아닌 한 현지 방문을 통해 점포를 둘러싼 주변 환경을 직접 눈으로 확인하지 않고는 올바른 처방을 내릴 수 없습니다.

가능하면 현재 영업중인 상인이나 중개업자에게도 정보를 구하시기 바라고, 상가창업 전문가의 도움을 받아 고민을 해결하시기를 권합니다. 일반적으로 아파트 상권의 업종 선정시 점검 사항 몇 가지를 알려드리지요.

첫째, 주변에 도보 10분, 승용차로 10여분 정도 거리 내에 아파트 주민이 잘 이용하는 백화점이나 할인점, 대형 슈퍼 등이 있는지 체크 하십시오. 이러한 대형 유통업체가 인근에 위치하면 대개의 경우 아파트 상가에서 업종 선택의 입지는 매우 좁아지며, 심한 경우 상가가 죽는 경우도 발생합니다.

둘째, 고객 정보를 잘 파악해야 합니다. 아파트 세대수, 평형, 소득 수준 등 배후 아파트 주민의 양적, 질적 정보가 중요합니다. 일반적으로 34평형 이하의 중소형 아파트 주민의 단지 내 상가 이용도가 높으며, 1000 세대 이상의 단지가 형성될 때 아파트 주민을 상대로 원활한 수익 창출이 가능하다고 봅니다.

셋째, 단지 상가 및 인근 아파트 상가의 업종 분포를 파악해야 합니다. 가능한 중복되지 않는 업종이나 수요에 비해 공급이 적은 업종을 중심으로 '생활밀착형' 업종을 선정하는 것이 바람직합니다. 이밖에 점포에 영향을 미칠 인근 개발계획 등에도 관심을 가져야 합니다.

여하튼 점포의 입지에 맞는 업종을 구하기 위해서는, 먼저 대상 고객이 존재하는 지역 범주를 설정하고, 점포를 둘러싼 상권 현황과 특성을 이해하며, 상권의 수요와 요구 파악을 통해 입지에 맞는 아이템을 선정해야 할 것입니다.

Q. 결혼한 지 7년 된 32살의 주부입니다. 집에서 뭐 할 일이 없을까 찾던 중, 공부방이 적당할 것 같아서 준비하고 있습니다. 그런데, 그것도 요즘은 프랜차이즈 본사를 통해서 하는 것이 유리하다고 하더군요. 저도 혼자 하려니 자신도 없고요. 여기저기 알아보다 인터넷 학습방이라는 아이템이 있다는 것을 알게 됐습니다. 이 사업에 대한 좋은 정보 부탁드립니다.

A. 요즘 소자본 창업 경향 중 하나는 부업형 창업을 원하는 여성 창업자들이 많이 늘어나고 있다는 점입니다. 아마 독자께서도 그런 경우가 아닌가 생각합니다. 그런데 부업형 창업은 자칫 잘못하면 실패하기 십상입니다. 적은 자본을 부담 없이 투자하는 경우가 대부분이기 때문에 아이템 선정에서부터 창업 후 운영하는 과정이 소홀하게 진행되는 것 같습니다. 또 적은 자본의 투자라 조금만 어려우면 쉽게 포기하는 경우도 허다합니다. 그래서 먼저 창업에 대한 명확한 목표를 세우는 것이 중요합니다. 비록 적은 자본 투자라고 할지라도 창업으로 인해 자아 성취와 가정 경제에 보탬이 되는 그러한 일을 하실 것을 권유합니다.

관심을 갖고 계시는 인터넷 학습방은 최근 등장한 사업으로 과거의 컴퓨터 공부방을 업그레이드한 아이템입니다. 교사가 자기 집에 인터넷 학습방을 개설해 놓고 인터넷과 개별 지도를 통해 어린이들의 학습을 지도해 주는 사업입니다. 시간과 공간을 초월하는 인터넷의 장점을 내세우며 학원 강의와 학습지 방식의 약점을 보완하면서 새로운 유망업종으로 부상하고 있습니다.

이 사업은 온라인과 오프라인의 결합으로 운영됩니다. 본사는 콘텐츠 개발과 교육 시스템 구축을 통해 강의를 원활하게 진행하고, 가맹점은 회원을 모집하고 관리하는 일을 맡습니다. 수업은 원격 화상수업으로 진행되면서 강사들은 동영상으로 교육을 진행하고 학생들은 회사 측에서 제공한 교재를 보면서 수업을 받습니다. 창업비용은 약 1000만원이 들어갑니다. 가맹비 100만원, 보증금 200만원, 초도물품비 150만원, 컴퓨터 구입비 550만원 등이 구체적인 내역입니다. 최근의 조사에 의하면 개설 후 3개월이 지났을 때 회원이 20여 명 선을 넘어서고, 보통 30명 이상의 회원만 관리하면 월 순익이 300만원 선이 되는 것으로 나타나 있습니다.

인터넷 학습방 사업의 성공 요인은 두 가지로 요약할 수 있습니다. 하나는 교육 프로그램이고 또 하나는 온라인상의 디자인입니다. 첫 번째는 교육사업의 특성상 그렇고, 두 번째는 인터넷 사업의 특성상 그렇습니다. 좋은 교육 내용과 디자인으로 친절한 교육 서비스를 할 때 회원은 자동적으로 늘어갈 것이라 생각합니다. 그러나 개인이 우수한 프로그램으로 교육한다는 것은 불가능하죠. 그래서 홈페이지에서 좋은 콘텐츠와 우수한 디자인을 제공하는 온라인 교육 사업체를 선별하는 것이 이 사업의 성패를 판가름한다고 할 수 있습니다.

Q. 잉크 충전방의 시장성이 궁금합니다. 아직은 일부 지역에 편중되어 있는 것 같은데 과연 전망이 밝은가요? 또 가맹 본사도 어느 업체가 괜찮은지 조언 바랍니다.

A. 최근 검약 분위기가 확산되면서 리필 비즈니스가 유망사업으로 부상하고 있습니다. 잉크 충전방은 이러한 리필 사업의 대표적인 예라 할 수 있겠습니다. 도입 초기에는 기술적인 문제 등으로 소비자들의 외면을 받았으나 지속적인 품질 개선이 이루어지고 가격 면에서의 이점이 부각되면서 다시 인기를 모으고 있는 아이템입니다. 예전과는 달리 점포를 갖추고 즉석에서 잉크를 충전해주는 방식을 도입, 재생 잉크의 이미지를 한 차원 높여 소비자들에게 큰 인기를 모으고 있습니다.

외국 제품에 비해 전혀 뒤지지 않는 품질을 갖추고 있고 가격 면에서도 50% 이상 저렴하게 공급하는 것이 이 사업의 핵심이라 할 수 있습니다. 창업비용은 5평 정도의 점포비용을 제외하면 약 1600만원이 듭니다. 점포 임대비용까지 포함하면 약 2500~3000만원이 들어가는 사업이라고 보면 됩니다. 마진율은 50% 정도로 월 300만원 정도의 순수익을 기대할 수 있습니다. 주고객층은 업무적으로 컴퓨터를 많이 사용하는 대학생층과 일반 기업입니다. 따라서 이들이 많이 모여 있는 대학가나 사무실 밀집지역이 이 사업을 하기에 최적의 입지라고 할 수 있습니다. 잉크 충전방을 성공적으로 운영하기 위해서는 우선 다수의 사용자가 있는 단체나 기업을 공략하고 다양한 부가 서비스를 통해서 단골고객을 확보하는 것이 핵심입니다.

어쨌든 잉크 충전방 사업은 대표적인 환경친화 사업의 하나로 사회적인 후원을 받고 있습니다. 잉크 충전방 사업은 자원 재활용을 통한 환경 보호와 비용 절약이라는 두 가지 강력한 무기로 무장하고 있어 앞으로의 전망은 밝은 편이라고 할 수 있습니다.

Q. 어린이 영어학원 설립에 관해서 몇 가지 질문 드립니다. 기존 프랜차이즈 학원들 (ECC, 원더랜드, English Friends 등)이 갖고 있는 교육 프로그램에 대한 자문을 그 곳에서 직접 받을 수 있는지요? 있다면 제일 중요한 소프트웨어(커리큘럼, 운영 방식 등)에 관한 구체적인 정보를 얻을 수 있을까요? 저는 기존 보습 학원에 어린이 학원을 가미한 독자적인 창업 구상을 하고 있습니다.

A. 최근 어린이 영어학원 사업 분야는 수준 높은 교육 프로그램과 운영 노하우로 무장한 다수의 업체들이 앞다퉈 진입하고 있고, 수요층도 폭넓게 개발되고 있어 성장 전망이 밝은 분야입니다. 우선 문의 내용 중 기존 업체의 운영 형태는 각 업체마다 대동소이하고 많이 공개되어 있습니다만, 커리큘럼은 업체마다 독창적인 것을 사용하고 있고 공개하지 않는 부분이라는 것을 말씀드립니다.

▷업종 현황

지난 97년부터 영어가 초등학교 교과 과정에 정식 채택됨으로써 어린이 영어교육 시장은 양적으로 크게 확대되기 시작했습니다. 어린이 영어학원은 급속히 높아진 학부모들의 영어 교육에 대한 관심을 배경으로 급부상하고 있는 대표적인 교육 아이템의 하나입니다. 세계 최고 수준의 교육열을 가진 학부모들이 자녀의 영어 실력 향상을 위해 새로운 학습법을 끊임없이 요구하고 있어 풍부한 시장이 형성되어 있기 때문입니다. 그러나 현재 너무 많은 업체들이 나타나 과다 경쟁을 하고 있는 실정이라 업체들이 고전을 면치 못하고 있습니다.

▷주의 사항

교육사업은 교육 프로그램과 운영에서 학부모들과 학생들로부터 인정을 받지 못하면 실패할 가능성이 높은 사업입니다. 창업 전에 내가 이 사업을 진행할 수 있는 지에 대해 충분한 검토가 필요합니다. 교육사업이라는 대의명분을 쫓아 무조건 창업하여 실패하는 사례를 심심찮게 볼 수 있습니다.

첫째, 외국인 강사의 수급 문제가 가장 중요합니다. 자격 있고 유능한 외국인 강사를 채용할 수 있는 루트가 있는 지를 반드시 확인해 보아야 합니다. 프랜차이즈 업체가 강사 수급을 해결해 줄 것이라는 것을 믿어서는 안 됩니다. 만약 본사가 강사를 공급해 주겠다고 하면 구체적으로 어떤 방식으로 공급되는지 따져보고 확인해야 합니다. 현재 E2 비자를 받고 입국한 외국인 강사는 7000명이 조금 넘는 것으로 조사되어 있는데, 국내 외국어 학원만 해도 3500개가 넘고 그 중에서 어린이 영어학원이 50%를 넘고 있으니, 유자격 외국인 강사 채용이 얼마나 어려운지 짐작할 수 있습니다. 외국인 강사 수급 문제가 해결되면 외국인 강사 1명과 한국인 강사 1명이 한 조를 이루어 운영하면 유리한 측면이 있습니다.

둘째, 교육 프로그램이 중요합니다. 연령과 능력에 맞게 체계적인 수업을 한다면 경쟁에서 이길 수 있다고 봅니다. 이 때 교재 선택에 주의를 요합니다. 최근 영어 붐을 타고 검증되지 않은 수많은 영어 교재가 쏟아져 나오고 있습니다. 자세히 알아보면 좋은 교재를 구할 수 있는 방법이 있을 것입니다.

셋째, 깔끔하면서도 안전한 시설을 꾸밀 필요가 있습니다. 이 사업은 사업자나 수요자 모두 많은 돈이 들어가는 사업이기 때문에 기왕에 할 바엔 어중간한 시설보다는 창업 자금이 많이 들더라도 좋은 시설을 갖추는 것이 유리합니다. 처음에는 수익성이 떨어지지만 학생 수가 어느 정도를 넘어서게 되면 수익성이 기하급수적으로 높아지는 특성이 있어 처음부터 넓고 좋은 시설을 갖춰야 한다고 생각됩니다.

넷째, 본인의 능력이 안 될 경우 효율적인 운영을 위해 유능한 교수부장을 확보해야 합니다. 어린이 영어학원의 교수부장은 교사 관리에서 교과 과정의 편성에 이르기까지 학원 운영의 핵심적인 역할을 합니다. 내외국인 강사, 행정 사무 관리 직원 등 다양한 사람들로 구성되어 움직이기 때문에 능력 있는 관리자의 역할이 매우 중요합니다.

▷창업 비용수익 분석

어린이 영어학원의 창업비용은 100평 표준 점포를 기준으로 서울은 약 3억원, 지방은 약 2억5000만원 정도 들어갑니다. 수강료는 유치원의 경우는 월 30~40만원, 초등생은 월 15만원 수준입니다. 수강생을 200명 정도로 예상했을 경우 순이익은 1500만원 정도를 예상할 수 있겠습니다. 6개월 이내에 200명 정도의 수강생을 확보할 수 있다면 성공적이라 할 수 있지만 그렇게 쉽지는 않을 것으로 보입니다. 어린이 영어학원 사업의 승패는 본사가 어디냐에 따라 결정되는 것이 아니고 누가 어떻게 학원을 운영하느냐에 따라 판가름 납니다. 외국인 강사를 채용하고 좋은 프로그램으로 운영할 수 있는 능력만 있다면, 굳이 많은 로열티를 주고 이름 있는 프랜차이즈에 가맹할 필요는 없다고 생각합니다.

Q. 차량 관리 및 세차(청소, 보수) 업종의 전망이 좋다고 하여 알아보던 중 '스팀광세차업'을 할 수 있는 프랜차이즈를 알게 되었습니다. 무점포 형태로 차량 이동형도 있다고 하던데 어떨지요? 성공 가능한 영업 지역 및 조건에 대해서도 부탁드립니다. 만약 점포를 갖고 한다면 부족한 창업자금을 은행에서 대출 받을 수 있는지도 알고 싶습니다.

A. 출장 스팀세차업은 무점포로 시작할 수 있는 사업으로, 프랜차이즈 가맹점 형태로 시작할 경우 이동식은 차량과 기계를 포함하여 1120만원(기계 590만원, 차량 530만원)이 소요됩니다. 창업자가 원할 경우 프랜차이즈 본사에서는 신용에 문제가 없는 창업자에 한해 대출을 알선, 100만원으로 창업이 가능하게 해 줍니다.

영업 범위는 무한합니다. 자동차가 있는 곳이라면 어디라도 무관하기 때문입니다. 예를 들어 주차장이 있는 아파트, 대형빌딩, 공장, 관공서, 학교 등등 어느 곳에서든 영업을 할 수 있습니다. 관건은 '어느 장소에서 어떤 방법으로 어떻게 소비자를 만족시키느냐' 하는 것이 아닐까요? 본격 영업에 앞서 세차 기계와 세차 방법을 숙지해야 할 것입니다. 가장 중요한 것은 고객의 만족도인데, 처음부터 많은 차를 세차하려 하지 말고 다소 수입이 적더라도 세차 방법 숙지 차원에서 고객이 100% 만족할 수 있도록 정밀 세차를 하는 습관을 기르는 것이 후일 고정고객 유치에도 유리합니다.

세차 방법이 숙지되었다면 본격적인 영업 활동을 전개합니다. 영업 지역을 너무 광범위하게 설정하면 이동 시간이 많이 걸리므로 아파트 지역 같은 경우 가급적 5분 거리 내에 이동 할 수 있는 지역을 선정해 집중 공략하는 것이 좋습니다. 고객 만족의 서비스로 고정고객 유치에 신경 써야 하며, 특히 월세차(월 5만원 정도, 주 2~3회 세차) 회원을 늘려야 수익 창출에 도움이 됩니다. 참고로 월회원 세차는 새벽이나 저녁 시간을 이용하고, 출장 이동 세차는 낮 시간을 이용하는 것이 좋습니다.

초기 영업은 본사의 전단지와 스티커를 이용하되, 아파트 단지 부녀회와 관리사무소를 통하면 됩니다. 공영 주차장이나 대형 빌딩은 관리소장을 만나 계약제를 통해 상호간 정해진 수수료를 지급하는 등 안정적이고 지속적인 영업을 하는 것이 바람직합니다. 아파트와 빌딩 등의 경우 월세차 회원 유치가 용이하므로 많은 신경을 써야 할 것입니다.

열심히 하다 보면 고정고객이 창출된다는 것을 잊지 마시길 바랍니다. 고정고객을 확보하는 가장 확실한 방법은 빠르고 깨끗한 세차 서비스를 제공하는 것입니다. 고객 관리 카드를 만들어 지속적으로 관리할 수 있도록 하면 도움이 될 것입니다.

Q. 서울에 사는 30대 미혼 여성입니다. 셀프피부방을 차리려고 하는데, 어떤 영업방식을 취해야 할까요?

A. 현재 셀프 피부방은 전반적으로 수익성에 문제가 있습니다. 몇 년 전 처음 이 사업이 선을 보였을 때는 새로운 업종으로 주목을 받았지만, 현재는 사업이 잘 안 돼 폐점하는 곳도 많이 생겨나고 있습니다.

이에 따라 프랜차이즈 본사도 10여 개 업체가 난립되어 있었지만, 지금 살아남은 곳은 불과 한두 군데 정도입니다. 그나마 이곳들도 순수히 셀프 피부방만으로는 수익을 내기 쉽지 않아 셀프와 관리 서비스를 병행하고 있는 상황입니다.

따라서 이런 점을 염두에 두고 셀프 피부방 사업에 접근을 하셔야 합니다. 한마디로 조심스러운 사업 결정이 요구된다고 하겠습니다.

▷사업현황

셀프 피부방은 초음파 미용기를 사용해서 자신의 피부를 스스로 관리할 수 있게 해주는 사업입니다. 셀프 서비스로 운영되기 때문에 일반 피부 관리실의 25% 정도 가격으로 피부 관리를 할 수 있다는 것이 특장점이라고 할 수 있겠지요.

초음파 미용기를 사용한 셀프 마사지는 1초에 100만 번 이상 진동하는 초음파를 이용, 피부 속에 누적되어 있는 노폐물을 배출해 냄으로써 피부를 아름답게 가꾸는 것입니다. 작동방법은 간단합니다. 고객이 스스로 얼굴에 기계를 대고 피부 결을 따라 천천히 움직이면 됩니다. 마사지 시간은 30분가량 소요됩니다.

▷투자비용

셀프 피부방의 창업 비용은 15평 표준 점포를 열 경우 점포 임대 보증금을 제외하고 약 4000만원이 들어갑니다. 인테리어비 1200만원, 초음파 미용기 구입비 2000만원, 간판비300만원, 교육비 등 기타 비용 500만원 정도가 필요합니다. 15평 정도의 점포를 임대하는데 필요한 자금을 포함시키면 총 투자 비용은 6000만~8000만원 정도를 예상하면 될 것입니다.

▷적정입지

셀프 피부방의 주요 고객은 미용에 대한 관심은 많지만 비용에 민감한 반응을 보이는 20대 여학생층과 직장 여성, 그리고 신세대 주부층입니다. 따라서 대학가나 지하철역 주변 등 젊은 여성들이 많이 모여드는 장소가 최적지라고 할 수 있습니다. 신세대 직장 여성과 주부층을 겨냥해서 오피스가나 주택 밀집지역에 입점하는 것도 나쁘지는 않습니다.

▷운영전략

셀프 피부방의 등장은 급속히 늘어나고 있는 피부 관리 욕구에 대한 대안이 필요하게 되었음을 의미합니다. 셀프 피부방은 가격을 낮춤으로써 이런 욕구에 대응하고 있지만, 서비스면에서 고객을 만족시키지 못하면 허사가 될 수도 있습니다.

고객 만족은 모든 서비스 업종의 제1 명제라고 할 수 있습니다. 셀프 마사지라고 해서 고객에게 모든 것을 맡기는 어리석음을 범해서는 안 됩니다. 초음파 기기에만 의지하지 말고 고객 한 사람 한 사람의 피부를 정확히 파악하고 효과적으로 피부 관리를 할 수 있도록 해주어야 합니다.

고정 고객을 얼마나 빠르게 확보하느냐 하는 것이 이 사업을 정상 궤도로 진입시키기 위한 관건이 되는 만큼, 지속적으로 전단지를 배포하는 방법 등으로 다양한 홍보 전략을 구사해야 하겠습니다.

Q. 셀프 세차업에 대해 문의 드립니다. 앞으로의 전망은 어떤지, 어떻게 시작해야 할지, 평균적인 투자대비 수익성 등 전반적인 내용을 알고 싶습니다. 그리고 여러 관련업체가 있다는데, 어떤 곳이 가장 신뢰성이 있는지 궁금합니다.

A. 셀프 세차장은 선진국에서는 이미 보편화되어 있는 대표적인 '비용 절약' 업종 중 하나입니다. 미국의 경우 세차 사업자의 약 50%가 셀프 세차장을 운영하고 있으며, 자동 세차기를 구비한 세차장도 대부분 셀프 세차대를 설치하고 있는 실정입니다. 국내는 지난 93년경 도입된 이후 한동안 급속히 퍼진 바 있습니다만, 그러다 보니 최근 몇 년 전부터는 경쟁이 치열해 사업을 접는 곳도 많이 생겨나고 있는 상황입니다. 한마디로 이미 성숙기에 접어든 업종이라 할 수 있습니다. 아직도 자동차가 많이 늘어나고 있는 상황이어서 사업성이 있는 것은 사실이지만, 좀 더 신중한 접근이 요구된다고 하겠습니다.

셀프 세차장을 운영하려면 우선 100~150평 정도의 나대지를 구해야 합니다. 나대지를 구할 때는 먼저 도시계획확인원을 떼어서 용도 지역이 전용주거나 전용공업지 또는 개발제한구역 등에 해당되지 않는지 확인해야 합니다. 세차기는 최소한 3대를 설치하는 것이 바람직합니다.

이렇게 볼 때 창업비용은 세차기 구입비와 철골 구조 및 바닥 공사 등에 7000만~8000만원이 들어가고, 여기에다 2000만~3,000만원의 임대 보증금을 포함하면 총 투자 비용은 1억원 정도입니다.

보통 승용차 한 대 세차료는 2천~3천원 정도입니다. 하루 150대가 세차를 하면 월매출 예상액은 900만원 정도입니다. 여기에서 운영비용으로 인건비, 관리비, 임대료 등을 제하면 300~500만원 정도의 순수익을 올릴 수 있다는 계산이 나옵니다.

현재 이 사업을 프랜차이즈 형태로 하는 곳은 3, 4곳 정도 되는데 재정 상태나 사업 노하우 등 업체가 신뢰할 수 있는 곳인지, 가맹점들의 사업 현황은 어떤지 등등 종합적으로 알아 볼 필요가 있습니다.

이 사업은 입지가 가장 중요합니다. 유망 입지로는 아파트 등 주택가 인근의 대로변이 가장 좋습니다. 차량의 진출입이 용이해야 하고 차량의 진입로 쪽으로 위치하는 것이 바람직합니다. 무엇보다도 차량의 통행이 잦아야 합니다. 카센터나 카인테리어점과 같은 자동차 관련 업종이 밀집해 있는 지역도 괜찮습니다.

셀프 세차장의 최대 장점은 점포 운영에 별다른 어려움이 없다는 것입니다. 관리만 제대로 하면 됩니다. 그렇다고 앉아서 손님이 오기를 기다려서는 안 됩니다. 개점 직후에는 도우미를 고용해서 홍보 이벤트를 벌이거나 주변 아파트 단지의 주차장을 돌며 승용차 유리창에 홍보 전단을 꽂아 놓는 등 적극적인 홍보 전략을 구사해야 합니다.

카센터나 카인테리어점과 함께 운영한다면 매출을 좀 더 높일 수 있습니다. 단독 점포인 경우라도 기존 카인테리어점들과 공동 마케팅을 전개하면 도움이 될 것입니다.

Q. 천여 세대의 아파트 단지와 주택가 밀집지역에 약 10평 정도의 점포를 가지고 있는 전업주부입니다. 여러 업종을 찾던 중 우연히 신문에서 수산물 전문점 창업에 관한 광고를 보았습니다. 이 업종에 대한 자세한 정보, 특히 시장성에 대해 알고 싶습니다.

A. 일반적으로 아파트나 주택가 밀집지역은 주부들이 흔히 찾는 생활밀착형 업종 창업을 하는 것이 좋습니다. 처음 시작하는 창업이고 또 여성이기 때문에 최대한 위험요소를 적게 가지는 업종을 선택하는 것이 무엇보다 중요합니다. 창업비용은 3000만원 이하면 적당하겠고 업종 또한 유행이나 경기 흐름에 민감하고 현금화되기 쉬운 업종을 선택하는 것이 좋습니다. 또 하나 여성의 장점을 최대한 부각시킬 수 있고 입지 특성에 맞는 업종을 선택하는 것도 고려해야 할 항목입니다.

수산물 전문점은 싱싱한 생선을 조리하기 쉽도록 깨끗이 손질해 진공 포장하여 판매·배달하는 사업입니다. 일반적으로 생선은 재래식 시장이나 대형 마트 등에서 주로 구입하지만, 손질을 해야 하는 불편함 때문에 구입을 꺼리는 경우도 많습니다. 수산물 전문점은 이 같은 불편함을 최소화한 사업으로 조리 절차를 간편화하여 판매한다면 수요가 많을 거라고 생각됩니다. 취급품목도 국내외 약 30여 종으로 소비자들의 선택 폭이 넓고 항상 신선한 제품을 공급하므로 주부들의 발걸음을 멈추게 만들 수 있는 업종이라 할 수 있습니다.

수산물 전문점의 주고객은 주부들이기 때문에 주요 입지는 대단위 아파트, 주택가 밀집지나 오피스텔가 등이 적합합니다.

창업비용은 배달만 전문으로 하는 무점포와 판매와 배달을 겸하는 점포형으로 구분할 수 있습니다. 무점포 창업은 가맹비 300만원, 냉장·냉동고 200만원, 초도 물품비 200만원 등 총 700만원이 듭니다. 점포형 창업은 가맹비 300만원, 냉장·냉동고 200만원, 초도 물품비 300만원, 홍보물과 기타 200만원 등 약 1000만원의 비용이 소요됩니다.

수익은 월 매출 1200만원을 기준으로 할 때 약 360만~420만원 정도(마진율 30~35%)입니다. 영업이익에서 임차료 30만원, 관리비 10만원, 판촉비 50만원 등 총 90만원 정도를 공제하면 약 270만~330만원 정도 순이익이 생깁니다.

주부들이 주 고객층이므로 오픈 3개월째까지는 전단지, 지역신문, 아파트 게시판 등 다양한 홍보를 통해 고객을 확보하는 데 주력해야 합니다. 제품의 신뢰성을 확보하기 위해서는 간단한 무료 시식회를 여는 것도 고려해볼 만합니다.

이 업종의 성공 요소는 양질의 제품과 서비스로 얼마만큼의 단골 고객을 많이 확보하느냐에 달려 있다고 할 수 있으므로 사전에 장기적인 고객 확보 전략을 세워 실천하는 것이 중요합니다. 여성이 혼자 창업하기에 적당하나 배달을 겸한다면 부부창업 업종으로도 추천할 만합니다.

Q. 패션 주얼리 전문점에 대해 문의 드립니다. 앞으로 전망이 어떤지, 수익성은 있는지 궁금합니다.

A. 과거에는 재산증식의 가치였던 귀금속이 패션과 접목되어 패션 액세서리로 자리매김하면서 브랜드화된 전문 주얼리 숍이 등장하고 있습니다. 또한 경제 사정이 악화되고 자신의 개성을 효율적으로 표현하기 위한 다양한 패션용품을 활용하는 여성이 늘어남에 따라 예물로 중·저가 주얼리를 찾는 고객들도 늘고 있어 시장이 더욱 활성화되고 있습니다. 주얼리 사업은 계절을 거의 타지 않는 비교적 안정적이고 매력적인 사업입니다. 연령, 성별 제한 없이 폭넓은 소비계층이 형성되었으며, 최근에는 여성뿐만 아니라 남성도 귀걸이, 목걸이 등 귀금속 착용이 일상화되면서 패션 주얼리 시장은 더욱 확산되고 있는 추세입니다.

패션주얼리 사업은 창고가 필요 없고 물류비용이 저렴하며 작은 점포에서도 창업이 가능한 주얼리 숍은 무엇보다도 입지가 중요합니다. 주 고객층이 10대 후반에서 30대 초반의 여성이므로 번화가나 여대 앞, 역세권에 창업하는 것이 좋습니다. 주변에 상호보완적인 관계에 있는 패션의류점, 액세서리점 등이 밀집해 있는 곳이면 더욱 좋습니다.

패션 주얼리 전문점을 창업하는 데 드는 비용은 10평 점포 기준으로 점포임대료를 제외하고 8300만원 정도입니다. 대형매장이 아니라도 6평~10평 규모의 매장이면 충분하기 때문에 다른 업종에 비해 임대료에 대한 부담이 적은 편입니다. 초기 창업 시에 초도 상품비가 많이 든다는 점이 부담스럽지만, 시간이 지나도 재고품의 가치가 떨어지는 것이 아니어서 신상품으로 교환이 가능합니다.

예상수익은 월 3000만원 정도이며, 마진율은 40%로 월 순수익은 1200만원 선입니다. 화이트데이, 발렌타인데이나 졸업, 입학 시즌에는 특별한 마케팅 이벤트로 매출을 상승시킬 수 있습니다.

현재 패션 주얼리 전문점이 많이 늘어나는 추세이기 때문에 성공하기 위해서는 차별화된 전략이 필요합니다.

최근에는 단순한 디자인에 의한 'casting' 방식을 탈피, '수공'(hand made)을 통해 독창적이며 개성이 강한 디자인으로 품격을 달리한 상품을 취급하는 곳이 늘고 있습니다. 천연보석을 사용하여 다양한 소비자의 개성과 패션감각을 만족시켜주는 것도 안정적인 매출을 달성하기 위한 중요한 요소의 하나입니다.

무엇보다도 젊은층의 시선을 점포 안으로 끌어들이기 위해서는 젊은 감각과 최신 유행의 흐름을 잘 파악하고 있어야 합니다. 세련된 인테리어는 품질을 돋보이게 해 구매욕구를 부추기는 역할도 하므로 점포외관 꾸미기, 상품진열 등에 많은 노력을 해야 합니다. 또 판매행위의 절반 이상이 쇼윈도에서 이뤄진다는 것을 명심하고 제품이 새로 나올 때마다 신제품 위주로 디스플레이를 바꿔 항상 새로운 이미지를 심어줘야 한다는 것도 잊지 말아야 합니다.

철저한 고객관리로 폭넓은 고정고객을 확보하는 것 역시 중요합니다. 패션 주얼리 전문점은 고객의 기호가 크게 작용하는 업종이기 때문에 고객이 서비스나 제품에 만족하면 다시 찾아오게 마련입니다. 따라서 한번 찾아온 고객을 고정고객으로 만들기 위해 제품에 대해 성심 성의껏 설명하고 AS 등에 최선을 다해야 합니다. 고객카드를 이용해 구매 포인트에 따라 다양한 사은품을 증정하는 것도 좋은 방법이 될 수 있습니다. 각종 기념일에 이벤트를 개최하거나 수시로 기획 상품을 만들어 이벤트 판매를 하는 것도 중요합니다. 이는 고객의 관심을 이끌어내고 단골고객으로 흡수하는 계기가 될 수 있기 때문입니다.

Q. 운동화전문세탁업(운동화 빨래방) 할 만합니까?

A. 이 사업은 한마디로 시장이 무너지고 있는 상태라 단언할
수 있습니다.

초기에 미국에서 유망한 사업으로 소개되고 창업비용도
3000만원 미만에 입지도 구애받지 않는 배달 형태의 콘
셉트로 한동안 관심을 끌었던 것은 사실이나, 소비시장이
부유층 위주로 한정되어 타겟 시장이 좁을 뿐만 아니라
세탁 단가가 낮아 매출 향상에 어려움이 따르고 있는 실
정입니다. 또한 무엇보다도 초창기 사업성에 대한 낙관론
확대로 체인본부(가맹본사)들이 축적된 기술도 없이 난립
하면서 경쟁을 심화시키고 있으며, 빈번한 기계적 결함으
로 깨끗이 세탁이 안 되는 등 소비자들의 불만이 커지고
있는 상황입니다. 게다가 시장의 파이(π)를 키울 수 있는
홍보 인력이나 마케팅 인력이 절대적으로 부족한 터라 이
사업 아이템으로 시장 확대를 기대한다는 것은 무리가 예
상됩니다. 위축된 시장이나 흐려진 이미지를 회복하기 위
해서는 다소 시일이 걸릴 것으로 전망됩니다.

그러나 이 사업은 입지 부담이 적고 창업비가 3000만원
미만으로 다른 업종에 비해 적은 데다 특별한 기술을 요
하지 않아서 중대형 아파트 단지나 주택지역, 근린상가
등에서 영업하면 가능성은 있습니다. 특히 스포츠센터나
대학기숙사 등과 제휴하거나 기존 세탁소가 겸해서 영업
하면 보다 효과적입니다. 그러나 단순히 운동화 빨래방
하나만으로 수익성을 맞춘다는 건 현실적으로 쉽지 않습

니다. 일부 가맹점이 돈 잘 번다고 홍보하지만 그것은 프로모션으로 인한 '순간 효과'가 더 크다고 볼 수 있습니다.

특히 프랜차이즈 가맹본부 가운데는 기계 판매 수익에만 집착하는 경우가 있어서 향후 가맹점 수가 늘어나면 고가(高價)의 기계를 구입한 가맹사업자들은 이로 인한 피해도 보게 될 개연성이 다분합니다. 따라서 창업자들은 프랜차이즈 본부가 서브 아이템을 개발하여 접목시켜 줄 수 있는 능력이 있는 업체인지, 가맹점을 위한 프로모션은 어느 선까지 지원해 줄 것인지, 영업이 부진한 가맹점을 파워업(power up)시켜 줄 수 있는 슈퍼바이저가 있는지, 그리고 AS가 즉시 이루어질 수 있는 시스템을 갖췄는지 등에 대한 사전 검증이 절대 필요한 아이템입니다.

또한 클리닝 사이클이 비교적 길기 때문에 가변성이 있긴 하지만 가맹점의 계약 지역을 최대한 넓혀서 계약해야 할 것이며, 가맹사업자가 본사에 의지만 하지 말고 스스로 수익 모델을 개발해서 매출을 높여간다는 각오가 필요합니다.

Q. 아동도서방문대여업, 시장 전망은 어떻습니까?

A. 아동도서방문대여점은 일반적인 도서대여점에 주고객을
아동으로 특화시키고, 방문대여라는 항목을 새롭게 추가
시킨 사업 아이템입니다.

국내의 교육 열기는 세계에서 둘째가라면 서러워할 정도
로, 자녀 교육비 지출에는 부모들이 쌈짓돈이라도 아까워
하지 않는 추세라 그다지 경기에 영향을 받지 않는 업종
이라 할 수 있습니다. 더욱이 창업비용도 저렴하고 무점
포 사업도 가능하여 요즘 같이 상가 임대차 비용이 급격
하게 올라 채산성 맞추기가 어려운 상황에서는 접근성이
좋은 사업이라 할 수 있습니다.

하지만 사업 컨셉이 일일이 방문해야 함은 물론 낮은 단
가로 매출을 올려야 하기 때문에 매출 향상이 어렵고 부
가가치가 낮아 수익을 올리기가 어려운 단점이 있습니다.
또 경쟁도 심화되어 있어 실제 운영자들이 한 달 100만
원 수익 올리기도 수월치 않아 인건비 충당도 빠듯한 상
황입니다. 따라서 부업으로는 해볼 만하다고는 하나 기존
도서대여점을 그대로 답습·운영하는 형태로는 전망이 어
둡습니다. 부가가치를 올릴 수 있는 다양한 콘셉트 개발
이 이루어져 한 단계 향상된 '업그레이드 도서대여점' 운
영이 바람직할 것으로 보입니다.

디지털 문화에서는 감성교육이 절대적으로 필요하다는
교육자들의 이론과 논술교육은 어렸을 적부터 시작해야
한다는 학부모들의 니즈가 맞아떨어져, 지난 2000년 상

반기에만 어린이책 판매가 무려 60%나 신장되는 결과로 나타났습니다. 이러한 흐름을 타고 교육분야 NGO나 교육부 혹은 한국유아교육학회 등이 추천한 어린이 도서를 순환 대여해 주는 프랜차이즈 본부들이 최근 3년 동안 무려 30여 개나 나타났고, 일부 업체가 방송이나 매체를 통해 소개된 탓인지 창업자들의 관심도 높습니다. 그러나 몇 가지 점에서 사전에 검증해 보고 결정하는 것이 좋습니다. 업체에 따라 약간의 차이는 있으나 이 사업의 비즈니스 모델은 어린이 회원에게 월 4회 순환 방문해서 4~5권의 도서를 대여한 대가로 월 1만원의 회비를 받는 것이 전부입니다.

결론만 말하자면, 창업비는 600만원 수준으로 낮고 어린이 독서열은 계속될 것이라는 점에서 소호형 창업 아이템으로는 권장할 만하지만, 손익분기점까지의 기간이 최소한 6개월 이상은 걸리고 한 사람이 소화할 수 있는 회원 수가 일평균 8시간 근로 기준으로 200명이 상한선이기 때문에 노력 대비 수익성은 한계가 있는 아이템이라는 점이 걸림돌입니다. 뿐만 아니라 업종의 진입 장벽이 낮아서 프랜차이즈 본부가 우후죽순으로 생겨나 나중에는 대여료 경쟁으로 치달을 가능성도 배제할 수 없어 수익 모델이 취약하다는 단점이 있습니다. 따라서 학부모 마케팅에 흥미가 있고 장기간의 노력을 각오한 사람으로서 생계에 절대적인 책임이 없는 주부가 창업하는 것이 옳습니다.

Q. 병원에서 간병인으로 근무한 경험이 있습니다. 전직을 살려 창업을 하려고 알아보던 중 실버시터 파견업이 선진국형 사업으로 전망이 있다는 지인의 추천을 받았습니다. 이 사업의 향후 전망과 수익성은 어떤지 궁금합니다.

A. 최근 건강과 경제력을 갖춘 노년층이 늘어나면서 실버사업이 차세대 유망 업종으로 떠오르고 있습니다. 실버사업은 이미 일본, 유럽, 미국 등 선진국에서 각광을 받고 있는 사업인데, 우리나라도 현재 65세 이상 인구가 전체의 7%를 넘어섰고, 2020년에는 13%를 넘어설 것으로 전망되어 본격적인 고령화 사회로 진입했다고 볼 수 있습니다.

따라서 앞으로 실버세대를 겨냥한 사업이 점차 인기를 끌 것으로 예상됩니다. 특히 노후생활에 대비한 저축증대와 국민연금의 확대로 노후 소득원이 보장되는 등 향후 실버마켓은 더욱 안정적으로 커질 것으로 전망됩니다.

대표적인 실버사업으로는 홀로 사는 중산층 노인을 방문해 돌봐주고 말벗이 돼주는 실버시터 파견업을 들 수 있습니다. 실버시터의 주 업무는 노인에게 책을 읽어주고 대화 상대가 되어주거나 함께 운동하기, 산책하기, 여행 가기 등입니다. 보통 회원제로 운영되며 고객의 요청이 있을 때 시터를 파견하고 돈을 받습니다. 몸이 불편한 노인을 간병하는 일이기 때문에 실버시터가 되려면 응급조치 요령이나 노인 식생활에 대한 사전 지식이 필요합니다. 아무래도 전직 간병인, 간호사, 상담 경험이 있는 사람이 창업하기에 적합한 업종이라고 할 수 있겠습니다.

현재 실버시터 사업은 아직까지 대중적 인식이 덜 된 이유로 수요가 일부 계층에 한정되어 있는 초기 사업이라고 할 수 있겠으나, 그 수요가 지속적인 증가 추세에 있으며 미래 수요 예측이 가능한 업종으로 전망성은 밝다고 할 수 있습니다. 현재 국내에는 몇몇 업체들이 전문성을 확보하고 본격적인 사업을 하고 있는데, 그 추세가 토탈 시터에서 세분화된 전문 시터 쪽으로 방향이 전환되고 있습니다.

▷유망입지

사무실형 서비스 업종이기 때문에 그다지 입지에 대한 부담을 갖지 않으셔도 됩니다. 사무실은 시터들이 왕래하기에 편리하도록 교통이 좋은 곳에 얻는 것이 좋습니다.

▷수익성

창업에 드는 비용은 가맹비 500만원, 보증금 300만원, 홍보비 200만원과 개인 홈페이지 제작비 200만원을 포함해서 총 1200만원 정도입니다. 월 매출은 보통 1500만원 정도며, 마진율 12%로 월 순수익은 150~200만원 정도 됩니다.

▷운영전략

사업 초기에는 시터나 고객의 수요를 창출하기 위해 홍보 전단지를 통한 지속적인 홍보가 필요합니다. 또한 본사와 연계한 시터 교육을 철저히 해 시터의 서비스 자질과 전문성을 높이는 데 게을리 하지 말아야 할 것입니다. 한번 이용한 고객이 장기 고객이 된다는 것이 서비스 사업의 특징상 한번 찾은 고객을 고정 고객으로 확보하는 것이 사업 성공의 열쇠이므로, 만족스런 서비스 제공을 위한 전략이 무엇보다 필요하다고 하겠습니다.

Q. 여대 정문 앞에서 오른쪽으로 이어지는 쇼핑 거리에서 5평 남짓한 테이크아웃 커피전문점을 운영하고 있습니다. 겨울이 다가오고 날씨가 싸늘해지면서 조금씩 고객이 줄어들어 고민입니다. 이를 극복할 수 있는 대체 메뉴 개발이나 또는 테이크아웃이 지닌 시장성 한계를 극복할 수 있는 방법이 없을까요?

A. 1년 전까지만 해도 테이크아웃 커피전문점은 창업 1순위로 꼽힐 정도로 예비창업자들에게 높은 인기를 누려온 업종입니다. 그 인기는 현재까지 이어져 여전히 이 업종을 창업하겠다고 찾아오는 분들이 많습니다. 하지만 테이크아웃 커피전문점이 커피를 들고 나가 거리에서 즐기는 문화에서 비롯됐기 때문에 계절상 한계가 있습니다. 겨울철 매출이 감소하는 원인도 계절적인 한계 때문이죠. 이를 극복하기 위해 테이크아웃과 매장을 겸하거나 또는 쿠키, 케이크 등 서브 메뉴 개발에 신경 쓰는 사업자들이 많아지고 있는 추세입니다.

테이크아웃 문화가 일반화되지 않은 우리나라의 경우 매장을 잘 활용하는 것도 성공 전략 중 하나입니다. 젊은층의 다양한 욕구를 충족시켜주는 복합 매장의 개념을 적용시켜 시너지 효과를 창출할 수 있습니다. 실제로 신촌에 위치한 한 멀티형 커피전문점은 한 공간에서 여러 가지 체험을 해볼 수 있는 이색 공간으로 구성해 젊은 층의 발길이 끊이지 않고 있습니다. 365일 겨울처럼 눈이 내리는 공간, 편안히 쉴 수 있는 아로마테라피 체험실, 인터넷 즉석 사진 촬영 등을 할 수 있는 디지털 공간 등 이색 체험을 제공하는 멀티형 커피점은 테이크아웃 커피전문점이 갖는 한계를 충분히 극복할 수 있다고 봅니다.

▷극복 전략

계절적인 한계를 극복하기 위해서 매장을 좀 더 적극적으로 활용할 필요가 있습니다. 가령 1층에는 테이크아웃 매장을 두고 2층에는 커피를 마실 수 있는 매장을 둔다면 세분화된 고객 수요를 모두 충족시킬 수 있을 것입니다. 2층을 매장으로 둔다면 그 공간을 효과적으로 활용하는 전략을 세워야 합니다.

위에서 언급한 멀티형 커피전문점의 경우는 우후죽순으로 생기고 있는 커피전문점과 차별화를 선언하고 독창적인 콘셉트를 만들어 성공한 사례라고 할 수 있습니다. 남녀노소를 불문하고 아련한 추억을 떠올리게 하는 눈을 커피와 접목시켜, 커피를 한층 더 분위기 있게 마실 수 있도록 했으며, 흥미를 유발시켜 가족 단위로 매장을 찾는 경우도 많다고 합니다. 또한 요즘 유행인 아로마테라피 체험실을 마련, 커피와 함께 허브 용품도 함께 판매하므로 두 가지 종목에서 수익을 올리는 셈입니다. 무선 랜서비스로 인터넷은 물론이고 디지털 포토, 심리 게임 등 신세대가 좋아할 만한 콘텐츠도 서비스하고 있습니다.

메뉴의 경우도 고급 커피의 이미지와 품질을 유지하면서 아직 고급 커피에 익숙하지 않은 고객들을 끌어들이기 위해 메뉴를 다양화하여 선택의 폭을 넓혀 주는 것이 무엇보다 중요합니다. 여름에는 시원한 아이스 커피류, 가을에는 카페라떼나 따뜻한 모카 등의 메뉴에 주력하는 것이 좋겠고, 커피 이외에도 최근 유행인 허브티, 허브티라떼 등 색다른 메뉴도 개발해야 합니다. 메뉴 개발에 있어서도 맛과 재미를 동시에 추구하는 독특한 아이디어가 중요합니다. 위에서 말한 커피전문점의 경우 커플이 함께 빨아야만 올라오는 커플스트로우, 스낵과 커피를 한 컵에 담은 멀티컵 등으로 젊은 층에게 폭발적인 인기를 누리고 있습니다.

커피전문점의 70%를 차지하는 주고객이 여성이므로, 특히 여대 앞에서는 커피와 함께 파는 푸딩, 토스트, 쿠키 등에 천연 재료를 쓰거나 식물성 생크림을 써서 칼로리를 다운시키는 것도 좋은 전략입니다.

▷수익성

창업비용은 10평 기준으로 가맹비 500만원, 인테리어 간판 및 초도물품 포함 총 개설비용이 6000만원 정도 소요됩니다. 상권에 따라 차이가 있지만 보통 월매출은 1800만원 정도며, 영업이익은 34%로 인건비, 임대료 등을 제외하면 월 순수익은 약 600만원 정도입니다.

Q. 아로마테라피 사업에 관심이 있습니다. 관심 분야를 살려서 창업을 하고 싶은데 허브 관련 사업으로 어떤 사업이 있으며, 향후 전망과 수익성은 어떤지 알고 싶습니다.

A. 환경오염이 심각해짐에 따라 현대인들의 자연 회귀 욕구가 점점 더 커지고 있습니다. 이로 인해 창업 시장에도 '자연'을 소재로 한 사업들이 유망 트렌드로 떠오르고 있는데, 최근 허브의 효능이 널리 알려지면서 허브 관련 사업들이 속속 등장하고 있습니다. 허브(Herb)란 잎, 줄기, 뿌리 등을 식용이나 약용으로 쓰는 푸른 식물을 말합니다. 서양에서는 고대부터 약초나 방부제, 향신료 등으로 사용되어 왔으며, 오늘날 제조 기술이 발달하면서 건강, 미용, 방향, 장식품 등 다양한 사업으로 발전했습니다. 허브를 활용한 사업으로는 아로마테라피, 에센셜 오일, 미용 및 목욕 용품 판매 등이 있으며 그 업종도 점차 세분화되고 있는데, 그 중 대표적으로 허브 관련 상품을 판매하는 사업이 있습니다.

국내 허브 사업은 아직 걸음마 단계로 허브를 재배, 생산하는 업체는 있지만 그것을 가공하는 업체는 그다지 많지 않은 현실입니다. 하지만 국내 업체 중에서도 직접 자체 개발한 상품을 판매하고 있는 곳도 있습니다. 주요 취급 품목으로는 스킨로션, 바디로션, 영양크림 등과 같은 화장품, 에센셜 오일과 캐리어 오일 같은 오일 제품, 샴푸와 비누, 샤워젤 등과 같은 목욕 용품, 기타 다양한 장식 용품과 향기 제품 등이 있습니다. 허브 관련 시장은 아직 도입기에 있지만 향후 개발될 사업 분야도 넓고 시장도

광범위해 급성장이 예고되는 잠재력이 큰 시장이라고 말
할 수 있겠습니다.

▷유망입지

허브전문점의 주요 고객은 중상류층으로 건강과 미용에
관심이 많은 10대에서 30대의 젊은 직장여성이 대부분입
니다. 따라서 오피스가나 아파트 밀집지역이 좋은 입지라
고 할 수 있겠습니다. 또한 유동인구가 많은 지하철역 주
변이나 백화점 내 매장도 허브전문점을 하기에 좋은 장소
입니다.

▷수익성

창업비용은 5평 크기 표준 점포의 경우 점포 보증금을 제
외하면 약 2600만원 정도입니다. 가맹비 300만원, 인테
리어비 750만원, 초도상품비 1500만원, 집기구입비 100
만원 등이 구체적인 내역이며 점포 임대 비용까지 감안한
다면 대략 4000~6000만원의 비용이 소요된다고 보면 됩
니다. 월 매출액은 750만원 정도. 마진율은 60%로 이 중
매출이익은 450만원입니다. 여기서 임대료, 관리비 등을
제하면 300만원 정도의 순이익을 올릴 수 있을 것으로
예상됩니다.

▷운영전략

허브 관련 제품은 아직 인지도가 낮은 편이라 허브를 접
해 본 사람들이 그리 많지 않은 게 현실입니다. 하지만
스트레스에 시달리는 현대인들은 한 번 그 효능을 알고
나면 단골이 될 잠재력이 있기 때문에 무엇보다 고객들에

게 상품을 적극적으로 알리는 작업이 필요합니다. 그러기 위해서는 제품을 판매하는 점주가 허브의 효능과 사용 방법에 대한 전문적인 지식을 갖추는 것이 필요합니다. 고객이 직접 체험을 해 보도록 유도하는 것도 좋은 방법입니다. 허브에 대한 자세한 정보가 있는 홍보 전단을 매장에 비치해 두거나 한 걸음 더 나아가 허브 교실을 운영, 허브 관련 강좌를 개최해 보는 것도 단골 고객을 확보하는 데 매우 효과적인 전략입니다.

Q. 7평 남짓한 작은 점포를 하나 가지고 있습니다. 소자본으로 동네에서 할 수 있는 외식업을 찾다가 치킨전문점을 하려고 하는데, 치킨전문점이 하도 많아 경쟁력이 있을지 걱정이 됩니다.

A. 창업 경험이 없는 예비창업자가 친숙하게 접근할 수 있는 사업의 하나로 치킨전문점을 들 수 있습니다. 이는 소자본으로도 창업이 가능하며 동네 상권에서도 높은 수익을 기대할 수 있기 때문입니다. 이런 이유로 치킨전문점 시장은 이미 포화 상태에 이르렀다고 할 수 있을 정도로 골목마다 두세 개 이상의 점포가 난립해 있는 상황입니다.

경쟁이 치열하기 때문에 차별화된 메뉴와 서비스가 사업의 성패를 좌우하는 중요한 잣대가 될 수 있습니다.

최근 치킨전문점 시장은 기존의 후라이드와 양념 치킨 위주에서 탈피해 새로운 메뉴로 업그레이드한 치킨점들로 세대 교체되고 있습니다. 예를 들면 고객 선호도가 높은 닭의 특정 부위인 닭 날개만을 판매하는 치킨전문점을 들 수 있습니다. 특정 부위만을 취급하므로 조리 방법이 매우 간단해 손이 많이 가지 않고 초보자라도 쉽게 창업할 수 있는 장점이 있습니다. 자칫하면 여러 부위를 같이 판매하는 업종에 비해 다양성이 떨어질 수도 있어 독특한 소스와 차별화된 맛이 중요합니다. 매콤한 맛의 성인 취향, 달콤한 맛의 어린이 취향 등으로 맛을 세분화하여 고객층을 가족 단위로 두텁게 확보할 수 있습니다. 또한 치킨과 함께 호프도 배달해 주면 매장을 활용하지 않고도 매출을 높일 수 있습니다.

▷유망입지

치킨전문점은 어린이부터 어른에 이르기까지 수요층이 다양하고 간식이나 야식으로 선호하는 경향이 있어 주택가, 아파트 단지나 상가 밀집 지역에 점포를 내는 것이 좋습니다. 닭날개전문점은 배달 위주의 사업이기 때문에 상권에 크게 구애받지 않으나, 가능하면 점포는 배달이 용이하고 광고 효과를 높일 수 있는 주택·아파트 상가의 1층 전면이 유리하다고 할 수 있겠습니다. 퇴근하는 20~30대 직장인들을 타깃으로 부도심 상권이나 주택가로 이어지는 역세권도 노려볼 만합니다.

▷수익성

닭날개전문점을 창업하는 데 드는 비용은 8평 기준으로 점포 임대비를 제외하고 1980만원입니다. 가맹비 300만원, 인테리어비 평당 110만원, 간판비 200만원, 주방설비가 300만원, 홍보비 300만원이 그 내역으로 보통 치킨전문점에 비해 창업비용이 저렴한 편입니다. 월 900만원 정도의 매출을 기대할 수 있고 마진율이 60%로 인건비와 관리비 등을 제외하면 순수익은 약 360만원 선입니다.

▷운영전략

일반적으로 배달사업은 소점포로 운영되기 때문에 특성상 고객의 눈에 쉽게 띄지 않습니다. 따라서 지속적 홍보활동을 하는 것이 무엇보다 중요합니다. 사업 초기에는 배달 대상구역에 간단히 시식할 수 있도록 포장 배달하여 적극적으로 제품을 홍보하는 것이 좋습니다. 보통 홍보 활동으로 전단지를 활용하는 것이 대부분이지만 전단지는 그냥 버려지는 경우가 많기 때문에 상호와 전화번호가 기재돼 있는 냄비받침, 냉장고 부착용 자석, 어린이 쟁반, 볼펜 등 실용적인 물품을 제공하는 것도 하나의 홍보 방법입니다. 또한 유사 점포가 난립해 있는 지역이 많기 때문에 청결한 매장 관리와 시선을 사로잡는 인테리어, 적극적인 마케팅 등 고객을 끌어들일 수 있는 차별화된 전략을 수립해야 합니다.

Q. 20평 남짓한 분식점을 운영하고 있는 40대 주부입니다. 요즘 매출이 부진하여 남편과 함께 매장 내에 '숍인숍' 형태로 사업을 하나 더 하려고 합니다. 동시에 운영해도 어렵지 않으면서 고객을 유치할 수 있는 뭔가 색다른 아이템이 없을까요?

A. 분식점 내에 어울리는 사업으로 어묵, 토스트, 호떡 등을 들 수 있는데요, 최근 손으로 굽던 호떡을 자동 기계로 간편하게 만들어 주는 사업이 등장해 눈길을 끌고 있습니다.

이 사업은 반죽에서부터 포장에 이르기까지 전부 기계화되었다는 것이 특징입니다. 프리믹스 형태의 반죽 가루를 자동 반죽기에 넣고 물을 부어 1시간가량 숙성시키면 반죽이 완성되는데, 그 반죽을 자동 호떡 기계에 넣으면 12초마다 호떡이 뚝뚝 떨어집니다. 점주는 그 호떡을 굽기만 하면 됩니다. 따라서 대량 주문이 들어 와도 어렵지 않게 할 수 있다는 것이 장점입니다. 호떡을 담는 플라스틱 용기도 따로 준비되어 있으며, 포장기를 사용하면 간단하게 랩핑도 됩니다.

맛과 영양면에서도 업그레이드 했습니다. 기존의 천편일률적인 호떡과 달리 색다른 재료를 사용합니다. 이른바 '선식 호떡'. 반죽에 찹쌀, 보리, 현미 등 7가지 곡물과 계피, 감초 등의 한약재를 첨가하여 고소한 맛을 냅니다. 인테리어도 낙후한 노점 이미지를 탈피해, 세련되고 깔끔하게 했으며 간판에 불이 들어오도록 해 수요가 많은 저녁 시간대에 고객들의 시선을 잡는 역할을 합니다.

호떡 비수기인 여름철을 대비하여 '선식 파이' 등 새로운 메뉴를 추가하고 있습니다.

▷유망입지

자동 기계형 선식 호떡, 파이 전문점은 질문하신 대로 숍 인숍 형태로도 창업이 가능하고, 노점 형태로도 창업할 수 있습니다. 노점 형태로 창업할 경우에는 아파트 중심 상가, 주택 밀집 지역 등 동네 상권이나 유동인구가 많은 역세권, 대학가 앞, 고속도로 휴게실 등이 좋습니다. 백화점, 대형 할인매장 내에서도 창업이 가능합니다.

▷수익성

창업을 하기 위해서는 기본적으로 자동 호떡 기계, 자동 반죽기, 작업대, POP, 전기 그릴, 온장고가 필요합니다. 이 기계비와 가맹비 100만원, 초도물품비 50만원 등을 포함하여 총 950만원의 창업비용이 소요됩니다(10평 점포 기준). 자동 포장 기계를 추가하면 비용이 좀더 들어갑니다. 호떡 1개의 가격은 기존의 호떡과 동일한 500원. 일일 매출 20만원, 월 평균 600만원의 매출을 올릴 수 있습니다. 마진율은 약 73%이며 점포 운영비 150만원 정도를 제하면 월 평균 300만원 정도의 수익이 발생합니다.

▷운영전략

흔히 길거리에서 파는 식품이라고 하면 비위생적이고 영양가가 없다고 생각하는 게 대부분인데, 바로 이런 점에서 차별화됐음을 적극 홍보하는 것이 좋습니다. 일단 선

식이라는 이색적인 재료를 사용했다는 점을 부각시키고
한약재도 추가하여 다이어트, 어린이, 노약자, 기타 성인
병에 좋다는 점을 강조하는 전략도 좋습니다. 외식업이다
보니 판매대와 기계를 늘 청결하고 깨끗하게 유지하는 것
도 잊지 말아야 할 것입니다.

Q. 결혼 전 유치원 교사로 일을 한 30대 주부입니다. 결혼 후
   전업 주부로만 있다가 막상 창업을 하려니 어떻게 해야
   할지 막막합니다. 소자본으로 창업이 가능한 유망 사업
   아이템을 소개해 주세요.

A. 보통 주부들은 창업을 하고 싶어도 창업에 대한 정보나 자
   신감의 부족으로 흐지부지 되는 경우가 많습니다. 이렇게
   창업 경험이 없는 사람에게는 전직의 경험을 살릴 수 있
   는 업종이 안정적입니다.

   교사였던 전직을 살려, 아동 교육 사업을 해 볼 것을 권
   합니다. 아동 교육 사업은 '교육'이라는 점 때문에 사업
   이미지도 좋고, 보람도 느낄 수 있습니다. 또한 자녀를 길
   러 본 경험이 사업을 하는 데 많은 도움이 되기 때문에
   주부에게는 안성맞춤이라고 할 수 있습니다.

   아동 교육 사업은 핵가족화와 부모들의 교육열로 시장을
   점차 확대해 왔는데요, 그 만큼 경쟁이 치열하기 때문에
   창업 아이템을 선정할 때는 사업 가능성을 세심히 검토해
   봐야 합니다.

   소자본으로 창업할 수 있는 아동 교육 사업으로 학습지
   사업이 있습니다. 현재 방문 학습지 사업은 방문 교사가
   5~10분 정도 지도를 해주지만 지도 시간이 짧다는 아쉬
   움이 있습니다. 이런 점을 보완하기 위해 학습지와 함께
   학습 CD를 함께 제공해 주는 사업이 등장해 고객뿐 아니
   라 창업자들의 눈길을 끌고 있습니다.

학습 CD에는 전문 강사의 동영상 강의가 들어 있어, 아이들이 언제든지 예·복습을 할 수 있습니다. 오프라인 외에 온라인 교육도 함께 실시하면서 컴퓨터 세대인 아이들에게 맞게 PC를 활용한다는 점이 이 사업의 경쟁력입니다. 또한 최근 창의력 향상 교육 추세에 맞춰 재미있게 놀면서 자연스럽게 배우도록 한 에듀테인먼트(education + entertainment)를 표방하고 있습니다. 매일 하나씩 특명을 주고 창의력을 발휘하여 문제를 해결할 수 있도록 하는 프로그램, 만화를 이용한 마법퀴즈 프로그램, 교과서에서 배운 내용을 체험하는 교과서 체험 프로그램 등 다양한 콘텐츠가 있습니다.

이 사업은 상담원이 학생을 직접 가르치지 않으므로 지도에 대한 부담을 덜 수 있어 초보자라도 창업이 가능합니다. 따라서 기존의 학습지보다 한꺼번에 더 많은 회원을 관리할 수 있다는 이점도 있습니다.

▷유망입지

방문 교육 사업은 자녀의 연령층이 낮은 소형 아파트가 많이 분포되어 있는 신도시 아파트 단지나 주택가, 서울 외곽 위성도시가 창업하기에 유리한 지역입니다. 고액의 사교육비가 부담스러운 서민층에서 수요가 더 많이 발생한다는 점을 감안하면 지방 도시를 노려 볼 만합니다.

▷수익성

인구 30만 명 기준 1개 지사 운영을 하고 있으며, 지사 개설 비용은 보증금과 가맹비를 포함해 500만~1500만원이 듭니다. 지사의 경우 창업 후 5개월이 지나면 1000여

명의 회원 모집이 가능하고, 월 2000만원의 매출 중 500만원이 순수익으로 남습니다.

▷운영전략

홍보를 할 때는 기존의 학습지 외에 교육 CD를 추가하여 준다는 점을 적극 알리는 것이 효과적입니다. 온라인 교육도 함께 하고 있으므로 아동 교육 분야 외에 컴퓨터에 대한 전반적인 지식을 갖추고 있으면 더욱 좋습니다. 본사 프로그램 외에도 창업자 스스로 어린이를 이해하고 자신만의 재미있고 독창적인 교육 방법을 개발하는 노력도 잊지 말아야 합니다.

Q. 전직 영어 교사로 일한 여성입니다. 남편과 함께 창업을 하려고 하는데, 아동 교육 사업은 불황에도 강한 비교적 안정적인 사업이라고 들었습니다.

전직을 살려 영어학원을 운영하려고 준비중입니다. 입지는 어떤 곳이 좋은지, 어떻게 운영하는 것이 좋은지 궁금합니다.

A. 최근 창업전문가 117명을 대상으로 한 설문조사 결과, 올해 유망 창업 3위에 어린이영어학원이 꼽혔습니다. 이처럼 아동을 대상으로 하는 엔젤사업, 그 중 특히 교육사업은 계속 인기 있는 아이템으로 각광을 받을 것으로 예상됩니다. 특히 영어가 글로벌 시대를 살아가는 데 필수 조건으로 자리 잡으면서 조기 교육 열풍이 거세지기 시작한 것은 이미 오래 전 일입니다. 우리나라 학부모들의 교육열은 세계에서도 손꼽힐 정도여서 교육시장의 규모와 잠재 수요는 무궁무진하다고 볼 수 있습니다.

이러한 배경 아래 어린이영어학원은 1997년 영어가 초등학교 교과과정에 정식으로 채택된 이후 빠른 성장을 보여왔습니다. 그렇지만 우후죽순처럼 생겨난 학원들이 단순히 외국인 강사가 회화 위주 수업만 진행함으로써 다양한 교육적 방법을 실시하지 못하고 질적인 교육을 하는 데 실패했다는 평가가 많은 것도 사실입니다. 따라서 누가더 효과적인 학습 프로그램으로 학부모, 학생들을 만족시키는가에 따라 사업의 성패가 갈라진다고 볼 수 있습니다.

최근에는 미국의 교과서를 활용, 국내 실정에 맞춘 프로그램으로 진행하고 있는 학원, 영어 독서실을 운영하거나 영어 듣기방으로 차별화를 한 사업, 놀이를 영어와 결합시킨 학원들이 눈길을 끌고 있습니다.

▷유망입지

어린이영어학원의 최적 입지로는 유명 브랜드로 출점시에는 종로나 강남과 같이 대형 학원이 몰려 있는 학원가 상권, 또한 거주민들의 소득 수준이 높거나 영어학원에 등록하는 미취학 아동과 초등학교 자녀를 둔 30, 40대의 인구 비율이 높은 지역, 학군이 좋아 교육열과 수준이 높은 지역 등이 출점시 고려해야 할 요인입니다. 2~3만 세대 정도가 거주하는 대단위 아파트 밀집지역도 유망한 입지입니다.

▷창업비용

보통 어린이영어학원을 창업할 경우 점포 비용은 지역에 따라 다르지만 B급 입지 이상에 점포를 내려면 대개 1억 원 이상 소요되며, 총 4억원 이상이 창업비용으로 소요된다고 할 수 있습니다. 창업비용이 높은 점을 감안한다면 투자 대비 수익률을 정확하게 분석하여 창업해야 합니다.

▷운영전략

현재 어린이영어학원은 대형화, 조직화, 기업화되는 추세입니다. 따라서 경험 없는 개인이 창업하기에는 무리가 따를 수도 있기 때문에 교사 채용과 학부모, 학생 관리, 상담 등에 있어서 철저히 준비한 후 개원을 하는 것이 좋습니다.

고객이 어린이인 만큼 안전사고에 신경 쓰고 차량관리도 소홀히 하지 말아야 합니다. 프로그램에 있어서도 차별화가 필요합니다. 최근 대부분의 아동 교육 사업이 표방하고 있는 공부와 오락을 접목시킨 에듀테인먼트의 형태로 아이들이 영어에 재미를 붙일 수 있도록 하는 교육 프로그램이 필요합니다. 학원 내에 각종 놀이시설을 설치해 놓는다든지, 아이들과 함께 음식을 만들어 보는 요리실, 영화를 활용하거나 외국인 강사와 함께 놀면서 배울 수 있는 교구 활용 프로그램 등 여러 가지 전략이 있을 수 있습니다.

그리고 꾸준한 홍보도 필요합니다. 월 매출이 많다고 홍보를 게을리 해서는 안 됩니다. 지속적인 학원 홍보를 위해서 고정적으로 홍보비를 책정하여 반드시 월 단위로 집행하는 것이 좋습니다. 이렇게 꾸준한 홍보가 이루어져야 차기 원생 모집이 수월하고 학부모들에게 인지도를 높일 수 있습니다.

Q. 최근 큰 규모의 감자탕집이 많이 생겨나고 장사 또한 잘되는 것 같습니다. 감자탕집 창업에 관한 조언 부탁드립니다.

A. 감자탕은 삼국시대 돼지 사육으로 유명한 전라도 지방에서 소뼈 대신에 돼지뼈를 우려내어 뼈가 약한 환자나 노약자들에게 먹게 해 치유와 예방을 했다는 것에서부터 유래되었습니다. 유래에서도 알 수 있듯이 감자탕은 어린이 성장기 발육에 좋고, 남성에게는 스테미너 음식, 노인들에게는 골다공증과 노화 억제에 효과가 탁월하며 칼륨, 칼슘, 알칼리 등 다른 곡물에 없는 다양한 영양소가 함유된 음식이라고 할 수 있겠습니다.

▷유망입지

점포 규모는 50평 이상으로 대형화하여 출점하는 것이 유리하며, 1층에 있는 점포면 좋겠지만 2층에 위치해도 입지가 좋은 곳이면 무방합니다. 접근성 면으로 볼 때 자가용이나 대중교통 수단, 또는 도보로 방문이 용이한 대로변이나 주 통행로변의 코너에 위치하면 가장 좋은 입지 조건입니다.

또한 퇴근길 동선, 주변상권이 활성화되어 고객을 흡수할 수 있는 업종들이 고루 분포된 곳, 대규모 유동인구 유발 지역, 대규모 위락시설이나 유흥가 지역, 대학가, 역세권, 사무실 밀집지역, 극장, 정류장 등 사람들이 많이 몰리는 곳 등의 상권과 입지 조건을 분석하여 출점지를 정해야 합니다. 교외에 전원주택을 개조하여 오픈 한다면 경치가 좋고 복잡하지도 않으며 넓은 주차장을 확보할 수 있는 곳이 좋으며, 이로 인해 고객들이 단골이 되어 주기적으로 감자탕을 즐기기 위해 찾아올 수 있도록 해야 합니다.

▷수익성

가맹점 창업시 투자비용은 50평을 기준으로 할 때 7500만 원 정도가 소요되는데, 가맹비 1000만~2000만원, 인테리어, 간판, 설비, 이벤트 등이 평당 150만 원 정도입니다. 이 창업비용은 점포비용을 제외한 것이며, 업계 표준 금액을 예시한 것입니다(가맹본사에 따라서 차이가 있습니다).

▷운영전략

독립창업의 경우 음식조리에 대한 노하우가 있어야 합니다. 하지만 가맹점으로 창업하면 단시간에 본사의 운영방식이나 매뉴얼에 따라 조리법, 점포경영 전반을 교육받을 수 있어 창업이 용이하며, 점주가 직접 주방에서 일할 수 있어 인건비도 절감되어 유리합니다.

재료는 항상 믿을 수 있는 엄선 원료만을 사용하고 국물을 충분히 우려내 맛을 일정하게 유지해야 하며, 매뉴얼에 따라 조리, 청결관리, 위생관리, 고객관리, 종업원관리 등을 철저히 해야 합니다. 특히 음식업은 위생관리가 대단히 중요함은 말할 나위 없습니다. 여름철에는 위생과 재고관리에 더욱 신경 써야 하며, 메뉴의 특성상 뼈가 음식물 쓰레기로 많이 나오므로 청결에 주의를 기울여야 합니다. 화장실 청결도 대단히 중요한데, 근래 화장실 청결문화 운동까지 있을 정도로 화장실의 중요성이 커지고 있습니다.

감자탕은 포장판매 수요의 비율도 높은 편이므로 손님들

이 쉽고 빠르게 포장해 갈 수 있도록 테이크아웃 메뉴도 취급하는 것이 좋습니다.

고객관리 측면을 보면, 감자탕은 단골고객이 많으며 한번 찾아온 고객을 단골로 만들기도 쉬운 반면에 자칫 소홀하게 되면 고객관리에 실패할 수 있습니다. 어린이 고객을 위한 공간, 충분한 주차장 확보, 후식 제공 등 꾸준한 고객 관리와 서비스의 질적인 향상을 위한 노력이 필요합니다.

예를 들어 고객카드를 작성하여 생일이나 졸업, 입학 등의 기념일에 축하 메시지를 전달하고 간단한 선물을 준비하는 등 세심한 배려로 '한 번 우리 점포를 이용한 고객은 영원한 단골'이라는 마인드를 가져야 합니다.

또한 고객들이 충분한 시간적 여유를 가지고 식사를 즐길 수 있도록 시간을 독촉하거나 짜증내지 않는 서비스를 제공해야 합니다. 가장 큰 홍보 효과는 음식과 서비스에 만족한 고객이 주변 사람들에게 입소문을 내는 구전에 의한 홍보이기 때문입니다. 홍보 방법은 지역신문, 전단지, 전화번호부 광고 등 일반적인 방법과 더불어 지역 노인 무료식사, 소년소녀 가장 초청, 결식아동 후원 등 사회봉사 개념의 선행을 한다면 자연적으로 그 이미지가 좋아질 것입니다.

Q. 50대 중반의 남성입니다. 건강이 좋지 않아 다니던 회사를 그만두고 창업을 하려고 합니다. 제가 건강이 나빠서인지 건강관련 사업에 관심이 많습니다. 어떤 업종이 유망한 지, 성장성은 있는지, 동네에서 할 수 있는 건강원은 투자 비가 얼마나 들고, 관련 기술은 어떻게 배우는지 알고 싶습니다.

A. 불과 몇 년 전까지만 해도 50대 창업자는 고령자에 속했는 데요, 최근에는 50대부터 60대까지 그 연령층이 점차 확대되어가고 있는 추세입니다. 따라서 창업 시장에도 50대 창업자들이 도전해볼 만한 업종들 늘어나고 있습니다. 이들 실버 창업자들은 지나치게 유행성이 강하거나 검증되지 않은 사업보다는 성숙기 업종으로 안정적으로 수익을 올릴 수 있는 업종이 좋습니다.

실버 창업자들은 건강에 대해서 관심이 높습니다. 그래서 이 분야의 창업을 고려하는 사람이 상대적으로 많은 편입니다. 건강 관련 사업으로는 건강식품 판매점, 건강관련 외식업, 주택가에서 많이 볼 수 있는 건강원 등이 있습니다. 건강식품 판매점은 요즘 많이 늘어나는 추세입니다. 홍삼제품 판매점이 대표적이고 유기농 가공품, 천연기능성 식품 등을 판매하는 점포도 있습니다.

건강원은 역사가 오래된 업종으로 보통 동네마다 2~3개 이상 이미 자리를 잡고 있으며 재래식 방법으로 각종 건강제품을 만들어주는 업종이라 90년대 이후 크게 늘어났습니다. 다만, 낙후된 시설이나 전근대적인 운영 방식으로 일부 젊은 소비자들의 외면을 받아왔습니다. 하지만 최근에는 시설이나 인테리어를 업그레이드하고 한방차, 과채류를 이용한 다양한 음료 개발 등으로 고객층을 젊은 층까지 확대해나가고 있는 건강원도 있습니다. 건강원은 유행을 타는 사업이 아니고 계속 '전문성'을 쌓아가야 하는 사업이므로 평생 사업으로 도전해 볼 만한 업종입니다.

▷유망입지

건강식품전문점과 건강원은 입지가 중요합니다. 일단 주부들의 유동이 많은 입지가 유리합니다. 경우에 따라서는 인지성이 높은 대로변에 자리 잡기도 하는데, 이 경우 넓은 상권을 반경으로 하는 반면 영업이 정착되려면 상당한 기간이 걸린다는 것을 감안해야 합니다.

▷수익성

건강원의 창업비용은 점포비를 포함하여 대략 7000만원 안팎입니다. 객단가는 3만원에서부터 30만 원대까지, 평균 10만원 전후로 비교적 높은 편입니다. 건강원은 외식업과 달리 개업 후 상당 기간이 흘러야 정상적인 매출 궤도에 오릅니다. 사업 초기에는 가족이나 친구, 지인들이 인사차 주문을 하는 경우가 많습니다. 손익분기까지 오르는 시간이 많이 걸린다는 점을 감안하면 사업 초기 어느 업종보다 적극적인 홍보와 판촉 마케팅을 펼쳐 조기에 매출이 오를 수 있도록 노력해야 합니다. 일단 1년 정도 지나면 단골이 생겨 안정적이 매출 기반을 마련할 수 있습니다.

▷운영전략

건강원을 창업하려면 먼저 이 사업의 특성을 잘 이해해야 합니다. 건강원은 소비 회전도가 매우 길다는 것이 특징입니다. 일반인들이 건강즙을 주문하는 경우는 연 1회도 채 안 되고 어떤 사람들은 몇 년 동안 또는 평생 동안 단 한 번도 건강즙을 먹지 않는 경우도 있기 때문입니다. 반면 건강즙을 상복하는 사람들은 자신도 자주 이용할뿐더러 가족 등에게 선물로 많이 주기도 합니다. 주 고객층은 40~50대 남성층이지만, 실제 주문자는 대부분 그들의 아내입니다. 수험생이나 고령자에 대한 선물 수요도 많고 임산부도 주 고객입니다.

어떤 건강 사업이든 '전문가'가 되는 게 중요합니다. 건강 관련 사업은 단순 중개업이 아니라 지식도 함께 팔아야 신뢰를 얻을 수 있기 때문입니다. 그래서 공부를 많이 해야 합니다. 사업 초기에는 각종 재료를 달이는 방법에도 익숙해져야 하지만, 건강관련 지식을 습득하기 위해 노력해야 합니다. 고가 상품을 취급하므로 고객 관리에도 신경 써야 하며, 건강원 내부 환경도 청결하게 하는 게 좋습니다.

최근 들어 건강원 프랜차이즈가 생겨나고 있으니 가맹점 창업을 하면 가맹본사의 노하우를 전수받을 수 있습니다. 가맹점이 싫다면 건강원에서 쓰는 기기를 공급해주는 업체들로부터 관련 기술을 배울 수도 있습니다. 공동 마케팅이나 정보 교류를 생각한다면 초보자들에게는 가맹점이 유리할 수 있습니다.

Q. 3000여 세대의 아파트 단지와 주택가 밀집지역에 약 5평 정도의 점포를 가지고 있는 전업주부입니다. 이 점포를 가지고 소자본으로 할 수 있는 업종을 찾다가 배달 사업은 투자비가 적게 든다는 걸 알게 됐습니다. 최근 동네 상권에서 어떤 배달 사업이 유망한지 업종 정보와 시장성에 대해 알고 싶습니다.

A. 최근 맞벌이 부부가 증가하면서 이들의 생활을 지원해 주는 사업이 인기를 끌고 있습니다. 다양한 밑반찬을 손쉽게 구할 수 있는 반찬 편의점이나 맞춤 쌀 배달 전문점 등이 이에 해당하는데, 최근에는 국 배달, 죽 배달, 샐러드 배달 등과 같은 아침 식사대용 시장을 공략한 좀 더 다양한 업종들이 등장해 눈길을 끌고 있습니다.

특히 국 배달 사업은 한국인의 아침 식사에 빠져서는 안 된다고 인식되는 국의 조리에 대한 부담감을 덜어주고, 오히려 직접 구매하여 조리하는 것보다 저렴한 비용으로 매일 다른 메뉴의 국을 맛볼 수 있다는 점에서 맞벌이 부부들이 많이 선호하고 있는 추세입니다. 젊은 층뿐 아니라 독거노인을 위해서 자식이 신청을 해주기도 하며, 혼자 자취하며 사는 대학생이 신청하는 경우도 종종 있습니다.

소위 배달 업종은 3D 업종으로 불리기도 하지만 최소자본으로 땀 흘리며 돈을 벌려는 서민층들에겐 든든한 힘이 되는 사업입니다. 업종에 따라 다르겠지만 일반적으로 배달 사업은 적은 자본으로 창업이 가능하며, 홍보만 열심히 한다면 점포 입지가 나빠도 고객을 확보할 수 있다는 장점을 가지고 있습니다. 따라서 투자비 회수가 유리하고 우수한 품질로 고정 고객만 확보하면 안정적인 매출이 가능하다고 볼 수 있습니다. 그 중 국 배달 사업의 경우는 한 번 이용한 고객들이 계속 이용하는 고정 수요가 많은 사업이므로 사업 초기 몇 달만 고생해서 회원을 모집하면 이후부터는 비교적 편하게 사업을 할 수 있습니다.

▷유망입지

고객은 맞벌이 가정, 고시촌, 노인 부부 등으로 그러한 인구가 밀집되어 있는 주택가나 아파트 밀집 지역이 좋습니다. 예를 들면 일산과 분당과 같은 신도시도 매우 유력한 대상 지역이라고 할 수 있습니다.

▷창업비용

배달 사업은 대부분 소점포 또는 점포 없이 재택으로도 창업이 가능하기 때문에 창업비용은 최소 500만원에서 2000~3000만 원 정도로 창업 자금에 대한 부담이 덜하다는 이점이 있습니다. 점포는 없어도 되지만 배달 차량은 구입해야 하며 가능한 차량 유지비가 저렴한 경유 차량을 활용하는 것이 유리합니다. 월 회비 약 5만원을 기준으로 월 평균 회원 수를 200명으로 하면 1개월 매출은 1000만원, 마진율은 대략 40~50% 선으로 배달에 필요한 인건비와 각종 통신비, 차량 유지비 등을 제하면 월 순익은 350~400만 원 정도를 기대할 수 있습니다.

▷운영전략

배달이 매출 전부를 차지할 경우에는 회원 확보가 가장

관건이 됩니다. 사업 초기 과감하게 홍보에 투자하고 부지런히 상담을 해야 합니다. 한번 확보한 고객을 유지하는 전략도 중요합니다. 주기별로 사은품을 증정하고 감사 편지를 쓰는 노력을 들여 고객만족을 높여야 합니다. 특히 배달 사업은 상품 제조 과정이 눈에 보이지 않으므로 각별히 품질에 신경을 써야 합니다. 그렇지 않으면 하루 아침에 고객이 끊길 수도 있습니다.

홍보는 고객에게 노출 효과가 좋은 집중 판촉 활동을 활발히 할 필요가 있습니다. 예를 들어 아파트 단지 입구에서의 시식회, 아파트 게시판 혹은 대문에 전단지 부착, 지역 정보지 광고, DM 발송 등을 통한 홍보 활동을 지속적으로 하는 노력이 필요합니다. 또한 사업 활동 범위는 가능한 창업자의 거주 지역에 인접해 있는 것이 좋습니다. 그 지역의 인구 분포와 직업, 성비, 맞벌이 비율 등과 함께 최대한 대상 고객이 밀집된 '배달의 용이성'을 고려해야 합니다.

Q. 피자전문점 창업을 준비중인 40대 남성입니다. 피자전문점의 경쟁이 치열한 것 같은데, 어떻게 창업해야 할까요?

A. 동네 상권에서 쉽게 찾아 볼 수 있는 대표적인 업종으로 치킨, 피자 배달 전문점 등을 꼽을 수 있습니다. 이 중 가장 치열한 분야인 피자 전문점은 고객이 직접 방문해 피자를 먹는 레스토랑 피자 시장의 성장세가 둔화되는 반면, 피자 배달 시장은 매년 급성장하고 있는 추세입니다. 지난해 총 피자시장 6600억원 가운데 배달시장은 4200억원으로 60% 이상을 차지하는 것으로 나타난 것에서도 알 수 있습니다.

피자 전문점의 경우는 90년대 초 국내에 처음 상륙하여 창업 시장에도 많은 피자체인업체가 등장했다가 사라졌습니다. 현재는 대형 브랜드 몇 곳이 전체 시장의 상당 부분을 장악하고 있지만, 이런 대형 피자 전문점의 경우는 투자비가 만만치 않아 웬만해서는 창업할 엄두를 내기 힘든 게 현실입니다.

이런 가운데 중소 브랜드들이 가격과 투자 경쟁력을 내세워 민첩한 마케팅 전략으로 동네 상권을 장악하고 있습니다. 제품의 질, 배달 시간, 가격, 취급 메뉴 등을 놓고 치열한 경쟁을 벌이고 있는 것입니다. 10여 종이 넘는 피자의 종류는 물론 최근에는 다양한 스파게티와 사이드 메뉴들로 경쟁력을 강화하고 있습니다. 포장 용기에 차별화를 주기도 하고 배달 시간에 30분이 넘으면 할인을 해 주기도 합니다. 가격은 저렴하면서도 맛과 품질을 높이겠다는 추세입니다.

▷유망입지

피자 배달 전문점은 주택가와 사무실이 혼재된 지역이 최적 입지입니다. 배달 위주로 운영할 경우는 입지보다는 상권이 좋아 시장 수요가 풍부한 지역에 창업하는 것이 유리합니다.

▷수익성

보통 10~15평 점포를 기준으로 점포비를 포함하여 4천~6천만원 정도가 소요됩니다. 꾸준한 홍보로 인지도를 높이고 고정 고객만 확실히 확보한다면 1년 된 점포를 기준으로 봤을 때 월 2천~3천만원까지 매출을 올리기도 합니다. 평균 마진율은 65% 선으로 피자의 경우 25~30% 정도, 스파게티는 70~75% 정도입니다.

▷운영전략

브랜드력이 약한 주택가 부근 피자 전문점 사업에 성공하기 위해서는 대대적인 홍보 전략이 필수적입니다. 매출액의 일정 부분을 판촉 홍보에 과감하게 투자하고 지속적으로 홍보를 진행하는 것이 좋습니다. 또한 홍보를 통해 한 번 고객을 확보하면 다음 단계로 고객 충성도를 높여야 합니다. 이를 위해서는 신선한 상품의 질을 유지하는 노력이 필수적입니다. 재료도 늘 신선한 것을 사용하고 번거롭고 손이 많이 가더라도 주문 즉시 만들어 맛을 살릴 수 있어야 합니다. 또한 건강을 고려하여 가능한 저칼로리, 저지방 재료를 쓰는 것이 좋습니다.

동네 상권에서 하는 장사이므로 친근한 고객 관리는 필수
적입니다. 상품권, 쿠폰 등을 활용하여 고정 고객을 확보
하고 배달 주문 중 어린 자녀가 있는 가정이 많다는 점을
감안, 사은품 증정을 주기적으로 실시하는 것도 좋은 전
략입니다. 배달 전문점의 경우 신속한 배달은 경쟁력이
될 수도 있기 때문에 배달 직원의 효율적인 관리에도 신
경을 많이 써야 합니다.

Q. 자동차 정비 자격증을 가지고 있는 20대 후반의 청년 창업자입니다. 평소 자동차에 관심도 많고 대학에서 기계공학을 전공한 것을 살려 창업을 하려고 준비중입니다. 카센터는 창업비용도 만만치 않다고 하는데, 관련 업종으로 비교적 투자비가 저렴한 다른 사업은 없을까요?

A. 국내 자동차 내수 시장은 연간 150만대 규모로 요즘은 자동차도 TV처럼 가정마다 하나쯤은 꼭 가지고 있어야 하는 필수품처럼 인식되고 있는 시대입니다. 이에 따라 창업 시장에서도 다양한 자동차 관련 서비스업이 등장하였는데요, 우리가 일반적으로 알고 있는 자동차 정비, 카센터 외에도 극소량의 물을 스팀화시켜 묵은 때를 제거하는 스팀세차사업, 자동차 흠집 제거, 광택, 덴트 복원 등을 전문으로 해주는 자동차 외장 관리사업 등도 있습니다.

특히 자동차 외장 관리업은 작은 흠집 하나로 정비공장에 맡겨서 며칠 동안 차를 쓰지 못하는 번거로움을 줄여주고 정비공장의 1/3의 가격으로 1시간 안에 흠집 제거, 광택 등 빠른 서비스를 제공해 줘 소비자들에게 각광을 받고 있습니다. 창업자의 입장에서도 인건비 외에 따로 들어가는 비용이 없어 마진율은 90%로 높은 편입니다.

▷유망입지

이 사업의 경우 B급지에 점포를 내도 무방합니다. 오히려 복잡한 시내보다는 주차하기가 편하고 위치 설명이 좋으며, 눈에 잘 띄는 대로변이 적합하다고 할 수 있습니다.

▷창업비용

자동차 외장 관리업은 창업자의 기술력을 바탕으로 하는 사업이기 때문에 소규모로도 창업이 가능하고 비교적 창업비용도 저렴합니다. 보통 점포비를 제외하고 2천~3천만원 선입니다. 현재 운영 중인 가맹점들의 평균 순익은 3백~4백만 원, 순수 마진율이 90% 선으로 마진율이 높다는 것이 이점입니다.

▷운영전략

이 사업의 경우 무엇보다도 점주의 기술력이 성공의 잣대가 될 수 있습니다. 따라서 사업을 시작하기 전부터 기술 및 지식을 확실히 습득하는 준비 작업이 필요합니다. 프랜차이즈 가맹점으로 창업할 경우는 본사의 기술력이 어떤 수준인지, 기술 교육을 얼마나 철저하게 잘 해 주는가를 살펴보아야 합니다. 점주 스스로도 최신 기술을 익히는 노력이 필요하며, 단순히 기술 습득에서 벗어나 꾸준히 업그레이드를 해 나간다면 향후 다양한 수익원을 창출할 수도 있습니다.

한 번 서비스에 만족한 고객은 다른 고객에게 서비스의 만족감을 전달해 주는 홍보의 대리자가 될 수도 있기 때문에 고객 한 사람, 한 사람에게 친절한 서비스와 만족감을 안겨주는 것이 홍보의 첫걸음이라는 것을 잊지 말아야 합니다. 전단지 배포, 명함 전달, 다양한 이벤트 제공 등 지속적인 홍보로 고객들에게 인지도를 높이는 노력도 필요합니다.

일반 고객뿐 아니라 중고차 매매센터, 주유소, 택시 회사, 신차 판매점 등과 연계하면 더욱 효과적으로 사업을 전개해 나갈 수 있습니다.

Q. 솜사탕자판기 사업을 해보려고 하는데 창업비용과 비전은
　　어떤가요?

A. 날씨가 화창해지면서 야외나 각종 놀이공원을 찾는 가족단
　　위 사람들이 늘고 있습니다. 휴일 오후면 집 근처에서 더
　　위를 식히는 사람들도 점차 눈에 띄기 시작합니다. 이러
　　한 곳에는 '풍성한' 솜사탕이 있어야 제격입니다. 누구에
　　게나 추억으로 남아 있음직한 솜사탕을 이젠 자판기에서
　　도 살 수 있습니다. 최근 솜사탕 자판기가 등장했기 때문
　　입니다. 어린이들과 연인들 가운데 아직도 솜사탕을 찾는
　　이가 제법 많습니다.

　　솜사탕 자판기는 일정량의 설탕이 자동으로 투입되고, 가
　　열 판이 고속 회전하면서 솜사탕을 만들어냅니다. 자판기
　　에는 음성 기능이 내장되어 있어 자판기가 놓인 지역이나
　　매장의 특성에 따라 다양한 광고 문구, 음악 등의 재생이
　　가능합니다. 뿐만 아니라 원하는 모양으로 외형 변형이
　　가능하기 때문에 일반 점포에서 외부 간판 대용으로 사용
　　할 수 있다는 것도 이색적입니다. 시각적으로 뿐만 아니
　　라 청각적인 재미까지 더한 아이템입니다.

　　솜사탕의 원료로 사용되는 설탕 구입비를 제외하면 초기
　　비용이나 관리 운영비용이 거의 들지 않는다는 것이 솜사
　　탕 자판기 사업의 장점. 이 때문에 판매가 대비 마진율이
　　높은 것이 매력입니다.

　　솜사탕을 만들 수 있는 제품은 크게 두 가지. 하나는 자
　　판기이고 다른 것은 제조기입니다. 솜사탕 자판기는 동전

을 넣고 사용자가 솜사탕을 직접 만들 수 있도록 설계됐습니다. 반면 솜사탕 제조기는 운영자가 솜사탕을 만들어 주는 형태의 제품입니다. 솜사탕 자판기는 무인 운영이 가능한 반면, 제조기 옆에는 항상 사람이 붙어 있어야 합니다. 자판기는 좁은 공간만 있어도 설치가 가능합니다. 또 장소에 특별한 제약도 없습니다. 연인들이 많이 다니는 길목이나 아이들의 왕래가 많은 곳이라면 자판기를 설치해도 좋습니다. 특히 유원지, 스키장, 공원, 해수욕장 등 위락시설과 제과점, 패스트푸드점, 편의점, 문구점, 백화점, 아파트 단지 내 상가 등이 유망한 장소라고 할 수 있습니다.

자판기 한 대 가격은 100~200만 원 선이고 제조기의 가격은 한 대당 40만 원대입니다. 자판기 5대를 운영할 경우 창업비용은 약 500~900만원이 들어갑니다. 가격이 500원인 솜사탕을 하루 평균 50개씩 판매한다면 하루 매출액은 2만 5000원 선이므로 월 평균 매출은 75만원. 여기에 마진율 90%를 적용하면 67만 5000원의 매출이익이 남습니다. 상품 원가 7만원을 공제하면 60만 원대의 월 순수익이 발생합니다. 따라서 자판기 5대를 운영할 경우 월 300만원의 순수익을 올릴 수 있습니다. 하지만 분명한 것은 이러한 결과는 솜사탕 50개를 하루에 팔아야만 가능하다는 사실. 자판기 구입 가격이 부담스럽다면 소형 솜사탕 제조기를 여러 대 운영하는 것도 효과적인 방법입니다.

솜사탕 자판기 사업을 할 때 가장 주의할 점은 바로 아이템의 계절성을 놓치면 안 된다는 것입니다. 이 사업의 성수기는 봄부터 가을까지. 겨울철은 비수기에 해당됩니다. 따라서 봄부터 가을까지의 기간 내에 매출을 극대화시킬 수 있어야 합니다. 당연히 겨울철에 시작하는 것은 무리가 따릅니다.

뿐만 아니라 솜사탕 자판기 사업시 청결 유지에 만전을 기해야 합니다. 솜사탕이 먹거리 아이템이기 때문이다. 솜사탕이 나오는 노즐 부분에 설탕이 뭉칠 수 있기 때문에 3일에 한 번 정도는 반드시 이 부분을 청소해 주어야 합니다.

자판기 사업의 특성상 장소 제공자와 수익 분배에 대해 합리적으로 논의한 다음 그들의 참여를 유도하는 것이 필요합니다. 장소 제공자들이 적극적으로 자판기를 관리해주면 운영에 큰 도움이 되기 때문입니다. 보편적으로 장소 제공자에게 지급되는 수수료는 매출의 20~30% 선이 적당합니다. 현재 월드벤딩(031-793-3767), 좋은 자동판매기(032-764-7775) 등의 업체에서 솜사탕 자판기, 제조기를 선보이고 있습니다.

Q. 인근에 3000세대 정도의 아파트, 주택가에서 10평 크기의 호프집을 운영 중에 있는 30대 남성입니다. 현재 점포가 눈에 잘 띄지 않는 입지조건 때문인지 계속 적자를 면치 못하고 있어 고민입니다. B, C급지를 극복할 만한 새로운 업종으로 전환 하고자 하는데, 어떤 아이템이 좋을지 몰라 조언을 구하고자 합니다.

A. B, C급지에서 작은 점포로 외식업을 운영할 경우에는 주로 배달업을 하시는 편이 좋습니다. 배달 위주의 업종은 입지조건에 크게 영향을 받지 않아 점포비용이 저렴하고 홀 서빙이 필요 없어 이에 대한 인적, 물적 비용이 거의 들지 않는다는 장점이 있습니다. 그 중 치킨 배달의 경우는 조리방법이 매우 간단해 초보자라도 쉽게 할 수 있는 아이템 사업입니다.

치킨전문점은 이미 국내에 많이 확산되어 흔히 볼 수 있는 업종이나 최근 한방치킨과 같은 건강 개념의 기능성 치킨과 카레맛, 마늘맛, 데리야끼소스맛, 너트혼합 치킨이 나와 기존의 후라이드와 양념치킨과 같은 단순한 메뉴를 탈피한 상품이 인기를 모으고 있습니다.

10평 정도의 규모로 운영할 경우 배달과 함께 매장 판매도 가능하여 햄버거와 사이드 메뉴를 추가로 제공하여 수익을 높힐 수도 있습니다.

▷유망입지

주택가나 아파트 근처가 유망하며, C급 입지라도 A급 상권에 위치하는 것이 바람직합니다. 주위에 초등학교나 중학교 등 어린 고객들이 방문할 수 있을 만한 입지도 좋은 입지라고 할 수 있습니다.

▷창업비용

10평 기준으로 점포구입비를 제외한 경우 약 3,200만원이며 수익률은 55%로 인건비, 월세, 재료비, 각종 공과금을 제외하면 월평균 350만원의 수익을 올릴 수 있습니다.

▷운영전략

기본적으로 치킨전문점은 주문 즉시 조리를 하고 신속한 배달이 가장 중요한 만큼 영업시간 내에 항상 긴장하고 준비하는 자세 또한 중요합니다. 가맹점을 운영할 경우 가맹점을 열면 본사는 닭고기 메뉴와 점포 운영에 필요한 모든 재료를 당일 배송합니다. 또한 판매시점 정보관리(POS) 시스템을 활용, 고객정보를 축적할 수 있고 패밀리카드 발급을 통한 할인 서비스 제공으로 단골고객 확보 및 관리가 가능한 것이 장점입니다.

메뉴상으로는 기존 후라이드와 양념치킨 이외에 각종 기능성 치킨과 햄버거들이 주 메뉴이며, 기능성 치킨 메뉴 중 한방치킨은 성인 건강에 좋은 인삼과 대추, 밤 등을 넣어 기름의 느끼한 맛을 최소화하고 고소한 맛을 살린 특허출원 메뉴가 있습니다. 또한 땅콩, 호두, 잣 해바라기씨 등의 너트류를 첨가한 제품이 아이들에게 좋은 반응을 얻고 있습니다. 기존 후라이드 치킨 브랜드들과는 다른 차별적인 메뉴들을 강조하며 고객 DB관리를 철저히 하는 것이 성공적인 운영전략입니다.

Q. 아동복 전문점 창업을 준비하고 있습니다. 점포는 이미 결정한 상태며 인테리어도 어느 정도 진행하고 있습니다. 그런데 입지가 그다지 좋지 않고 주변에 유사 점포가 몇 군데 있습니다. 어떻게 운영해야 할지 걱정입니다.

A. 아동복 전문점의 경우 경쟁 점포가 많으면 가격 경쟁이나 사은품 경쟁이 매우 치열해 잘 운영하지 않으면 상당히 피곤해집니다. 특히 소비 성향이 크고 구매 패턴이 화끈한 젊은 여성들을 상대하는 여성 의류점과는 달리 까다롭기 그지없는 주부 고객을 상대해야 하는 업종인데, 주부들은 조그만 선물 하나에도 단골집을 바꾸는 경향도 크고 서비스·품질·가격 등에 대해 말도 많고 탈도 많다는 것을 미리 염두에 두셔야 합니다.

창업할 지역의 생활수준이 중하층이라면 가격 민감도가 상당히 큽니다. 고가냐 저가냐를 놓고 너무 양극화시켜서 생각하지 말고 절충안을 택하시기 바랍니다. 만일 고가 제품만 취급하신다면 인근 주민들의 생활수준에 비추어 입점률을 높이기가 상당히 힘들 겁니다. 반대로 경쟁 점포들처럼 저가 제품을 똑같이 취급한다면 차별화가 안 돼 고만고만하게 보일 수 있습니다. 뿐만 아니라 더 싸게 팔려고 할 경우 적정한 마진 확보가 어려워 경영 상황을 더욱 악화시키는 결과를 초래할 수 있습니다. 따라서 고가와 저가 제품 두 가지의 병행 판매를 하되, 고객들에게 싸다는 이미지를 주면서도 질도 높고 고급스런 제품도 많다는 이미지를 교묘하게 심어줘, 자연스럽게 소비로 이끌 수 있어야 합니다. 저가 정책으로는 주변 점포에서 취급하는 것과 비슷한 급의 제품을 파격적으로 싸게 파십시오. 이른바 '미끼' 전략입니다. 그래서 인근 점포보다 절대로 비싸지 않다는 것을 인식시켜 우선 고객들을 끌어들이는 한편, 질 좋고 디자인 좋은 상품도 함께 소개하는 기회를 갖는 것입니다.

다른 의류점과 마찬가지로 아동복 전문점도 MD(머천다이징)가 가장 중요합니다. 새벽장을 봐야 하는데, 최근에는 잘 팔리는 제품을 찾아내서 공급해 주는 프랜차이즈도 많습니다. 체인점을 택할 때는 기존 매장에 가서 사전 조사를 해봐야 합니다. 반드시 직접 방문해서 손님은 많이 찾아오는지, 손님의 반응은 어떤지, 운영은 어떤 방식으로 하는지를 꼼꼼히 알아봐야 합니다. 원활한 물류 공급은 가장 중요한 요소 중 하나입니다. 물류 공급 부분도 반드시 점검할 사항입니다. 아동복 전문점의 경우 점주가 원하지 않는 상품을 강제로 끼워 넣는 경우도 많습니다. 그런 물품들은 판매가 상당히 어려워 나중에 처치 곤란을 겪게 됩니다. 가급적 이런 업체들과는 계약을 피해야 합니다.

Q. 오피스 밀집가에서 삼겹살 전문점을 운영하고 있습니다. 매출이 꽤 괜찮은 편이었는데, 인근에 동일 업종의 대형 점포가 들어서는 바람에 고객을 많이 빼앗겨 매출이 신통찮습니다. 경쟁 업소는 1층인데 저희 가게는 지하라 더욱 불리하고 규모도 경쟁이 되질 않는군요. 상권은 주변에 대기업이 많아 좋은 편입니다. 업종 전환을 해야 할 것 같은데, 어떤 업종이 좋을지요? 평수는 50평입니다.

A. 50평이고 상권이 좋다면 우선 매출 활성화 전략을 전개해 보고, 그래도 성과가 없으면 업종을 전환하는 게 좋을 것 같습니다.

대형 점포라면 일단 저녁 고객을 많이 뺏기겠네요. 점심 메뉴를 강화해서 고객의 회전율을 최대한 높이도록 하세요. 직장인들이 좋아하는 점심 메뉴만 잘 개발해도 기회가 있습니다. 오징어와 삼겹살을 함께 전골처럼 볶는 '오불백'정식도 괜찮고, 돼지와 묵은 김치를 두루치기처럼 해서 전골로 끓이는 메뉴도 얼큰한 맛 때문에 직장인들에게 인기가 있습니다. 돼지불백을 쌈밥과 결합하는 메뉴도 고려해 볼 만합니다. 점심 식사를 돌솥밥 등 1인용 조리 시스템으로 바꾸는 것도 생각해 보시고요. 주방 시스템에 다소 변화가 필요하고 손이 많이 가지만 상당한 경쟁력을 확보할 수 있습니다. 3인용 이상의 세트 메뉴 개발도 생각해 볼 만합니다. 된장찌개, 돼지불백, 쌈 등을 생선구이와 함께 세트 메뉴로 개발하면 의외로 좋은 반응을 얻을 수도 있습니다. 이렇게 점심 손님을 유도한 후 저녁 메뉴를 강화해 저녁 고객을 유치해 보세요.

이럴 때일수록 과감한 마케팅이 필요합니다. 그래도 안 되면 요즘 인기를 얻고 있는 '1인용 샤브샤브' 전문점으로 업종 변경을 고려해 보시기 바랍니다. 1인용 샤브샤브 전문점은 특별한 조리기술이 필요 없어 점주 본인이 직접 주방을 관리할 수 있습니다. 전문 주방장의 인건비가 들지 않아 인건비 절약 효과가 있습니다. 예전에는 고가였던 샤브샤브가 요즘에는 가격이 낮아져 대중적인 메뉴로 자리 잡고 있지만 여전히 객단가가 1만~1만5000원 대로 높아 수익성도 좋습니다.

아예 대구탕 한 가지로 메뉴를 고정하는 전략도 생각해 볼 수 있습니다. 찬과 밥맛에 자신이 있다면 백반 전문점이나 순두부 전문점, 최근에 인기를 얻는 해초요리 전문점으로의 업종 전환도 고려해 볼 만합니다.

Q. 30대 남자입니다. 현재 1톤 트럭을 가지고 '스넥카'를 운영하고 있습니다. 낮과 밤이 바뀌니 너무 힘들어 업종 변경을 생각하고 있습니다. 남들처럼 낮에 일하고 밤에 쉴 수 있는 업종을 찾고 있습니다. 적은 창업비용으로 노력한 만큼 벌 수 있는 업종의 추천을 부탁드립니다. 기왕에 소유하고 있는 트럭을 이용할 수 있는 업종이면 더욱 좋겠습니다.

A. 우선 트럭을 소유하고 있기 때문에 배달 업종이 적합하다고 볼 수 있습니다. 1톤 트럭을 소유하고 있다면 '공동 브랜드형 포장이사' 전문업을 권합니다.

기존의 포장이사 전문점과의 차이점은 1톤 트럭을 소유한 3명의 소사장들이 한 팀으로 구성됩니다. 함께 이동하고 일하며 수익을 3분의 1씩 분배하는 시스템입니다.

이사 역경매 방식을 통해 고객을 확보하는 게 특징입니다. 인터넷을 통해 소비자는 원하는 팀을 선택할 수도 있습니다. 소비자의 칭찬과 불평에 의해 그 팀의 점수가 달라지니 본인이 열심히 일하면 얼마든지 주문을 확보할 수 있습니다. 고객은 원하는 팀을 선택할 수 있고 팀은 일한 만큼의 수익을 얻는 방식이지요. 개인적으로 전단지 등의 홍보 활동도 그다지 필요하지 않습니다. 자신의 일에 충실하면 고객이 입소문을 내주기도 하고 본사에서 고객을 연결해주기도 합니다.

트럭이 있다면 가맹비 310만원을 포함해 탑 장착비 등 총 300만원 안팎의 창업비용이 필요합니다. 기대 수익은 월 300~400만 원 정도입니다.

Q. 소자본으로 창업을 준비 중인 주부입니다. 지금 가지고 있는 창업자금은 7000만 원 정도입니다. 막상 창업을 하려니 이 자본금을 가지고는 마땅히 할 만한 사업이 보이지 않습니다. 평소 요리에 소질이 있어 외식업 쪽으로 창업을 하고 싶습니다. 음식점은 주방 인력 때문에 애로가 많다고 들었는데 그런 걱정을 해결할 수 있는 방법도 알고 싶습니다.

A. 7000만 원 정도로 외식업을 창업하려면 B급 입지 입점 전략을 짜야 합니다. A급 상권의 B급 입지, B급 상권의 B급 입지로서 대학가의 변두리 상권이나 주택가 상권 등이 여기에 해당합니다. 일반 유흥가 밀집지의 상권력이 약한 지역의 B급 입지에서도 점포를 구할 수 있습니다.

기존 업종을 인수할 수도 있지만 신규 창업 시에는 점포에 2000~3000만원, 개설자금으로 3000만원 내외를 예상해야 하고, 운영자금으로 500~1000만 원 정도는 확보하는 게 좋습니다. 이 정도 조건이면 소형 점포가 적합하며 적당한 업종으로는 김밥전문점이나 수제비전문점, 기계초밥전문점, 꼬치구이점, 포장마차형 한식점 등을 들 수 있습니다.

이 중에서 '기계초밥전문점'은 기계를 이용해서 초밥을 만들기 때문에 인건비를 절약할 수 있습니다. 배달이 가능하므로 B급 입지에서 영업하고 있는 사례가 많습니다. 초밥요리전문점은 직장인들이나 산뜻한 맛을 내는 별식을 찾는 가족단위 손님 등 다양한 고객층을 가지고 있습니다.

따라서 유망 입지로는 사무실 밀집지역, 아파트 단지나 주택가 주변을 꼽을 수 있습니다. 이 가운데에서도 고객 밀도가 높은 대형 아파트 주변이 최적 입지라고 할 수 있습니다. 하지만 음식 맛에 자신이 있고 기동성을 갖춰 배달 서비스 위주로 영업을 한다면, 입지가 크게 문제되지 않는 장점이 있습니다.

기계초밥전문점 개설비용은 10평 매장일 경우 점포 보증금을 제외하고 약 2700만 원 선입니다. 주방 인력 고민에서 벗어나려면 이렇게 간단한 메뉴를 가진 음식점을 택하는 게 좋습니다. 한편 기계초밥처럼 설비를 활용, 표준화된 맛을 유지하는 방법도 있지만 최근에는 소스 제조 기법이 발달되어 가공 소스를 이용하면 전문 주방장 못지않은 맛을 가진 제품들을 고정적으로 공급받을 수도 있습니다.

Q. 현재 모 학습지 교사를 하고 있는 29살 미혼 여성입니다. 6년여 동안의 학원강사와 지도교사 등의 경험이 있습니다. 이제 그 경험을 바탕으로 교육사업을 직접 창업해보고 싶습니다. 최근에는 아동교육 관련사업도 그 종류가 많은 걸로 알고 있습니다. 소자본으로 창업이 가능한 교육업을 추천해 주십시오.

A. 학습지 교사 출신이라면 교육 아이템에 대한 본인의 판단이 가능해 선택이 한결 쉬울 것 같습니다. 교육업의 대부분은 프랜차이즈 형태로 이루어집니다. 이 때 가장 중요한 점은 본사가 얼마나 튼튼하고 내실이 있는가 하는 것입니다.

튼튼한 회사를 선택하지 못한 경우 교육 커리큘럼이 엉망인 상태가 많습니다. 주로 여러 업체의 학습지 등을 편집한 경우가 대부분입니다. 또한 운영 도중 회사가 부도가 나 지원을 받지 못해 공중에 뜨게 될 수도 있습니다. 이 경우 보증금 등 차후에 돌려받기로 한 금액까지도 받지 못한 채 학부모의 원성만 듣고 그만두게 될 수도 있습니다.

본인의 사업자금에 대한 판단 역시 중요한 요소입니다. 자금의 규모에 따라 학원형으로 운영을 할지, 홈스쿨 스타일로 운영을 할지 여부가 결정됩니다. 학원형이라고 하더라도 7000~1억원 선이면 충분히 할 수 있는 업종이 미혼 여성이 하기에 적합할 것 같군요.

만약 자금이 부족하다면 홈스쿨 형태를 권하고 싶습니다. 요즘 인기를 얻는 홈스쿨로는 주산홈스쿨, 외국인 가정교사 영어놀이방, 사고력 홈스쿨, 영어놀이방 등이 있으며 미술방문교육이나 사고력계발 영어학원, 창의교육센터 등도 관심의 대상입니다.

홈스쿨이라고 꼭 집에서 해야 하는 것은 아니고 아파트단지 상가 등에 10평 남짓한 미니 교육방을 얻어서 운영할 수도 있습니다. 주산홈스쿨도 홈스쿨형, 교습소형, 학원형 등 자금대에 따라 다양한 형태가 가능합니다. 대부분 본사에서 소정의 교육 프로그램을 갖고 있어 일정 자격 소지자라면 교육 수료 후에 바로 사업을 할 수 있습니다.

Q. 30대 중반의 주부입니다. 음식 손맛이 있다는 얘기도 종종 들었습니다. 재주를 살려 불황에 비교적 영향을 받지 않는 외식업으로 창업을 해보고 싶습니다. 남편과 같이 부부공동 운영체제를 희망하고요. 어떤 아이템이 좋을까요? 또 그 아이템을 성공적으로 운영하기 위해 어떤 노력이 필요할까요?

A. 외식업은 음식의 손맛만 있다고 가능한 것이 아니라는 점을 먼저 알려드리고 싶습니다. 주부들이 집에서 요리하는 것을 생각하고 창업을 희망하시는 분이 많습니다. 하지만 가족의 입맛이 아닌 대중적인 입맛을 만들어 낼 줄 알아야 합니다. 외식업에서 중요한 요소인 관리업무에도 능통해야만 합니다. 식자재 및 직원 관리업무 또한 중요합니다. 주부들의 경우 이 문제가 상당한 걸림돌이 됩니다. 사회 경험이 없는 주부들에게는 최대의 난제로 작용하고 있습니다.

서비스 마인드 또한 중요하게 생각해야만 합니다. 외식업을 창업하는 대다수의 주부 창업자의 경우 음식이 맛있으면 서비스는 부가적인 문제로 인식하는 경향이 있습니다.

하지만 요즘은 서비스가 뒷받침되지 못하는 점포는 도태될 수밖에 없다는 점을 알아야만 합니다. 본인의 서비스 마인드뿐만 아니라 직원들의 정기적인 친절교육 또한 필요합니다. 홀과 주방의 청결 역시 완벽해야 합니다. 고객들이 믿고 식사를 할 수 있도록 배려해야 하는 때문이지요.

이와 같은 조건들이 실행 가능하다는 판단이 섰을 때 창업을 하셔야만 합니다. 불황에 비교적 영향을 받지 않는 외식업은 '메뉴의 전문성'을 기반으로 한 업종이 좋습니다. 많은 욕심을 내 너무 많은 메뉴를 취급하게 된다면 도리어 고객들에게 특징이 없는, 주 메뉴가 없는 집으로 인식됩니다. 부부창업으로 권할 만한 외식업으로는 분식형 업종과 전문음식점이 있습니다. 분식형 업종으로는 아직까지 김밥전문점이 가장 인기가 있는 편이고, 자금 여유가 있다면 돈가스, 우동전문점도 괜찮습니다. 돈가스, 우동은 믿을 수 있는 본사를 선택하는 게 중요합니다. 김밥전문점 중에서는 본사에서 창업자에게 투자를 해주는 곳도 있으니 참조하시기 바랍니다.

전문음식점 중에서는 30~40평 정도의 규모로 운영할 수 있는 저투자형 업종을 권하고 싶습니다. 콩나물국밥전문점, 간장게장 전문점, 고기카페, 순두부 등 한식 메뉴는 수요가 안정돼 있고 불황을 타지 않습니다. 샤브샤브 등 투자비가 많이 들지만 건강관련 업종도 고려해볼 만합니다. 최근에는 전문음식점도 모든 소스를 티백화시켜 조리 효율성을 높이고 인건비를 절약할 수 있는 구조이며, 콩나물국밥이나 김밥전문점 등 대중적인 업종은 24시간 운영하면 매출을 50% 이상 증가시킬 수 있습니다.

Q. 회사를 다니다 명예 퇴직한 40대 남자입니다. 아직 일할 나이인데 집에서 놀 수도 없고 취직도 힘들어 창업을 선택하고자 합니다. 회사 생활 외의 경력은 전무해 업종 선정부터 고민이 큽니다. 전문 사무직 출신이라 특정한 기술도 없습니다. 단지 평소에 자동차에 대한 관심이 높아 그쪽으로 창업을 하려고 하는데 어떤 업종이 좋을지 몰라 걱정입니다.

A. 우선 창업을 하기 위해서는 자신의 적성과 전문성을 따져봐야 합니다. 우선 창업이 급한 게 아니고 자신이 잘할 수 있는 업종을 찾는 것이 중요합니다. 자동차를 좋아한다면 어떤 것을 좋아하는 지, 전문적인 기술 습득 여부와 기술을 배울 생각이 있는지도 생각해봐야 합니다. 30대 이상의 남자들이 많이 선택하는 업종으로는 자동차 외장 관리업을 들 수 있습니다. 자동차 외장 관리업이란 자동차에 난 흠집 제거, 광택, 덴트를 서비스해 주는 업종을 말합니다. 정비공장의 1/3의 가격으로 빠른 서비스를 제공합니다.

자동차 외장 관리업의 경우 프랜차이즈 본사에서 일정 기간의 기술 교육을 수료하면 창업이 가능합니다. 예비창업자들을 위해 자동차 외장 관리에 관한 기본적인 개념, 이론 및 실기, 마케팅 기법까지 철저히 교육합니다. 경우에 따라서는 기숙사 이용도 가능하며 연수 후에는 인증서를 발급해 줍니다. 이렇게 철저한 관리를 통해 기술적인 면에서 부담이 적은 장점이 있습니다. 이론 교육을 기본으로 하다 보니 전문 인력을 따로 고용할 필요가 없어 인건비 절약도 가능합니다.

창업에 드는 비용은 점포비를 제외하고 시스템 투자비용이 2600만 원 정도입니다. 점포는 B급지에 내도 무방합니다. 대신 차가 다닐 수 있는 도로가 있고 가시성이 높아야만 합니다. 차를 가지고 오는 고객을 대상으로 하는 사업이기 때문에 복잡한 시내보다는 주차하기 편하고 위치를 설명하기 좋은 대로변 점포가 좋습니다. 월평균 700~900만원의 매출이 가능하고, 마진율이 92%로 상당히 높습니다.

Q. 40대 부부입니다. 현재 40평정도 규모의 식당을 운영하고 있습니다. 주방장 등 주방인력 관리가 힘들고 메뉴가 한정돼 더 이상의 고객이 들지 않아 업종 변경을 고려중입니다. 지금의 매장은 주택가 주변에 위치해 있습니다. 어떤 업종이 좋을지 몰라 고민입니다. 주방인력 관리에 큰 고민이 없는 업종을 추천해 주십시오.

A. 우선 매장이 있다면 새로운 매장을 구할 필요가 없다는 장점이 있습니다. 그 동안 오던 고객들을 흡수할 수 있는 업종이 좋겠습니다. 주방장 등 주방인력 관리에 힘이 덜 들어가는 업종을 선택하려면 본사에서 반조리 내지는 완전 조리된 식품으로 납품받을 수 있는 곳을 찾아야만 합니다.

포장마차식 레스바는 대부분의 음식을 본사에서 납품받고 있습니다. 또한 지속적인 메뉴 개발로 인해 다양한 메뉴를 제공하고 있습니다. 점주는 메뉴 개발과 식자재에 대한 고민을 해결할 수 있어 좋습니다. 잔술 한 잔 400원, 회 한 접시 7000원 등 저렴한 가격의 다양한 메뉴를 제공해 다양한 연령층의 고객들에게 어필할 수 있는 장점이 있습니다. 잔술 개념을 도입, 술을 잘 못하는 사람이나 가볍게 한두 잔 만을 마시기 위해 방문하는 고객들을 소화할 수 있습니다. 오피스가와 대형 아파트 주변, 대학가 주변, 유흥가가 최적의 입지입니다. 주변 주민들과 유대관계를 돈독히 해 고객들을 매장 안으로 끌어들일 수 있어야만 합니다. 종업원들의 친절 교육을 철저히 시켜 고객들의 마음을 잡아야만 합니다.

창업비용은 가맹비 550만원, 보증금 300만원, 초도물품비 500만원, 인테리어비용 3100만 원 등 점포임대 보증금을 제외하고 총 8600만원이 예상됩니다. 월평균 4000~4500만원 매출액을 기대할 수 있습니다.

부록 ◇고령화 관련 주요 인터넷 사이트

[정부기관]

국민연금관리공단-http://www.nps.or.kr

기획재정부-http://www.mosf.go.kr

노동부-http://www.moel.go.kr

보건복지부-http://www.mw.go.kr

여성가족부-http://www.mogef.go.kr

[연구기관 및 단체]

대한가족보건복지협회-http://www.ppfk.or.kr

대한노인병학회-http://www.geriatrics.or.kr

대한노인회-http://www.koreapeople.co.kr

대한은퇴자협회-http://www.karpkr.org

보건연구정보센터-http://www.richis.org

사회복지공동모금회-http://www.chest.or.kr

서울시사회복지협의회-http://www.s-win.or.kr

한국노년교육학회-http://www.kseg.or.kr

한국노년학회-http://www.tkgs.or.kr

한국노인복지중앙회-http://www.elder.or.kr

한국노인의전화-http://www.nointel.org

한국노화학회-http://korea-biogerontology.co.kr

한국보건사회연구원-http://www.kihasa.re.kr

한국노숙인복지시설협회-http://www.kawih.or.kr

한국사회보장학회-http://www.kssa.or.kr

한국복지정책연구소-http://www.kiwp.org

한국사회복지사협회-http://www.welfare.net

한국사회복지협의회-http://kncsw.bokji.net

한국여성정책연구원-http://kwdi.re.kr

한국장애인재활협회-http://www.freeget.net

한국재가노인복지협회-http://www.kacold.or.kr

한국치매가족협회-http://www.alzza.or.kr

한국치매협회-http://www.silverweb.or.kr

[노년생활정보]

서울복지센터-http://www.seoulnoin.or.kr

노후닷컴-http://www.nohoo.com

서울시고령자취업알선센터-http://www.noinjob.or.kr

시니어마을-http://www.seni.net

실버넷뉴스-http://www.silvernews.or.kr

실버마을-http://www.silvermaul.co.kr

실버빌-http://www.silverville.co.kr

한국시니어클럽협회-http://www.silverpower.or.kr

노인생활과학연구소-http://www.wellageing.com

한국평생교육센터-http://www.kwecc.co.kr

[복지재단]

대산문화재단-http://www.daesan.or.kr

롯데복지재단-http://www.lottefoundation.or.kr

밀알복지재단-http://www.miral.org

삼성복지재단-http://www.samsungfoundation.org

아산복지재단-http://www.asanfoundation.or.kr

아시아복지재단-http://www.asia1945.org

파라다이스복지재단-http://paradise.or.kr

한국미래사회복지재단-http://www.kfsw.org

KT&G복지재단 : http://www.ktngwelfare.org

LG공익재단-http://foundation.lg.or.kr

[해외사이트]

경제개발협력기구-http://www.oecd.org

글로벌에이징-http://www.globalaging.org

미국국립노화연구소-http://www.nia.nih.gov

미국노인복지국 : http://www.aoa.dhhs.gov

미국노인학회-http://www.geron.org

미국보건복지부-http://www.hhs.gov

미국알츠하이머협회-http://www.alz.org

미국은퇴자협회-http://www.aarp.org

미국인구통계국-http://www.census.gov

세계은행-http://www.worldbank.org

시니어네트-http://www.seniornet.org

유엔-http://www.un.org

일본노인학연구소-http://www.tmig.or.jp

일본후생노동성-http://www.mhlw.go.jp

치매연구센터-http://www.ucl.ac.uk/drc

호주보건복지부-http://www.health.gov.au

호주사회보장부-http://www.dss.gov.au

■ 편 저 ■

프랜차이즈 창업 연구회

■ 법률자문 ■

김만길(前 법원 민사과장)

베이비부머세대의 취업과 창업하기	定價 14,000원

2015年 6月 10日 인쇄
2015年 6月 15日 발행
　　편　저 : 프랜차이즈 창업 연구회
　　발행인 : 김 현 호
　　발행처 : 법문 북스
　　공급처 : 법률미디어

152-050
서울 구로구 경인로 54길4(구로동 636-62)
TEL : 2636-2911~3, FAX : 2636~3012
등록 : 1979년 8월 27일 제5-22호
Home : www.lawb.co.kr

ISBN 978-89-7535-318-5 13320